中国大学生美术作品年鉴2009

(下) 设计艺术卷

主编：高亚加

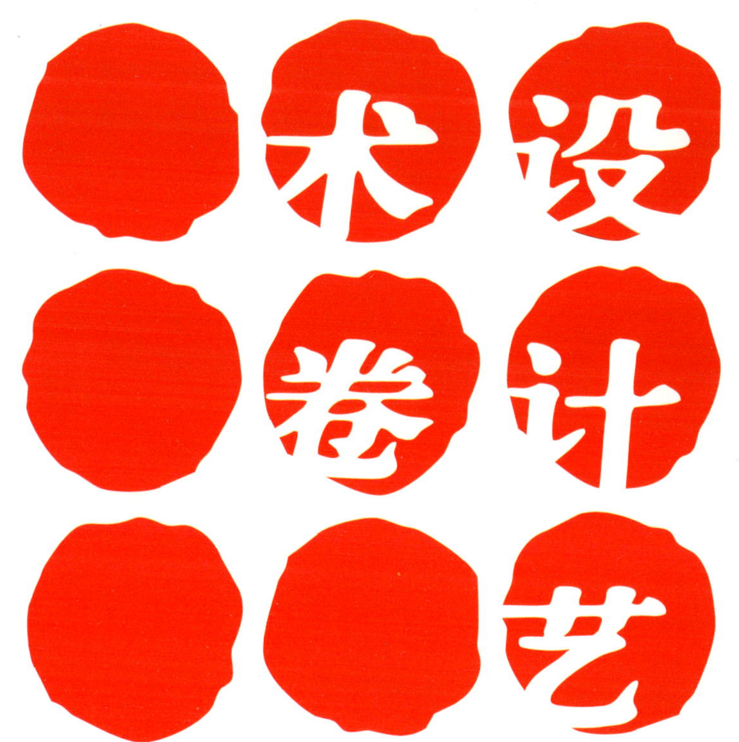

廣東省出版集團
新世纪出版社

图书在版编目(CIP)数据

中国大学生美术作品年鉴·2009（上·造型艺术卷 下·设计艺术卷）/ 高亚加主编. —广州：新世纪出版社，2009.8
ISBN 978-7-5405-4150-7

Ⅰ.中… Ⅱ.高… Ⅲ.美术-作品-中国-2009-年鉴 Ⅳ.J121-54

中国版本图书馆CIP数据核字（2009）第142616号

出 版 人：陈锐军
责任编辑：王小斌
责任校对：梁笑玲
责任技编：王建慧

副 主 编：郭 艳、周晓青、邹 望、霍 楷
特邀编委：杨在珽、王亚非、王文明、张燕根、端木志坚
陈立民、张传涛、林严冬、徐青巍、方利民
刘崇伟、聂劲权、张松溪、邢义杰、赵琳琳
张永年、邹文兵、严 昊、董 霞、张晓琳
孟祥武、王传兴、饶娟娟、罗 凯、明 兰
龚晓青、翁安华、何 轩、张 娜、张 伟
王中林、姜 龙、张 颖、傅潇莹

设计制作：周晓青、区文翔

特约合作：中国艺术设计联盟 http://www.arting365.com
独家专业网络合作伙伴：视觉中国 http://www.chinavisual.com
媒介支持：视觉同盟 http://www.visionunion.com
中国设计之窗 http://www.333cn.com
数字设计作品备案中心 http://www.szdc.org
美术中国 http://www.ART86.cn
插画中国 http://www.chahua.org
创意在线 http://www.52design.com
平面帝国 http://www.cmvk.com

中国大学生美术作品年鉴·2009（下·设计艺术卷）
主 编：高亚加

出版发行：新世纪出版社
地 址：广州市大沙头四马路10号
经 销：新华书店
印 刷：广州汉鼎印务有限公司
地 址：广州天河区棠东高沙工业区广棠路21号
开 本：889mm×1194mm 1/16
印 张：28
字 数：280千
印 数：1-3000册
版 次：2009年8月第1版 2009年8月第1次印刷
书 号：ISBN 978-7-5405-4150-7
定 价：498.00元(上、下卷)

目录

序

高亚加 GAO YA JIA

从流金铄石的盛夏到金风送爽的仲秋，编委会经过选稿、编辑、印制、出版等项繁冗的操作流程，《中国大学生美术作品年鉴·2009》（以下简称《年鉴》）终于与广大读者见面了。这是《年鉴》的作者与编者共同精心打造的。恰逢国庆60周年之际，让我们以此书作为献给国庆60周年的礼物吧！

《年鉴》整合了“造型”与“设计”两大类艺术作品。应征稿件来自祖国内陆及港、澳、台等地，编委会共收到应征作品2.1万件，经严格评审，选录优秀作品3100件，入选作品的质量与数量均高于往届。

《年鉴》设计精美，版式整体，装帧别致，丰富多彩，较好地反映了中国高校美术专业大学生目前的创作潜质与艺术风貌。作为编者，我们期待的不仅仅是现时作品的艺术创作水平，编委会希望每通过一次征稿，都能促进大学生在创作思路上擦出新的火花，推动交流，从而达到创作水平的进一步提升的目的，激励其在艺术的道路上更加开拓进取。《年鉴》只是搭建一方平台，在漫漫人生路上，越来越多的未来艺术家们将以这一平台为起点，崭露头角，一显身手。《年鉴》向社会展现当代大学生的创作才华和艺术风采。

翻阅《年鉴》，可以获得多层面多角度的视觉欣赏愉悦，作品取材广泛，内容丰富，风格多样，意境清新，创作思路开放，表现手法多元，充满生机与灵性，具有一定设计品位与可贵的学术价值。

回顾中国画坛，有许多名满天下的美术大师，璀璨于中华文明历史的星空。我们应虔诚继承中国艺术的优良传统，推陈出新，再创辉煌。

拿起你的画笔，让思想连接远古，让目光眺望未来。

标志

A	B	C
D	E	F
G	H	I
J	K	L
M	N	O
P	Q	R

编　　号：A
作品名称：刘三姐音乐剧
作　　者：黄贵军
指导教师：陈立民
所在院校：西南交通大学

编　　号：B
作品名称：长兴隆面馆
作　　者：陈计成
指导教师：端木志坚
所在院校：南通纺织职业技术学院

编　　号：C
作品名称：金三杯酒家
作　　者：刘源
指导教师：苗登宇
所在院校：山东工艺美术学院

编　　号：D
作品名称：中国山水画艺术双年展
作　　者：黄荣川
指导教师：张燕根
所在院校：广西艺术学院

编　　号：E
作品名称：香山驿站
作　　者：黄贵军
指导教师：陈立民
所在院校：西南交通大学

编　　号：F
作品名称：狮牌龙井茶(2)
作　　者：孙节义
指导教师：陈雯
所在院校：湖南科技学院

编　　号：G
作品名称：厦门沙茶面
作　　者：陈常榕
所在院校：南京艺术学院

编　　号：H
作品名称：蜀王食府
作　　者：朱法强
指导教师：杨在珽
所在院校：山东大学

编　　号：I
作品名称：Tea茶
作　　者：叶金鹰
指导教师：时少波
所在院校：浙江工商大学

编　　号：J
作品名称：瑞麟家纺
作　　者：陈计成
指导教师：端木志坚
所在院校：南通纺织职业技术学院

编　　号：K
作品名称：山林水岸
作　　者：陈计成
指导教师：徐圣超
所在院校：南通纺织职业技术学院

编　　号：L
作品名称：夹山禅茶
作　　者：方亮
指导教师：李平平
所在院校：湖南文理学院

编　　号：M
作品名称：中欧论坛
作　　者：卢上尉、曾珊
指导教师：杨仁敏
所在院校：四川美术学院

编　　号：N
作品名称：广州博物馆标志方案
作　　者：郑国钊
指导教师：万良保、张结宜
所在院校：番禺职业技术学院

编　　号：O
作品名称：众览堂江南民俗收藏馆
作　　者：马大川
指导教师：陈立勋
所在院校：中国美术学院

编　　号：P
作品名称：石排镇
作　　者：刘珍财、张驰
指导教师：赵永伟
所在院校：孝感学院

编　　号：Q
作品名称：狮牌书香茶
作　　者：周家乐
指导教师：万萱
所在院校：西南交通大学

编　　号：R
作品名称：后勤集团
作　　者：赵丹萍
所在院校：绍兴文理学院

A	B	C	D
E	F	G	H
I	J	K	L

编　　号：A
作品名称：宜宾燃面
作　　者：李蕾
指导教师：李黎冉
所在院校：宜宾学院

编　　号：B
作品名称：云
作　　者：赵健
指导教师：王鎏鑫
所在院校：大连外国语学院

编　　号：C
作品名称：西湖音乐博览(2)
作　　者：林伟凡
所在院校：华南师范大学

编　　号：D
作品名称：西湖音乐博览(1)
作　　者：林伟凡
所在院校：华南师范大学

编　　号：E
作品名称：巴洛克之弧
作　　者：徐文廷
指导教师：伊延波
所在院校：哈尔滨理工大学

编　　号：F
作品名称：扇面上的巴洛克
作　　者：徐文廷
指导教师：伊延波
所在院校：哈尔滨理工大学

编　　号：G
作品名称：巴洛克之门
作　　者：徐文廷
指导教师：伊延波
所在院校：哈尔滨理工大学

编　　号：H
作品名称：巴洛克记忆
作　　者：徐文廷
指导教师：伊延波
所在院校：哈尔滨理工大学

编　　号：I
作品名称：庐山云雾茶
作　　者：刘洋
指导教师：曾俊
所在院校：西南大学

编　　号：J
作品名称：江南小厨
作　　者：刘通
指导教师：高颖図
所在院校：山东大学

编　　号：K
作品名称：广州十三行
作　　者：国艺耀
指导教师：赵燕
所在院校：山东大学

编　　号：L
作品名称：燕会馆
作　　者：徐广伟
所在院校：南京艺术学院

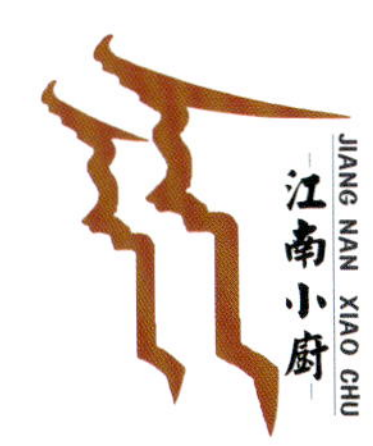

A	B	C
D	E	F
G	H	I
J	K	L
M	N	O
P	Q	R

编　　号：A
作品名称：诺丁山咖啡
作　　者：程辰
指导教师：陈立民
所在院校：西南交通大学

编　　号：B
作品名称：勃朗美容美发学校
作　　者：刘思琛
指导教师：庞少杰
所在院校：东北电力大学

编　　号：C
作品名称："飞龙队"标识
作　　者：李素
指导教师：陈立民
所在院校：西南交通大学

编　　号：D
作品名称：世博会礼仪志愿者
作　　者：蔡辉
指导教师：仲星明、蔡顺兴
所在院校：上海大学

编　　号：E
作品名称：泰山金叶烟草公司
作　　者：王蕾
指导教师：张明
所在院校：泰山学院

编　　号：F
作品名称：天行者设计工作室
作　　者：曲玲
指导教师：杜宏志
所在院校：河北师范大学

编　　号：G
作品名称：广东水云轩酒店
作　　者：覃强华
所在院校：湖北经济学院

编　　号：H
作品名称：陕西民间面花艺术展
作　　者：张红伟
指导教师：翁安华
所在院校：西安文理学院

编　　号：I
作品名称：《探路者》报标
作　　者：张军
所在院校：新华学院

编　　号：J
作品名称：公共艺术刊名
作　　者：高振中
指导教师：陈青
所在院校：上海大学

编　　号：K
作品名称：草根凉菜
作　　者：涂理平
所在院校：武汉科技学院

编　　号：L
作品名称：中国娃娃
作　　者：徐莹
所在院校：鲁迅美术学院

编　　号：M
作品名称：印象·桃花坞
作　　者：包蛟龙
指导教师：傅潇莹
所在院校：义乌工商学院

编　　号：N
作品名称：风尚之都
作　　者：谭安邦
指导教师：陈欢
所在院校：广西民族大学

编　　号：O
作品名称：承德标志
作　　者：马菲
指导教师：张颖
所在院校：河北旅游职业学院

编　　号：P
作品名称：西安碑林博物馆
作　　者：袁振华
指导教师：翁安华
所在院校：西安文理学院

编　　号：Q
作品名称：音乐标志
作　　者：侯丹枫
指导教师：单宁
所在院校：成都理工大学

编　　号：R
作品名称：华夏酒业
作　　者：朱松
指导教师：端木志坚
所在院校：南通纺织职业技术学院

A	B	C	D
E	F	G	H
I	J	K	L

编　　号：A
作品名称：方回春堂
作　　者：侯宏武
指导教师：杨在珽
所在院校：山东大学

编　　号：B
作品名称：前火食并
作　　者：张再强
指导教师：翁安华
所在院校：西安文理学院

编　　号：C
作品名称：爱拼才会赢
作　　者：陆国辉
指导教师：许力
所在院校：贺州学院

编　　号：D
作品名称：杭州市上城区
作　　者：张谨贤
指导教师：沈丽萍
所在院校：中国美术学院

编　　号：E
作品名称：校园文化长廊
作　　者：朱峰
指导教师：杨在珽
所在院校：山东大学

编　　号：F
作品名称：杭州萧山国际机场
作　　者：何才冬
所在院校：宜宾学院

编　　号：G
作品名称：五义设计
作　　者：刘建磊
指导教师：于清
所在院校：东北大学

编　　号：H
作品名称：贡多拉才艺工作室
作　　者：王娟娟
指导教师：张传涛
所在院校：山东大学

编　　号：I
作品名称：栾川旅游形象标识
作　　者：冯佳
指导教师：杨明
所在院校：辽宁工业大学

编　　号：J
作品名称：南瓜车
作　　者：刘建媚
所在院校：广州美术学院

编　　号：K
作品名称：四方盒子中式点心坊
作　　者：孙静
所在院校：吉林艺术学院

编　　号：L
作品名称：广州博物馆
作　　者：徐佳伟
指导教师：高一萍
所在院校：琼台师范高等专科学校

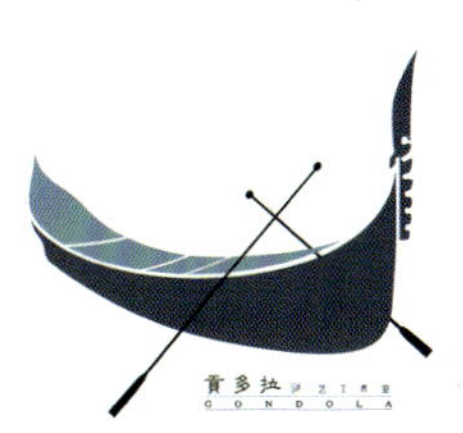

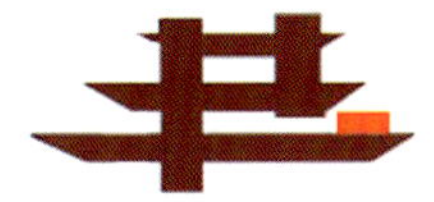

A	B	C
D	E	F
G	H	I
J	K	L
M	N	O
P	Q	R

编　　号：A
作品名称：2009大学生科技嘉年华
作　　者：许明春
所在院校：西南交通大学

编　　号：B
作品名称：中国美术学院读书节(翔)
作　　者：徐剑文
所在院校：中国美术学院

编　　号：C
作品名称：临沂国际旅行社
作　　者：董莎莎
指导教师：季超
所在院校：临沂师范学院

编　　号：D
作品名称：常青树运动服务公司
作　　者：徐广伟
所在院校：南京艺术学院

编　　号：E
作品名称：吸管
作　　者：吴恙
指导教师：吴双庆
所在院校：北大方正软件技术学院

编　　号：F
作品名称：“五度空间”运动品牌
作　　者：陈计成
指导教师：端木志坚
所在院校：南通纺织职业技术学院

编　　号：G
作品名称：满陇桂雨虎跑水
作　　者：周家乐
指导教师：万萱
所在院校：西南交通大学

编　　号：H
作品名称：国际博物馆协会
作　　者：刘珍财、张驰
指导教师：赵永伟
所在院校：孝感学院

编　　号：I
作品名称：宁波天童景区
作　　者：王露
指导教师：陈君
所在院校：浙江工商大学

编　　号：J
作品名称：上海世博会志愿者
作　　者：刘珍财、张驰
指导教师：赵永伟
所在院校：孝感学院

编　　号：K
作品名称：妇婴网
作　　者：王金禹
指导教师：郭铮
所在院校：西南交通大学

编　　号：L
作品名称：视觉
作　　者：王超
所在院校：韩国又松大学

编　　号：M
作品名称：书窗
作　　者：林梓荣
指导教师：熊瑛子
所在院校：华南师范大学

编　　号：N
作品名称：标志(3)
作　　者：刘斯雅
指导教师：肖伟棠
所在院校：广东外语外贸大学

编　　号：O
作品名称：杰志龙牛仔服饰
作　　者：朱志平
指导教师：石萍
所在院校：广州美术学院

编　　号：P
作品名称：上海贝川航空公司
作　　者：戴有为
指导教师：唐春妮
所在院校：长江师范学院

编　　号：Q
作品名称：爱迪生乐园
作　　者：杨文娜
所在院校：陕西师范大学

编　　号：R
作品名称：真爱宝宝饰品坊
作　　者：陈曦茜
指导教师：李健
所在院校：咸阳师范学院

A	B	C	D
E	F	G	H
I	J	K	L

编　　号：A
作品名称：彝族标志
作　　者：漆尉琦
指导教师：陈立民
所在院校：西南交通大学

编　　号：B
作品名称：Sentex
作　　者：陈海章
指导教师：夏甸清
所在院校：武汉科技大学

编　　号：C
作品名称：浩立地产
作　　者：卢上尉、曾珊
指导教师：杨仁敏
所在院校：四川美术学院

编　　号：D
作品名称：CMYK 四色设计工作室
作　　者：张龙
指导教师：张小菊
所在院校：西北大学

编　　号：E
作品名称：香吉仕蛋挞
作　　者：董恒旭
指导教师：黄磊
所在院校：四川理工学院

编　　号：F
作品名称：堂吉诃德
作　　者：赵健
指导教师：王鎏鑫
所在院校：大连外国语学院

编　　号：G
作品名称：鸡西电视台
作　　者：刘思琛
指导教师：庞少杰
所在院校：东北电力大学

编　　号：H
作品名称：中新置地8周年
作　　者：徐广伟
所在院校：南京艺术学院

编　　号：I
作品名称：嘉伦多红酒
作　　者：邹艺
指导教师：张洋
所在院校：湖北经济学院

编　　号：J
作品名称：创意间
作　　者：李波
指导教师：李平平
所在院校：湖南文理学院

编　　号：K
作品名称：金立世纪激光
作　　者：王一涵、段冉
所在院校：大连工业大学

编　　号：L
作品名称：七九八(ART)工场
作　　者：黎信宇
指导教师：李炜
所在院校：北京印刷学院

A	B	C
D	E	F
G	H	I
J	K	L
M	N	O
P	Q	R

编　　号：A
作品名称：标志(1)
作　　者：刘文
指导教师：岳虹
所在院校：西安美术学院

编　　号：B
作品名称：标志(1)
作　　者：胡玉晏
指导教师：曹琳
所在院校：江汉大学

编　　号：C
作品名称：广州仁爱医院
作　　者：李衡、韩琪、刘斯雅、陈洁平
指导教师：陈雁鹏、黄良伟
所在院校：广东外语外贸大学

编　　号：D
作品名称：杭州萧山国际机场新企业
作　　者：余铭锋
所在院校：福建师范大学

编　　号：E
作品名称：银行标志
作　　者：田志月
指导教师：李金娟
所在院校：兰州大学

编　　号：F
作品名称：石排镇
作　　者：任倩
指导教师：高山
所在院校：淮阴师范学院

编　　号：G
作品名称：华地置业
作　　者：张健
指导教师：高颖囡
所在院校：山东大学

编　　号：H
作品名称：喜派食品
作　　者：陈海章
指导教师：郑亚菲
所在院校：武汉科技大学

编　　号：I
作品名称：徐州恒升管桩公司
作　　者：杨金山
指导教师：姜龙
所在院校：攀枝花学院

编　　号：J
作品名称：湖南华菱钢铁集团公司
作　　者：肖彩虹、伍梓鸿、赵浩凯
所在院校：湖南工业大学

编　　号：K
作品名称：海南爱心基金会
作　　者：季尚尚
指导教师：张武志
所在院校：昆山登云科技职业学院

编　　号：L
作品名称：方回春堂医药馆
作　　者：王毅杰
指导教师：庹瑜
所在院校：四川美术学院

编　　号：M
作品名称：世博会生命阳光馆
作　　者：史俊巧
指导教师：周家乐
所在院校：攀枝花学院

编　　号：N
作品名称：院徽
作　　者：段会林
所在院校：青岛科技大学

编　　号：O
作品名称：鲁韵茶叶
作　　者：李玉晶
指导教师：杨在珽
所在院校：山东大学

编　　号：P
作品名称：晶晶设计室
作　　者：李玉晶
指导教师：杨在珽
所在院校：山东大学

编　　号：Q
作品名称：东北大学艺术学院
作　　者：武晓丽
指导教师：霍楷
所在院校：东北大学

编　　号：R
作品名称：中央音乐学院校学生会
作　　者：李僮
指导教师：李中扬
所在院校：首都师范大学

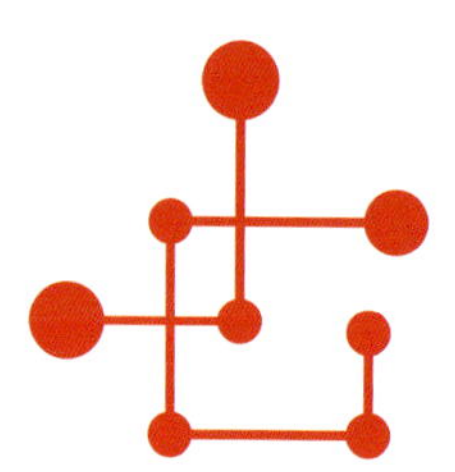

鲁韵茶叶有限公司
LU YUN CHA YE YOU XIAN GONG SI

A	B	C	D
E	F	G	H
I	J	K	L

编　　号：A
作品名称：宝贝牛智力开发玩具品牌
作　　者：吴在家
指导教师：陈虹、詹伟峰
所在院校：莆田学院

编　　号：B
作品名称：株洲合唱节
作　　者：肖彩虹、伍梓鸿、赵浩凯
所在院校：湖南工业大学

编　　号：C
作品名称：视觉沙龙
作　　者：徐茂盛
所在院校：广东工业大学

编　　号：D
作品名称：龙湾新闻网
作　　者：余铭锋
所在院校：福建师范大学

编　　号：E
作品名称：重庆方向传媒DM杂志
作　　者：何如利
指导教师：杨仁敏
所在院校：四川音乐学院

编　　号：F
作品名称：标志(2)
作　　者：刘文
指导教师：岳虹
所在院校：西安美术学院

编　　号：G
作品名称：自然堂
作　　者：周晶
指导教师：郝静
所在院校：北方学院

编　　号：H
作品名称：祥瑞中华
作　　者：刘永庭
指导教师：向静
所在院校：重庆大学

编　　号：I
作品名称：方者设计创意顾问
作　　者：张雪方
指导教师：端木志坚
所在院校：南通纺织职业技术学院

编　　号：J
作品名称：第九届广州国际茶文化博览会
作　　者：崔晓双
指导教师：史琨
所在院校：黑龙江东方学院

编　　号：K
作品名称：郁美静
作　　者：王盈丁
指导教师：刘小玄
所在院校：湖南工业大学

编　　号：L
作品名称：和谐集团
作　　者：刘旭杰
所在院校：湖南科技学院

A	B	C
D	E	F
G	H	I
J	K	L
M	N	O
P	Q	R

编　　号：A
作品名称：教育业
作　　者：陈晓君
指导教师：张杰
所在院校：宁波大红鹰学院

编　　号：B
作品名称：联邦家居
作　　者：姚玮琼
指导教师：王亚飞
所在院校：鲁迅美术学院

编　　号：C
作品名称：海天家居
作　　者：郭光富
指导教师：杨在斑
所在院校：山东大学

编　　号：D
作品名称：时尚家居
作　　者：肖金铭
指导教师：杨在斑
所在院校：山东大学

编　　号：E
作品名称：昊丰钢铁
作　　者：朱法强
指导教师：杨在斑
所在院校：山东大学

编　　号：F
作品名称：艺海工作室
作　　者：高嘉浩
指导教师：戴小乐
所在院校：广东工业大学

编　　号：G
作品名称：华林集团
作　　者：许林林
指导教师：杨在斑
所在院校：山东大学

编　　号：H
作品名称：业尊房地产
作　　者：郭光富
指导教师：杨在斑
所在院校：山东大学

编　　号：I
作品名称：中国建筑设计咨询公司
作　　者：张军
所在院校：新华学院

编　　号：J
作品名称：倩倩工作室
作　　者：张倩
指导教师：杨在斑
所在院校：山东大学

编　　号：K
作品名称：中国传媒艺术学会
作　　者：陈晓君
指导教师：张杰
所在院校：宁波大红鹰学院

编　　号：L
作品名称：财富管理中心
作　　者：王克严
指导教师：孙明海
所在院校：湖北工业大学

编　　号：M
作品名称：广州市博物馆
作　　者：肖晓霞
指导教师：李伟
所在院校：厦门大学

编　　号：N
作品名称：标志(1)
作　　者：高文飞
指导教师：曹琳
所在院校：江汉大学

编　　号：O
作品名称：黑龙江援建四川重建工程
作　　者：许明春
所在院校：西南交通大学

编　　号：P
作品名称：广州博物馆
作　　者：孙松松
指导教师：张岩宏
所在院校：鲁东大学

编　　号：Q
作品名称：大学生心理健康
作　　者：王蕾
指导教师：张明
所在院校：泰山学院

编　　号：R
作品名称：山东博物馆
作　　者：杜磊、王松、狄莹艳
指导教师：陈露露
所在院校：绵阳师范学院

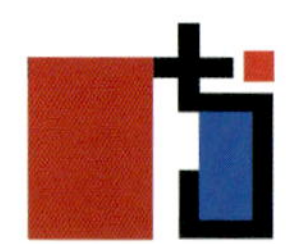

时尚家居
SHI SHANG JIA JV

昊丰钢铁
HAO FENG GANG TIE

艺海工作室

HUA LIN JI TUAN
华林集团

业尊房地产
Ye Zun Fang Di Chan

倩倩工作室
qian qian gong zuo shi

廣州市博物館
Guang Zhou Museum

廣州博物館
Guangzhou Museum

山东博物館
SHAN DONG MUSEUM

A	B	C	D
E	F	G	H
I	J	K	L

编　　号：A
作品名称：野狼电器
作　　者：邹艺
指导教师：张洋
所在院校：湖北经济学院

编　　号：B
作品名称：张婷标志
作　　者：张婷
所在院校：广东海洋大学

编　　号：C
作品名称：清风设计工作室
作　　者：徐广伟
所在院校：南京艺术学院

编　　号：D
作品名称：广雅家居
作　　者：陈翔贵
所在院校：湛江师范学院

编　　号：E
作品名称：金江网
作　　者：李镇洪
指导教师：吕卫平
所在院校：宜宾学院

编　　号：F
作品名称：婴儿服饰
作　　者：侯宏武
指导教师：杨在珽
所在院校：山东大学

编　　号：G
作品名称：上海贝川旅游公司
作　　者：戴有为
指导教师：唐春妮
所在院校：长江师范学院

编　　号：H
作品名称：旅行社
作　　者：王超
所在院校：韩国又松大学

编　　号：I
作品名称：搜囡网
作　　者：胡愈
指导教师：刘东霞
所在院校：太原理工大学

编　　号：J
作品名称：前沿广告策略公司
作　　者：徐莹
所在院校：鲁迅美术学院

编　　号：K
作品名称：海南鼎绿环保材料公司
作　　者：潘绍章
指导教师：郑林彤
所在院校：天津科技大学

编　　号：L
作品名称：工业设计小组(ID生产队)
作　　者：孙了凡
所在院校：成都大学

A	B	C
D	E	F
G	H	I
J	K	L
M	N	O
P	Q	R

编　　号：A
作品名称：灵动装饰设计顾问
作　　者：黄贵军
指导教师：李朝辉
所在院校：西南交通大学

编　　号：B
作品名称：鲁泽置业
作　　者：刘欣
指导教师：高颖囡
所在院校：山东大学

编　　号：C
作品名称：标志设计
作　　者：高英
所在院校：北京林业大学

编　　号：D
作品名称：三思品牌设计公司
作　　者：胡思
指导教师：陆琳
所在院校：天津城市建设学院

编　　号：E
作品名称：聆听
作　　者：李耀雄
指导教师：周冬梅
所在院校：广东技术师范学院

编　　号：F
作品名称：22届博物馆协会
作　　者：张凯、赵俐
指导教师：赵永伟
所在院校：孝感学院

编　　号：G
作品名称：“爱家”超市
作　　者：郝梦轲
指导教师：翁安华
所在院校：西安文理学院

编　　号：H
作品名称：大学生之家网站(1)
作　　者：许晶晶
指导教师：陆樱樱
所在院校：昆山登云科技职业学院

编　　号：I
作品名称：标志(2)
作　　者：胡玉晏
指导教师：曹琳
所在院校：江汉大学

编　　号：J
作品名称：博德艺术书店
作　　者：王珊珊
指导教师：安娜
所在院校：鲁迅美术学院

编　　号：K
作品名称：尔家大酒店
作　　者：陆琴
指导教师：杨在珽
所在院校：山东大学

编　　号：L
作品名称：昊华输送
作　　者：陈阳
指导教师：张颖
所在院校：河北旅游职业学院

编　　号：M
作品名称：艺术的空间
作　　者：王琳
指导教师：黄建平
所在院校：上海大学

编　　号：N
作品名称：体育馆
作　　者：陈戈
所在院校：孝感学院

编　　号：O
作品名称：平遥古城
作　　者：武晓丽
指导教师：霍楷
所在院校：东北大学

编　　号：P
作品名称：南锣鼓巷
作　　者：王阳
指导教师：姜南
所在院校：北京科技大学

编　　号：Q
作品名称：湖南安居乐集团
作　　者：韦久跃
指导教师：王远
所在院校：中南民族大学

编　　号：R
作品名称：联想电脑
作　　者：陈晓君
指导教师：张杰
所在院校：宁波大红鹰学院

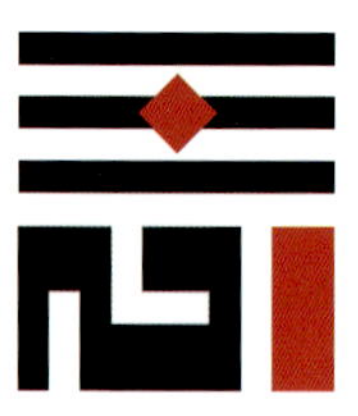

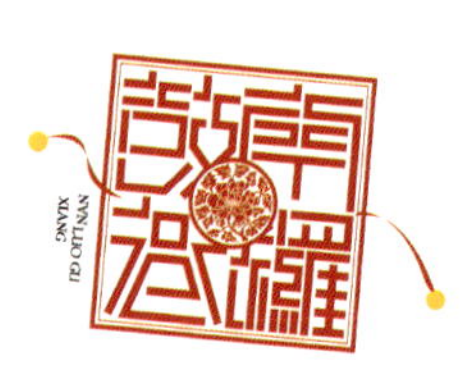

A	B	C	D
E	F	G	H
I	J	K	L

编　　号：A
作品名称：安徽华地置业
作　　者：孙了凡
所在院校：成都大学

编　　号：B
作品名称：金朝阳陶瓷
作　　者：郑霜
指导教师：邹元元
所在院校：绍兴文理学院

编　　号：C
作品名称：晋帛时代
作　　者：黄冠周子
指导教师：端木志坚
所在院校：如皋高等师范学校

编　　号：D
作品名称：国际工业设计论坛
作　　者：文静
指导教师：袁恩培
所在院校：重庆大学

编　　号：E
作品名称：新锐视觉
作　　者：王旭浩
指导教师：何燕
所在院校：许昌学院

编　　号：F
作品名称：银洁家纺
作　　者：王延超
指导教师：赵燕
所在院校：山东大学

编　　号：G
作品名称：名字设计
作　　者：黄洁明
指导教师：葛玥
所在院校：华南师范大学

编　　号：H
作品名称：视觉同盟
作　　者：谭安邦
指导教师：邱永德
所在院校：广西民族大学

编　　号：I
作品名称：植物园
作　　者：程鹏飞
指导教师：翁安华
所在院校：西安文理学院

编　　号：J
作品名称：中国茶道
作　　者：高小斐
指导教师：杨在珽
所在院校：山东大学

编　　号：K
作品名称：美心洋人街
作　　者：邓帧
指导教师：何彤
所在院校：四川美术学院

编　　号：L
作品名称：樊卫达机械公司
作　　者：杨程中
指导教师：向东文
所在院校：中国地质大学

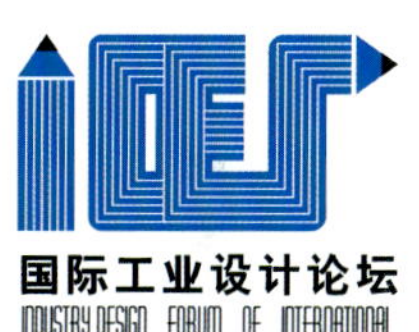

A	B	C
D	E	F
G	H	I
J	K	L
M	N	O
P	Q	R

编　　号：A
作品名称：湖南工业大学校庆30周年(3)
作　　者：尹　昊、王　繁、伍梓鸿、徐熙来、刘　尖、肖彩虹、王盈丁、张人允、赵浩凯
指导教师：张永年
所在院校：湖南工业大学

编　　号：B
作品名称：百大50周年
作　　者：张蕊
指导教师：杨在珽
所在院校：山东大学

编　　号：C
作品名称：中国镇・东莞石排
作　　者：蒋荣华
指导教师：陈军
所在院校：孝感学院

编　　号：D
作品名称：湖南工业大学30年校庆
作　　者：周靖
指导教师：邹文兵、张永年
所在院校：湖南工业大学

编　　号：E
作品名称：安徽大学第47届运动会
作　　者：严洪冰
所在院校：安徽大学

编　　号：F
作品名称：大连工业大学50周年校庆
作　　者：滕菲
指导教师：杨滟珺
所在院校：大连工业大学

编　　号：G
作品名称：甘肃首届大学生运动会
作　　者：何俊丹
指导教师：姜龙、杨柳
所在院校：攀枝花学院

编　　号：H
作品名称：廊坊市国土体育协会
作　　者：盛壮
所在院校：孝感学院

编　　号：I
作品名称：通信工程班级
作　　者：夏欢
指导教师：郭铮
所在院校：西南交通大学

编　　号：J
作品名称：博览会
作　　者：张雪华
所在院校：燕山大学

编　　号：K
作品名称：舒城电视台
作　　者：盛壮
所在院校：孝感学院

编　　号：L
作品名称：昆山第九届运动会
作　　者：季尚尚
指导教师：张武志
所在院校：昆山登云科技职业学院

编　　号：M
作品名称：爱心互动
作　　者：张兴明
指导教师：高空
所在院校：山东师范大学

编　　号：N
作品名称：六安市运动会
作　　者：杨柳
指导教师：姜龙
所在院校：攀枝花学院

编　　号：O
作品名称：2009世界速度轮滑锦标赛
作　　者：周洪佳
指导教师：姜龙
所在院校：四川机电职业技术学院

编　　号：P
作品名称：全民健身日
作　　者：夏欢
指导教师：郭铮
所在院校：西南交通大学

编　　号：Q
作品名称：江汉之春校园文化节
作　　者：曾祥锐、朱变丽
指导教师：何轩
所在院校：江汉大学

编　　号：R
作品名称：苏州第十二届运动会
作　　者：杨文娜
所在院校：陕西师范大学

A	B	C	D
E	F	G	H
I	J	K	L

编　　号：A
作品名称：湖南工业大学校庆30周年(1)
作　　者：尹　昊、王　繁、伍梓鸿、
徐熙来、刘　尖、肖彩虹、
王盈丁、张人允、赵浩凯
指导教师：张永年
所在院校：湖南工业大学

编　　号：B
作品名称：中国第十届中学生运动会
作　　者：李彦云
所在院校：安徽财经大学

编　　号：C
作品名称：相城
作　　者：祁娟
指导教师：陆樱樱
所在院校：昆山登云科技职业技术学院

编　　号：D
作品名称：广州亚运会(残运会)
作　　者：余铭锋
所在院校：福建师范大学

编　　号：E
作品名称：甘肃大学生运动会
作　　者：班晓娟
指导教师：姜龙、宋来福
所在院校：攀枝花学院

编　　号：F
作品名称：大学生人物评选
作　　者：张晓姣
指导教师：姜龙、宋来福
所在院校：攀枝花学院

编　　号：G
作品名称：石排镇
作　　者：聂荣江
指导教师：陈军
所在院校：孝感学院

编　　号：H
作品名称：浙江自然博物馆
作　　者：张凯、赵俐
指导教师：赵永伟
所在院校：孝感学院

编　　号：I
作品名称：安康市第十四届运动会
作　　者：樊玉田
所在院校：山东师范大学

编　　号：J
作品名称：报庆
作　　者：段会林
所在院校：青岛科技大学

编　　号：K
作品名称：易斯顿国际美术学院校庆
作　　者：李娜
所在院校：郑州轻工业学院

编　　号：L
作品名称：海帆旅游
作　　者：宋坤伟
指导教师：王峡
所在院校：合肥学院

A	B	C
D	E	F
G	H	I
J	K	L
M	N	O
P	Q	R

编　　号：A
作品名称：美粒康源
作　　者：黄贵军
所在院校：西南交通大学

编　　号：B
作品名称：一点心蛋糕店
作　　者：马会彦
指导教师：李伟
所在院校：河北大学

编　　号：C
作品名称：临沂爱心的士车队
作　　者：马浩
指导教师：张咏梅
所在院校：临沂师范学院

编　　号：D
作品名称：佳宝宠物
作　　者：马洁瑾
所在院校：西南交通大学

编　　号：E
作品名称：苏云投资
作　　者：赵健
指导教师：李凡
所在院校：三江学院

编　　号：F
作品名称：第三届世界传统武术节
作　　者：李爱华
所在院校：青岛科技大学

编　　号：G
作品名称：有斐酒店
作　　者：陈计成
指导教师：端木志坚
所在院校：南通纺织职业技术学院

编　　号：H
作品名称：果果设计工作室
作　　者：齐术杰
所在院校：中国传媒大学

编　　号：I
作品名称：西安世界园艺博览会
作　　者：李彦云
指导教师：齐振伦
所在院校：安徽财经大学

编　　号：J
作品名称：重庆綦江齿轮城
作　　者：高洪雷
指导教师：杨晨
所在院校：辽宁工业大学

编　　号：K
作品名称：普业机电技术司
作　　者：顾琰
指导教师：崔晨耕
所在院校：山东艺术学院

编　　号：L
作品名称：常州日报
作　　者：林孝辉
指导教师：杜靓
所在院校：孝感学院

编　　号：M
作品名称：心心相印
作　　者：陈惠娇
指导教师：刘茂盛
所在院校：山东艺术设计学院

编　　号：N
作品名称：上海世博会志愿者
作　　者：朱志平
指导教师：石萍
所在院校：广州美术学院

编　　号：O
作品名称：承德
作　　者：任风云
指导教师：张颖
所在院校：河北旅游职业学院

编　　号：P
作品名称：祥和花园
作　　者：陈惠娇
指导教师：刘茂盛
所在院校：山东艺术设计学院

编　　号：Q
作品名称：昊鹄集团
作　　者：杨章钊
指导教师：岳红
所在院校：西安美术学院

编　　号：R
作品名称：个人Logo
作　　者：董萃萃
指导教师：赵燕
所在院校：山东大学

A	B	C	D
E	F	G	H
I	J	K	L

编　　号：A
作品名称：豪世家
作　　者：马芯蕊
指导教师：余雁
所在院校：黑龙江大学

编　　号：B
作品名称：姚记
作　　者：姚祎琼
指导教师：于静
所在院校：鲁迅美术学院

编　　号：C
作品名称：绿谷农园
作　　者：李明
所在院校：天津科技大学

编　　号：D
作品名称：柠檬小镇
作　　者：谷萌
所在院校：天津美术学院

编　　号：E
作品名称：农丰种业
作　　者：张倩
指导教师：杨在珽
所在院校：山东大学

编　　号：F
作品名称：广州逸丰商务酒店
作　　者：周熙
指导教师：邹文兵
所在院校：湖南工业大学

编　　号：G
作品名称：承德市标
作　　者：任雪茜
指导教师：张颖
所在院校：河北旅游职业学院

编　　号：H
作品名称：湘莲
作　　者：李波
指导教师：李平平
所在院校：湖南文理学院

编　　号：I
作品名称：RISN
作　　者：马昕
指导教师：付静
所在院校：江汉大学

编　　号：J
作品名称：杭州萧山机场
作　　者：高振中
指导教师：陈青
所在院校：上海大学

编　　号：K
作品名称：荣堂家
作　　者：王新东
指导教师：万长林
所在院校：湖南理工学院

编　　号：L
作品名称：医院
作　　者：王一飞
所在院校：大连工业大学

A	B	C
D	E	F
G	H	I
J	K	L
M	N	O
P	Q	R

编　　号：A
作品名称：大学生之家网站(2)
作　　者：许晶晶
指导教师：陆樱樱
所在院校：昆山登云科技职业学院

编　　号：B
作品名称：墅居
作　　者：武婧
指导教师：陈立民
所在院校：西南交通大学

编　　号：C
作品名称：鹰击长空
作　　者：郑豪
指导教师：丁洁琼
所在院校：宁波大红鹰学院

编　　号：D
作品名称：承德第三幼儿园
作　　者：张瑶
指导教师：张晓琳
所在院校：河北旅游职业学院

编　　号：E
作品名称：Popo玩具店
作　　者：王莹
指导教师：史琨
所在院校：黑龙江东方学院

编　　号：F
作品名称：娇兰朵化妆品
作　　者：张俊萤
指导教师：张颖
所在院校：河北旅游职业学院

编　　号：G
作品名称：周大福
作　　者：周听
指导教师：罗小燕
所在院校：广东海洋大学

编　　号：H
作品名称：太史网
作　　者：陈智辉
指导教师：陈萌
所在院校：河南工业大学

编　　号：I
作品名称：鄂尔多斯南部铁路公司
作　　者：蒋荣华
指导教师：陈军
所在院校：孝感学院

编　　号：J
作品名称：第十六届亚运会环保
作　　者：孙琬淑
指导教师：俞佳迪
所在院校：中国美术学院

编　　号：K
作品名称：上海世博会志愿者
作　　者：杜磊、王松、狄莹艳
指导教师：陈露露
所在院校：绵阳师范学院

编　　号：L
作品名称：飞儿音乐工作室
作　　者：高小斐
指导教师：杨在珽
所在院校：山东大学

编　　号：M
作品名称：MSN汽车频道车友会
作　　者：许明春
所在院校：西南交通大学

编　　号：N
作品名称：太仓金仓湖
作　　者：王妍
指导教师：邹文兵
所在院校：湖南工业大学

编　　号：O
作品名称：计算机科学与信息技术学院
作　　者：文静
指导教师：袁恩培
所在院校：重庆大学

编　　号：P
作品名称：老虎湾茶行(1)
作　　者：陈智辉
指导教师：陈萌
所在院校：河南工业大学

编　　号：Q
作品名称：老虎湾茶行(2)
作　　者：陈智辉
指导教师：陈萌
所在院校：河南工业大学

编　　号：R
作品名称：雅谊布玩
作　　者：贾雯雯
指导教师：杨在珽
所在院校：山东大学

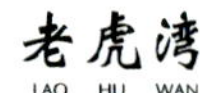

A	B	C	D
E	F	G	H
I	J	K	L

编　　号：A
作品名称：河北龙海药业公司
作　　者：严洪冰
所在院校：安徽大学

编　　号：B
作品名称：临沂大学艺术设计学院
作　　者：马浩
指导教师：张咏梅
所在院校：临沂师范学院

编　　号：C
作品名称：朗润天一生物
作　　者：严洪冰
所在院校：安徽大学

编　　号：D
作品名称：重庆方向传媒公司
作　　者：何如利
指导教师：杨仁敏
所在院校：四川音乐学院

编　　号：E
作品名称：比利小鸡
作　　者：林敏仪
指导教师：陈兆雄
所在院校：华南农业大学

编　　号：F
作品名称：中国国际贸易促进委员会
作　　者：王新东
指导教师：欧阳瑰丽
所在院校：湖南理工学院

编　　号：G
作品名称：标志(3)
作　　者：陈思仪
指导教师：henk
所在院校：重庆工商大学

编　　号：H
作品名称：全球通GES
作　　者：江卫峰
指导教师：端木志坚
所在院校：南通纺织职业技术学院

编　　号：I
作品名称：国际文化节
作　　者：林婷婷
所在院校：上海华东师范大学

编　　号：J
作品名称：瑞麟家纺
作　　者：张雪方
指导教师：端木志坚
所在院校：南通纺织职业技术学院

编　　号：K
作品名称：六先生快餐连锁集团
作　　者：谢珏睿
所在院校：广东技术师范学院

编　　号：L
作品名称：阳光家居
作　　者：王成
指导教师：闫承恂
所在院校：辽宁师范大学

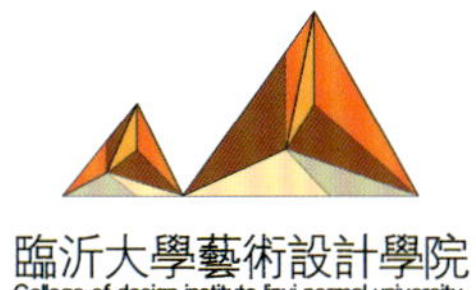

A	B	C
D	E	F
G	H	I
J	K	L
M	N	O
P	Q	R

编　　号：A
作品名称：北京润源科技公司
作　　者：赵晓山
指导教师：李金娟
所在院校：兰州大学

编　　号：B
作品名称：长白山旅游
作　　者：范丹萍
指导教师：陈立民
所在院校：西南交通大学

编　　号：C
作品名称：远航物流
作　　者：肖金铭
指导教师：杨在珽
所在院校：山东大学

编　　号：D
作品名称：土妹子
作　　者：王鹏亮
指导教师：赵敏婷
所在院校：陕西科技大学

编　　号：E
作品名称：南京市龙江小学
作　　者：朱宇
所在院校：三江学院

编　　号：F
作品名称：永福电视台
作　　者：徐晓敏、周靖、陈星
指导教师：张永年、邹文兵
所在院校：湖南工业大学

编　　号：G
作品名称：标志设计(2)
作　　者：李阳
指导教师：杨晨
所在院校：辽宁工业大学

编　　号：H
作品名称：标志(2)
作　　者：刘斯雅
指导教师：肖伟棠
所在院校：广东外语外贸大学

编　　号：I
作品名称：博 商场
作　　者：罗来磊
指导教师：孙英丽
所在院校：西安科技大学

编　　号：J
作品名称：哈尔滨地铁
作　　者：刘彦红
指导教师：张艳红
所在院校：哈尔滨理工大学

编　　号：K
作品名称：义乌创意园
作　　者：张燕
指导教师：王东辉
所在院校：山东轻工业学院

编　　号：L
作品名称：昌吉市社区居委会
作　　者：樊在虎
指导教师：王梓
所在院校：北华大学

编　　号：M
作品名称：运动会
作　　者：段会林
所在院校：青岛科技大学

编　　号：N
作品名称：品牌
作　　者：宗敏
指导教师：韩东晨
所在院校：哈尔滨学院

编　　号：O
作品名称：中电华能
作　　者：贾雯雯
指导教师：高颖囡
所在院校：山东大学

编　　号：P
作品名称：安庆日报
作　　者：程慧业
指导教师：李妍
所在院校：山东科技大学

编　　号：Q
作品名称：水润佳人
作　　者：徐茂盛
所在院校：广东工业大学

编　　号：R
作品名称：众泰汽车
作　　者：方亮
指导教师：李平平
所在院校：湖南文理学院

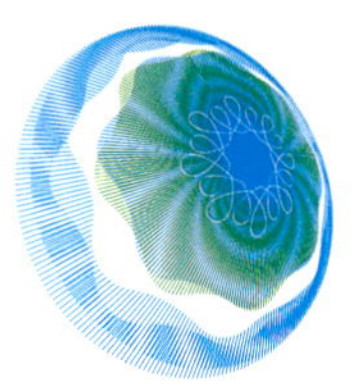

A	B	C	D
E	F	G	H
I	J	K	L

编　　号：A
作品名称：南安第八届运动会
作　　者：余铭锋
所在院校：福建师范大学

编　　号：B
作品名称：蒋荣华个人标志
作　　者：蒋荣华
所在院校：孝感学院

编　　号：C
作品名称：庆祝建国六十周年
作　　者：邓亚妮
所在院校：宜宾学院

编　　号：D
作品名称：湖南工业大学校庆30周年(2)
作　　者：尹　昊、王　繁、伍梓鸿、徐熙来、刘　尖、肖彩虹、王盈丁、张人允、赵浩凯
指导教师：张永年
所在院校：湖南工业大学

编　　号：E
作品名称：来宾日报
作　　者：盛壮
所在院校：孝感学院

编　　号：F
作品名称：山东艺术学院设计学院学生会
作　　者：刘娜
指导教师：黄兆成
所在院校：山东艺术学院

编　　号：G
作品名称：建国60周年
作　　者：赵兴国
指导教师：刘炜
所在院校：宜宾学院

编　　号：H
作品名称：奥迪
作　　者：宁伟伟
指导教师：董青竹
所在院校：黄河科技学院

编　　号：I
作品名称：舞动资环
作　　者：田志月
指导教师：李金娟
所在院校：兰州大学

编　　号：J
作品名称：宁乡第十高级中学
作　　者：刘莹
指导教师：黄敏
所在院校：湖北民族学院

编　　号：K
作品名称：吉林大学口腔医学院
作　　者：江涛
所在院校：安徽工程科技学院

编　　号：L
作品名称：仁智集团
作　　者：杨章钊
指导教师：岳红
所在院校：西安美术学院

A	B	C
D	E	F
G	H	I
J	K	L
M	N	O
P	Q	R

编　　号：A
作品名称：欣尚传媒
作　　者：吴慧
指导教师：杨在珽
所在院校：山东大学

编　　号：B
作品名称：万通百货
作　　者：刘慧娟
指导教师：杨在珽
所在院校：山东大学

编　　号：C
作品名称：盐城信泰
作　　者：刘韵
指导教师：谭军
所在院校：长江师范学院

编　　号：D
作品名称：力量设计室
作　　者：凌立亮
指导教师：杨在珽
所在院校：山东大学

编　　号：E
作品名称：华地置业(2)
作　　者：江涛
所在院校：安徽工程科技学院

编　　号：F
作品名称：华中科技大学研究所
作　　者：胡传泽、王国辉、
　　　　　刘同北、张　凯
指导教师：赵永伟
所在院校：孝感学院

编　　号：G
作品名称：高等教育出版社
作　　者：王庆军
指导教师：张武志
所在院校：昆山登云科技职业学院

编　　号：H
作品名称：大兴安岭电视台
作　　者：何才冬
所在院校：宜宾学院

编　　号：I
作品名称：凯鸿装饰
作　　者：刘凯
指导教师：高山
所在院校：淮阴师范学院

编　　号：J
作品名称：海南省图书馆
作　　者：何才冬
所在院校：宜宾学院

编　　号：K
作品名称：东亚运动会徽
作　　者：田志月
指导教师：李金娟
所在院校：兰州大学

编　　号：L
作品名称：鼎豪再生资源公司
作　　者：江卫峰
指导教师：端木志坚
所在院校：南通纺织职业技术学院

编　　号：M
作品名称：义马煤业
作　　者：刘建磊
指导教师：于清
所在院校：东北大学

编　　号：N
作品名称：国际WACOM插画漫画大赛
作　　者：张谨贤
指导教师：沈丽萍
所在院校：中国美术学院

编　　号：O
作品名称：山东明天出版社
作　　者：刘源
指导教师：苗登宇
所在院校：山东工艺美术学院

编　　号：P
作品名称：中国传媒产业联盟
作　　者：王教润
所在院校：山东大学

编　　号：Q
作品名称：双百合作论坛
作　　者：江卫峰
指导教师：端木志坚
所在院校：南通纺织职业技术学院

编　　号：R
作品名称：重庆读书月
作　　者：洪巍
指导教师：费利君
所在院校：安徽工程科技学院

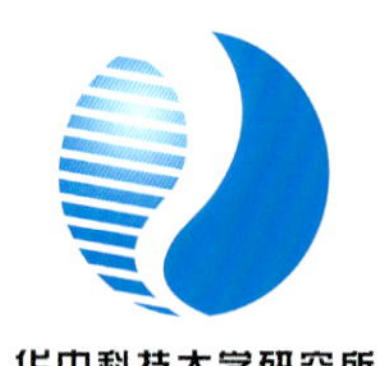

凯 鸿 装 饰
KAI HONG ZHUNANGSHI

A	B	C	D
E	F	G	H
I	J	K	L
M	N	O	P

编　　号：A
作品名称：安隆建设
作　　者：赵健
所在院校：三江学院

编　　号：B
作品名称：秋季女性运动会
作　　者：武婧
指导教师：陈立民
所在院校：西南交通大学

编　　号：C
作品名称：三人行
作　　者：吴慧
指导教师：杨在珽
所在院校：山东大学

编　　号：D
作品名称：乒乓球公开赛应征
作　　者：王克严
指导教师：孙明海
所在院校：湖北工业大学

编　　号：E
作品名称："红花绘"生活创意店
作　　者：刘佳佳
指导教师：王辉
所在院校：南京理工大学

编　　号：F
作品名称：桥艺术中心
作　　者：刘毅
指导教师：金贵成
所在院校：中央美术学院

编　　号：G
作品名称：达科创业小组
作　　者：张文依
所在院校：大连大学

编　　号：H
作品名称：CCTA网球协会
作　　者：叶晓申
指导教师：林建群
所在院校：哈尔滨工业大学

编　　号：I
作品名称：菲赛尔
作　　者：李守秋、张凤
指导教师：刘光文
所在院校：山东艺术学院

编　　号：J
作品名称：康瑞房地产
作　　者：周晶
指导教师：郝静
所在院校：北方学院

编　　号：K
作品名称：桃花坞(2)
作　　者：姚海啸
指导教师：傅潇莹
所在院校：义乌工商职业技术学院

编　　号：L
作品名称：Ladies饰品
作　　者：乔倩
指导教师：赵晨媛
所在院校：天津职业大学

编　　号：M
作品名称：中冶绿洲
作　　者：罗来磊
指导教师：蒋媛
所在院校：西安科技大学

编　　号：N
作品名称：自创品牌
作　　者：罗羽
指导教师：陈朝杰
所在院校：广东工业大学

编　　号：O
作品名称：南京瑞芯科技
作　　者：王妍
指导教师：邹文兵
所在院校：湖南工业大学

编　　号：P
作品名称：水木华居
作　　者：黄冠周子
指导教师：端木志坚
所在院校：如皋高等师范学校

A	B	C
D	E	F
G	H	I
J	K	L
M	N	O
P	Q	R

编　　号：A
作品名称：中国环境与健康宣传周
作　　者：汪波
指导教师：邹文斌
所在院校：湖南工业大学

编　　号：B
作品名称：中国动物学会鸟类学分会
作　　者：刘莹
指导教师：张小叶
所在院校：东北师范大学

编　　号：C
作品名称：大连旅游局
作　　者：刘莹
指导教师：张小叶
所在院校：东北师范大学

编　　号：D
作品名称：宿松县人民医院(1)
作　　者：江涛
所在院校：安徽工程科技学院

编　　号：E
作品名称：四川商旅国际旅行社
作　　者：程迎迎
指导教师：杨在珽
所在院校：山东大学

编　　号：F
作品名称：乐美药店
作　　者：姚祎琼
指导教师：王亚飞
所在院校：鲁迅美术学院

编　　号：G
作品名称：繁昌电视台
作　　者：雷冰
指导教师：花晶
所在院校：安徽工程科技学院

编　　号：H
作品名称：安徽瑞之星电气公司
作　　者：洪巍
所在院校：安徽工程科技学院

编　　号：I
作品名称：安亚建工
作　　者：贾雯雯
指导教师：杨在珽
所在院校：山东大学

编　　号：J
作品名称：承德建设局
作　　者：雷梦莹
所在院校：河北旅游职业学院

编　　号：K
作品名称：武汉鑫睿峰汽车用品商行
作　　者：杨程中
指导教师：向东文
所在院校：中国地质大学

编　　号：L
作品名称：广州市易坤化工公司
作　　者：李全益
指导教师：邹文兵
所在院校：湖南工业大学

编　　号：M
作品名称：莲花卫视
作　　者：江涛
所在院校：安徽工程科技学院

编　　号：N
作品名称：南充银行
作　　者：洪巍
指导教师：费利君
所在院校：安徽工程科技学院

编　　号：O
作品名称：泉娃饮水公司
作　　者：潘禹
所在院校：安徽大学

编　　号：P
作品名称：龙吟集团
作　　者：程辰
指导教师：陈立民
所在院校：西南交通大学

编　　号：Q
作品名称：承德
作　　者：雷梦莹
所在院校：河北旅游职业学院

编　　号：R
作品名称：首届中部贸易投资博览会
作　　者：张漫漫
指导教师：姜龙、杨柳
所在院校：攀枝花学院

A	B	C	D
E	F	G	H
I	J	K	L
M	N	O	P

编　　号：A
作品名称：Haneysweet
作　　者：张龙
指导教师：张小菊
所在院校：西北大学

编　　号：B
作品名称：LULU宠物店
作　　者：王莹
指导教师：史琨
所在院校：黑龙江东方学院

编　　号：C
作品名称：abpa摄影协会
作　　者：叶晓申
指导教师：林建群
所在院校：哈尔滨工业大学

编　　号：D
作品名称：登封市旅游区
作　　者：崔晓双
指导教师：史琨
所在院校：黑龙江东方学院

编　　号：E
作品名称：三辉文化传播
作　　者：查小丽
指导教师：杨在珽
所在院校：山东大学

编　　号：F
作品名称：宜宾电视台
作　　者：李镇洪
指导教师：吕卫平
所在院校：宜宾学院

编　　号：G
作品名称：河源同济医院
作　　者：黄小棵
所在院校：广州美术学院

编　　号：H
作品名称：思妍丽企业
作　　者：许明春
所在院校：西南交通大学

编　　号：I
作品名称：菲祥服装超市
作　　者：顾琰
指导教师：潘尔慧
所在院校：山东艺术学院

编　　号：J
作品名称：修源堂
作　　者：黄金娇
指导教师：蒲江
所在院校：桂林电子科技大学

编　　号：K
作品名称：中国软实力会徽
作　　者：李滔
所在院校：湖南工艺美术职业学院

编　　号：L
作品名称：棉语会
作　　者：韩维国
指导教师：陈元
所在院校：河北大学

编　　号：M
作品名称：ER标志(1)
作　　者：徐邯洋
指导教师：张晓琳
所在院校：河北旅游职业学院

编　　号：N
作品名称：NRM
作　　者：赵健
指导教师：李姝
所在院校：三江学院

编　　号：O
作品名称：美术学院
作　　者：王旭浩
指导教师：何燕
所在院校：许昌学院

编　　号：P
作品名称：SOLAMODA服饰
作　　者：江卫峰
指导教师：端木志坚
所在院校：南通纺织职业技术学院

A	B	C
D	E	F
G	H	I
J	K	L
M	N	O
P	Q	R

编　　号：A
作品名称：书市吉祥物
作　　者：漆尉琦
指导教师：陈立民
所在院校：西南交通大学

编　　号：B
作品名称：驰耐普
作　　者：许茜玮
指导教师：杨晓金
所在院校：浙江理工大学

编　　号：C
作品名称：奇点工作室
作　　者：李奇泽
指导教师：李卉
所在院校：金陵科技学院

编　　号：D
作品名称：卡西儿娃娃玩具公司
作　　者：陈常榕
所在院校：南京艺术学院

编　　号：E
作品名称：第十三届亚沙会
作　　者：栾绍伟
所在院校：四川师范大学

编　　号：F
作品名称：翁安电视台
作　　者：高洪雷
指导教师：杨晨
所在院校：辽宁工业大学

编　　号：G
作品名称：北京软众信息公司
作　　者：戴有为
指导教师：唐春妮
所在院校：长江师范学院

编　　号：H
作品名称：东安电视台
作　　者：李儒周
指导教师：邹文斌、张永年
所在院校：湖南工业大学

编　　号：I
作品名称：50周年
作　　者：王一飞
指导教师：石磊
所在院校：大连工业大学

编　　号：J
作品名称：雅怡花碗房地产公司
作　　者：任风云
指导教师：吴芳
所在院校：河北旅游职业学院

编　　号：K
作品名称：桃木旅游商品(1)
作　　者：王蕾
指导教师：张明
所在院校：泰山学院

编　　号：L
作品名称：双百论坛
作　　者：陈计成
指导教师：端木志坚
所在院校：南通纺织职业技术学院

编　　号：M
作品名称：承德市第五幼儿园
作　　者：李佳
指导教师：张晓琳
所在院校：河北旅游职业学院

编　　号：N
作品名称：艺莱蔓房地产公司
作　　者：雷鸥
指导教师：胡慧
所在院校：湖南科技大学

编　　号：O
作品名称：风动展示
作　　者：李阳军
所在院校：江汉艺术职业学院

编　　号：P
作品名称：百大集团50周年
作　　者：雷冰
指导教师：花晶
所在院校：安徽工程科技学院

编　　号：Q
作品名称：莲花卫视
作　　者：高嘉浩
指导教师：戴小乐
所在院校：广东工业大学

编　　号：R
作品名称：相城
作　　者：许晶晶
指导教师：陆樱樱
所在院校：昆山登云科技职业学院

A	B	C	D
E	F	G	H
I	J	K	L

编　　号：A
作品名称：广东公安系统运动会
作　　者：杨柳
指导教师：姜龙
所在院校：攀枝花学院

编　　号：B
作品名称：易斯顿国际美术学院展厅
作　　者：李娜
所在院校：郑州轻工业学院

编　　号：C
作品名称：亚洲轮滑锦标赛
作　　者：杨柳
指导教师：姜龙
所在院校：攀枝花学院

编　　号：D
作品名称：三方视觉设计广告公司
作　　者：陆国辉
指导教师：许力
所在院校：贺州学院

编　　号：E
作品名称：镇海电视台
作　　者：陈戈
所在院校：孝感学院

编　　号：F
作品名称：栾川形象
作　　者：郑莎莎
指导教师：李妍
所在院校：山东科技大学

编　　号：G
作品名称：中友搬家
作　　者：宋洪业
指导教师：周文
所在院校：北京科技大学

编　　号：H
作品名称：中天瀚扬
作　　者：崔晓娇
指导教师：李齐飞
所在院校：东北师范大学

编　　号：I
作品名称：承德
作　　者：张瑶
指导教师：张晓琳
所在院校：河北旅游职业学院

编　　号：J
作品名称：新郑一中语文教研组
作　　者：王慧
所在院校：厦门大学

编　　号：K
作品名称：华地置业
作　　者：赵兴国
指导教师：刘炜
所在院校：宜宾学院

编　　号：L
作品名称：广告协会
作　　者：李志杰
指导教师：胡丽丽
所在院校：惠州经济职业技术学院

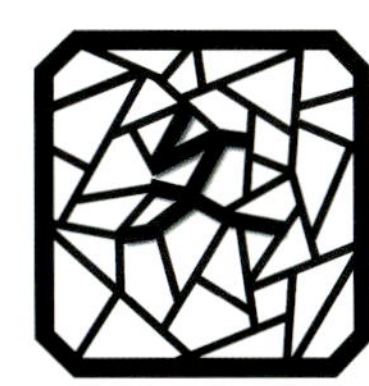

A	B	C
D	E	F
G	H	I
J	K	L
M	N	O
P	Q	R

编　　号：A
作品名称：左岸摄影
作　　者：张健
指导教师：杨在珽
所在院校：山东大学

编　　号：B
作品名称：心宜之家酒店
作　　者：蔡亚美
指导教师：郑林彤
所在院校：天津科技大学

编　　号：C
作品名称：金鼎地产
作　　者：毕子豪
所在院校：青岛科技大学

编　　号：D
作品名称：少儿用品
作　　者：任倩
指导教师：高山
所在院校：淮阴师范学院

编　　号：E
作品名称：桃花坞
作　　者：吕晓玲
指导教师：傅潇莹
所在院校：义乌工商职业技术学院

编　　号：F
作品名称：三龙企业
作　　者：李正
所在院校：湖北民族学院

编　　号：G
作品名称：三梦工作室
作　　者：陈志敏
所在院校：广东文艺职业学院

编　　号：H
作品名称：石排镇
作　　者：陈戈
所在院校：孝感学院

编　　号：I
作品名称：深圳农村商业银行财富管理中心
作　　者：栾绍伟
所在院校：四川师范大学

编　　号：J
作品名称：栾川旅游
作　　者：高洪雷
指导教师：杨晨
所在院校：辽宁工业大学

编　　号：K
作品名称：创意
作　　者：周广玉
所在院校：青岛大学

编　　号：L
作品名称：庄恒电缆
作　　者：陈惠娇
指导教师：刘茂盛
所在院校：山东艺术设计学院

编　　号：M
作品名称：HIT音乐广播
作　　者：张宇娴
指导教师：谭慧丽
所在院校：鲁迅美术学院

编　　号：N
作品名称：方方乐园
作　　者：马春兰
所在院校：河北旅游职业学院

编　　号：O
作品名称：标志设计(1)
作　　者：李阳
指导教师：杨晨
所在院校：辽宁工业大学

编　　号：P
作品名称：株洲市教育技术装备所
作　　者：王繁
指导教师：张永年
所在院校：湖南工业大学

编　　号：Q
作品名称：运动会
作　　者：李志杰
指导教师：胡丽丽
所在院校：惠州经济职业技术学院

编　　号：R
作品名称：体育与教育
作　　者：曾金龙
指导教师：赵周明
所在院校：西安文理学院

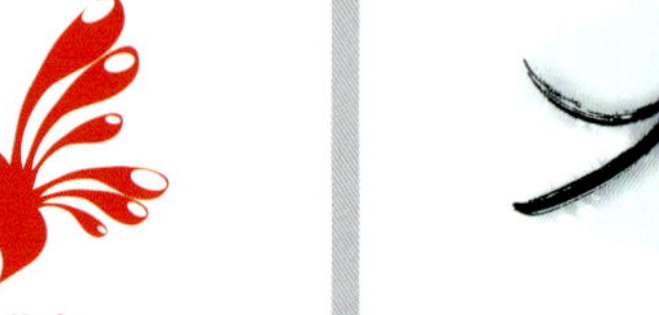

A	B	C	D
E	F	G	H
I	J	K	L

编　　号：A
作品名称：绿典
作　　者：宋晓宇
指导教师：陈楠
所在院校：清华大学

编　　号：B
作品名称：串串香
作　　者：防子龙
指导教师：吴化雨
所在院校：云南民族大学

编　　号：C
作品名称：风云再起电子娱乐城
作　　者：陈常榕
所在院校：南京艺术学院

编　　号：D
作品名称：极限轮滑社
作　　者：陈常榕
所在院校：南京艺术学院

编　　号：E
作品名称：厦门乐天科技有限公司
作　　者：王慧
所在院校：厦门大学

编　　号：F
作品名称：春景堂
作　　者：刘通
指导教师：杨在珽
所在院校：山东大学

编　　号：G
作品名称：魔方造型
作　　者：王延超
指导教师：赵燕
所在院校：山东大学

编　　号：H
作品名称：宏汉雕塑
作　　者：王超
所在院校：韩国又松大学

编　　号：I
作品名称：百草味
作　　者：王新东
指导教师：欧勇
所在院校：湖南理工学院

编　　号：J
作品名称：甘肃大学生运动会
作　　者：郑晓丽、赵娟
指导教师：姜龙、杨柳
所在院校：攀枝花学院

编　　号：K
作品名称：有家家纺
作　　者：张雪方
指导教师：端木志坚
所在院校：南通纺织职业技术学院

编　　号：L
作品名称：狮牌龙井茶(1)
作　　者：孙节义
指导教师：陈雯
所在院校：湖南科技学院

A	B	C
D	E	F
G	H	I
J	K	L
M	N	O
P	Q	R

编　　号：A
作品名称：江西绿茶
作　　者：李涛
所在院校：安徽工程科技学院

编　　号：B
作品名称：MARTINKER
作　　者：梁洪滨
指导教师：王鎏鑫
所在院校：大连外国语学院

编　　号：C
作品名称：深圳汤斯敦珠宝公司
作　　者：梁洪滨
指导教师：王鎏鑫
所在院校：大连外国语学院

编　　号：D
作品名称：中国元素
作　　者：梁洪滨
指导教师：王鎏鑫
所在院校：大连外国语学院

编　　号：E
作品名称：梁洪滨个人
作　　者：梁洪滨
指导教师：王鎏鑫
所在院校：大连外国语学院

编　　号：F
作品名称：中国建筑设计咨询公司
作　　者：梁洪滨
指导教师：王鎏鑫
所在院校：大连外国语学院

编　　号：G
作品名称：晴悦咖啡
作　　者：刘洋
所在院校：西南大学

编　　号：H
作品名称：星辰杰座
作　　者：祁娟
指导教师：陆樱樱
所在院校：昆山登云科技职业技术学院

编　　号：I
作品名称：三润服饰
作　　者：朱松
指导教师：端木志坚
所在院校：南通纺织职业技术学院

编　　号：J
作品名称：婚纱摄影
作　　者：王延超
指导教师：赵燕
所在院校：山东大学

编　　号：K
作品名称：宜宾市市级机关运动会
作　　者：李镇洪
指导教师：吕卫平
所在院校：宜宾学院

编　　号：L
作品名称：恩施周刊
作　　者：李正
所在院校：湖北民族学院

编　　号：M
作品名称：摄影研讨会
作　　者：黄洁明
指导教师：葛玥
所在院校：华南师范大学

编　　号：N
作品名称：柒柒花坊
作　　者：陶晓丽
指导教师：杨在珽
所在院校：山东大学

编　　号：O
作品名称：安徽电视台网站
作　　者：潘禹
所在院校：安徽大学

编　　号：P
作品名称：海南爱心基金会
作　　者：王庆军
指导教师：张武志
所在院校：昆山登云科技职业学院

编　　号：Q
作品名称：輩輩情
作　　者：王鹏亮
指导教师：李文风
所在院校：陕西科技大学

编　　号：R
作品名称：百和建筑
作　　者：张涛
所在院校：孝感学院

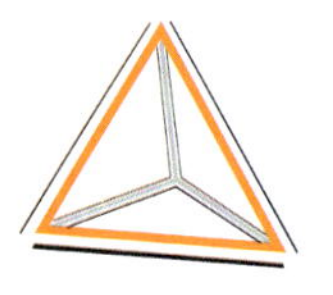

A	B	C	D
E	F	G	H
I	J	K	L

编　　号：A
作品名称：中兴通讯
作　　者：周红燕
指导教师：吴东
所在院校：辽宁师范大学

编　　号：B
作品名称：高等教育出版社
作　　者：韦思
指导教师：邱永德
所在院校：广西民族大学

编　　号：C
作品名称：承德市
作　　者：张俊莹
指导教师：张颖
所在院校：河北旅游职业学院

编　　号：D
作品名称：中国科学院北京生命科学研究院
作　　者：胡思
指导教师：陆琳
所在院校：天津城市建设学院

编　　号：E
作品名称：清远市清城区人民医院
作　　者：李滔
所在院校：湖南工艺美术职业学院

编　　号：F
作品名称：十方建筑
作　　者：樊在虎
指导教师：王梓
所在院校：北华大学

编　　号：G
作品名称：四川蜀楼餐饮
作　　者：严洪冰
所在院校：安徽大学

编　　号：H
作品名称：上海博物馆古钱币展
作　　者：龚颖霞
所在院校：上海商学院

编　　号：I
作品名称：星火广告公司
作　　者：王彬
指导教师：杨在珽
所在院校：山东大学

编　　号：J
作品名称：万方刀具
作　　者：董亮
指导教师：王爱军
所在院校：石河子大学

编　　号：K
作品名称：睿智数码电子有限公司
作　　者：谢珏睿
指导教师：王宇
所在院校：广东技术师范学院

编　　号：L
作品名称：景观花园
作　　者：张鲁星
所在院校：大连外国语学院

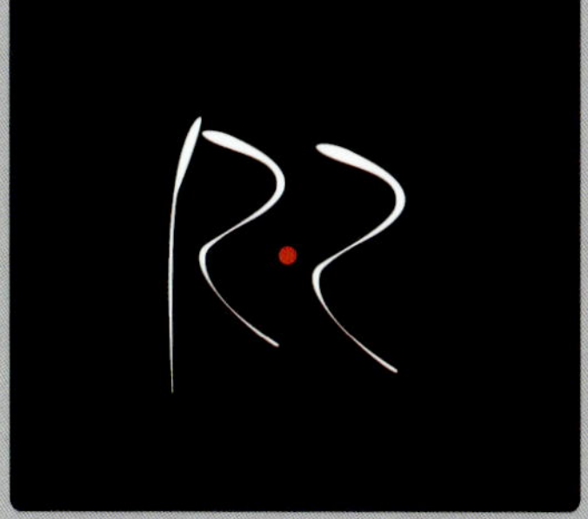

A	B	C
D	E	F
G	H	I
J	K	L
M	N	O
P	Q	R

编　　号：A
作品名称：西南交大校友会
作　　者：漆尉琦
指导教师：陈立民
所在院校：西南交通大学

编　　号：B
作品名称：香山驿站
作　　者：漆尉琦
指导教师：陈立民
所在院校：西南交通大学

编　　号：C
作品名称：ADOC自动化检测仪
作　　者：孙琳琳
指导教师：卢慧敏
所在院校：西安培华学院

编　　号：D
作品名称：童乐幼儿园
作　　者：陈常榕
所在院校：南京艺术学院

编　　号：E
作品名称：影私
作　　者：李波
指导教师：李平平
所在院校：湖南文理学院

编　　号：F
作品名称：银行
作　　者：何伟
所在院校：南昌大学

编　　号：G
作品名称：巴尚
作　　者：廖俊钦
指导教师：胡川妮
所在院校：广州美术学院

编　　号：H
作品名称：东莞石排
作　　者：王教润
所在院校：山东大学

编　　号：I
作品名称：深圳服装产业集聚基地
作　　者：崔晓双
指导教师：史琨
所在院校：黑龙江东方学院

编　　号：J
作品名称：南华人网站
作　　者：梅路路
指导教师：何桑桑
所在院校：南华大学

编　　号：K
作品名称：蝶恋化妆品
作　　者：范肖肖
指导教师：李健
所在院校：咸阳师范学院

编　　号：L
作品名称：芳草
作　　者：杨翠
指导教师：陈萌
所在院校：河南工业大学

编　　号：M
作品名称：广东龙的集团
作　　者：韦久跃
指导教师：方圆
所在院校：中南民族大学

编　　号：N
作品名称：溴阳辅教
作　　者：蒋世会
指导教师：杨仁敏
所在院校：四川美术学院

编　　号：O
作品名称：深圳五洲中西医结合医院
作　　者：蒋世会
指导教师：汪永
所在院校：四川美术学院

编　　号：P
作品名称：今日南通网
作　　者：甘美玲
指导教师：端木志坚
所在院校：南通纺织职业技术学院

编　　号：Q
作品名称：美妙服饰
作　　者：甘美玲
指导教师：端木志坚
所在院校：南通纺织职业技术学院

编　　号：R
作品名称：中华元素
作　　者：孙松松
指导教师：张岩宏
所在院校：鲁东大学

A	B	C	D
E	F	G	H
I	J	K	L

编　　号：A
作品名称：舞街区
作　　者：李阳军
所在院校：江汉艺术职业学院

编　　号：B
作品名称：国际援助组织
作　　者：李志强
指导教师：刺凯英
所在院校：郑州大学

编　　号：C
作品名称：ER标志(2)
作　　者：徐邯洋
指导教师：张晓琳
所在院校：河北旅游职业学院

编　　号：D
作品名称：I show饰品美容商店
作　　者：齐术杰
所在院校：中国传媒大学

编　　号：E
作品名称：富华
作　　者：黄冠周子
指导教师：端木志坚
所在院校：如皋高等师范学校

编　　号：F
作品名称：世佳广告材料
作　　者：张雪方
指导教师：端木志坚
所在院校：南通纺织职业技术学院

编　　号：G
作品名称：逸家酒店
作　　者：冯洁
指导教师：李健
所在院校：咸阳师范学院

编　　号：H
作品名称：海南省图书馆
作　　者：龚颖霞
所在院校：上海商学院

编　　号：I
作品名称：水煮三国餐饮
作　　者：李明
所在院校：天津科技大学

编　　号：J
作品名称：折纸屋
作　　者：于洋
指导教师：李晓雷
所在院校：日照职业技术学院

编　　号：K
作品名称：华龙莱茵美郡
作　　者：李飞
指导教师：周丽萍
所在院校：九江学院

编　　号：L
作品名称：颐沂房产
作　　者：张雪方
指导教师：端木志坚
所在院校：南通纺织职业技术学院

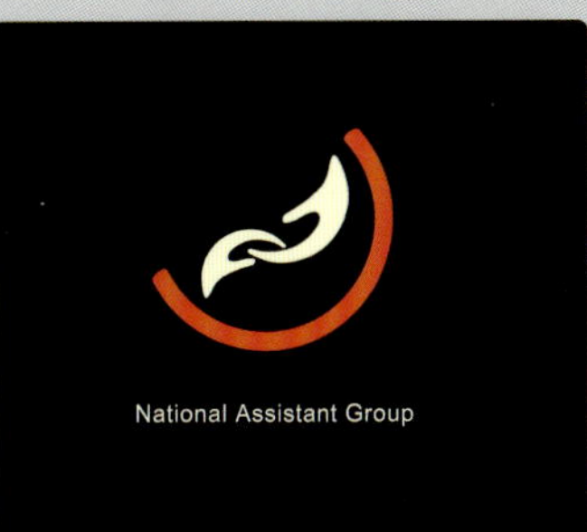

招贴
广告

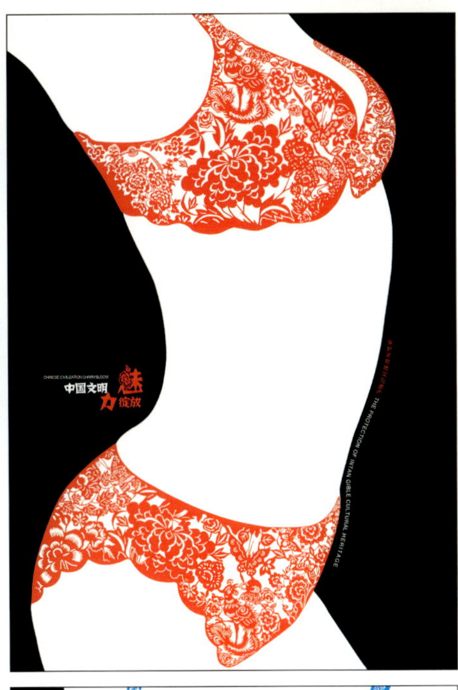

A	E
B	F
C	
D	G

编　　号：A
作品名称：中国表情(建设篇)
作　　者：熊满齐
所在院校：辽东学院

编　　号：B
作品名称：中国表情(成功篇)
作　　者：熊满齐
所在院校：辽东学院

编　　号：C
作品名称：中国表情(期待篇)
作　　者：熊满齐
所在院校：辽东学院

编　　号：D、G
作品名称：曾经的雨过天青系列(1-2)
作　　者：丁瑰丽
指导教师：张永年
所在院校：湖南工业大学

编　　号：E、F
作品名称：中国文明 魅力绽放(1-2)
作　　者：魏敬夫
指导教师：霍楷
所在院校：东北大学

A	B
C	D
E	F

编　　号：A
作品名称：为生命而设计之荒废
作　　者：李金鑫
指导教师：王文灏
所在院校：山东大学

编　　号：B
作品名称：为生命而设计之烤炙
作　　者：李金鑫
指导教师：王文灏
所在院校：山东大学

编　　号：C
作品名称：为生命而设计之污染
作　　者：李金鑫
指导教师：王文灏
所在院校：山东大学

编　　号：D
作品名称：为生命而设计之崩溃
作　　者：李金鑫
指导教师：王文灏
所在院校：山东大学

编　　号：E
作品名称：聆听呐喊(下水篇)
作　　者：林妍
指导教师：邓淑君
所在院校：东北师范大学

编　　号：F
作品名称：聆听呐喊(白炽灯篇)
作　　者：林妍
指导教师：邓淑君
所在院校：东北师范大学

A	B	C
D	E	F
G	H	I

编　　号：A
作品名称：印象·2008
作　　者：李玉娜
指导教师：屈梅
所在院校：内江师范学院

编　　号：B、C
作品名称：反对皮草(1-2)
作　　者：李达林
指导教师：杜森
所在院校：南开大学

编　　号：D
作品名称：巴渝腾飞
作　　者：李映辉
指导教师：严屏
所在院校：重庆大学

编　　号：E
作品名称：东西方文化结合
作　　者：姜莹
所在院校：哈尔滨师范大学

编　　号：F
作品名称：小心失火
作　　者：姚景龙
指导教师：林严冬
所在院校：兰州大学

编　　号：G
作品名称：和谐海报
作　　者：田浩
指导教师：罗静松
所在院校：内江师范学院

编　　号：H
作品名称：NO NOISE
作　　者：张曼华
指导教师：吴卫
所在院校：湖南工业大学

编　　号：I
作品名称：请停止肆无忌惮的剥夺
作　　者：胡愈
指导教师：徐政红
所在院校：太原理工大学

印象·中国

Protect
ANIMALS
Let young animals
live with mothers
WHERE IS MY MOTHER ?

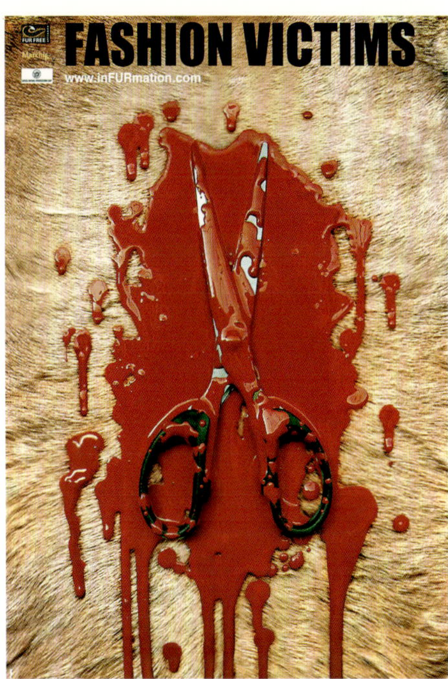
FASHION VICTIMS
www.inFURmation.com

[第二届]中国重庆
文化艺术节
THE 2nd CULTURE ART
FESTSTIVAL
CHONGQING CHINA

THE EAST
THE WEST
It has made its way to the World market since 1987. With its first contract signed with a foreign customer to produce hand dyeing indigo print, "CHINESE INDIGO PRINT" to outside and was warmly welcomed by consumers, getting more and more popular. So far, it has been exported to more than 20 countries like Japan, Korea, Southeast Asia, Western Europe and U.S.A., etc, The company is now an important basis exporting this kinag of clothes.

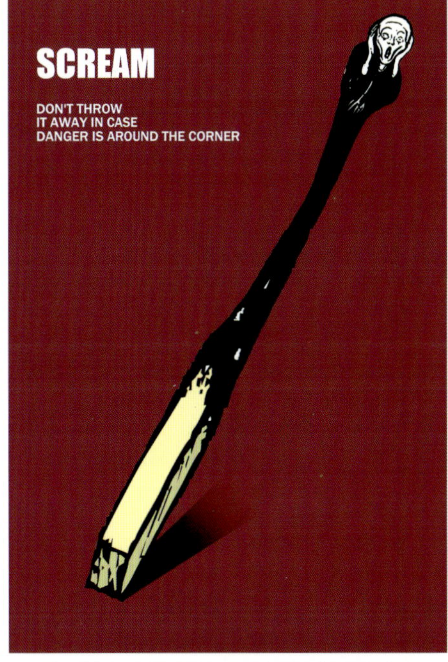
SCREAM
DON'T THROW
IT AWAY IN CASE
DANGER IS AROUND THE CORNER

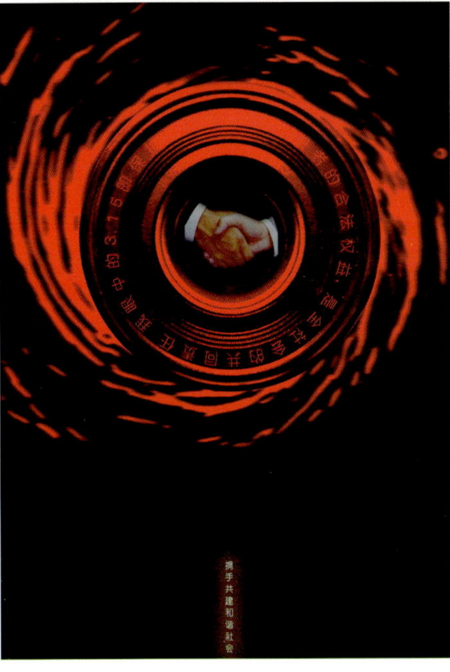
携手共建和谐社会

NO!SE
防止噪音污染 改善生存环境
NO NOISE !

PLEASE STOP UNSCRUPULOUS ELIMINATING !
请停止肆无忌惮的剥夺！
www.inFURmation.com

A	B
C	D
E	F

编　　号：A
作品名称：加加酱油(鱼篇)
作　　者：杜洋
指导教师：刘冰
所在院校：安徽大学

编　　号：B
作品名称：加加酱油(虾篇)
作　　者：杜洋
指导教师：刘冰
所在院校：安徽大学

编　　号：C、D
作品名称：昆明圆通山动物园系列(1-2)
作　　者：曹筝琪娜
指导教师：张冬冬
所在院校：云南大学

编　　号：E、F
作品名称：冰雪青春未来(1-2)
作　　者：单欢
指导教师：伊延波
所在院校：哈尔滨理工大学

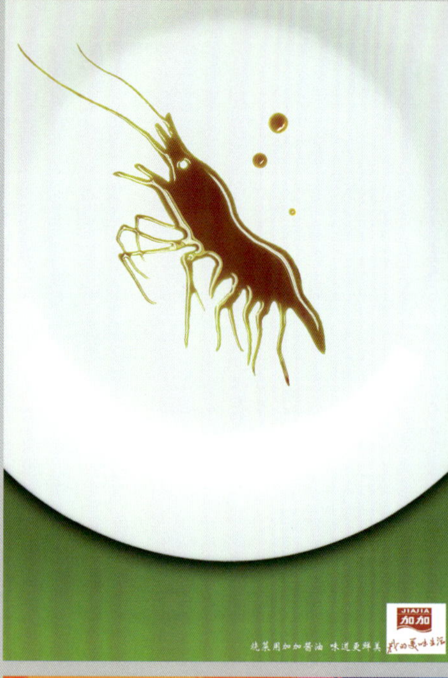

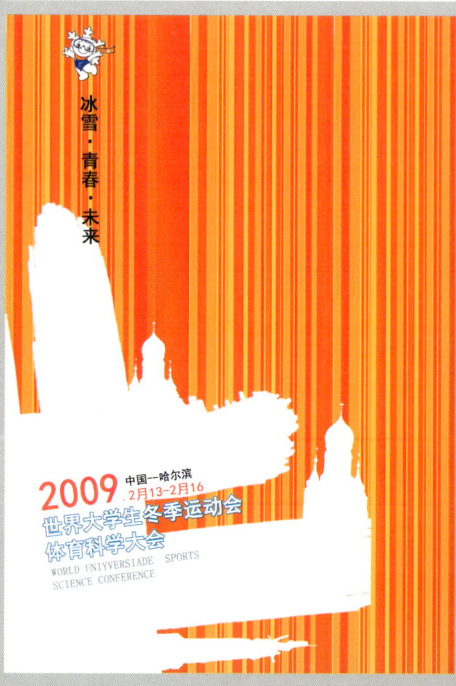

A	B	C
D	E	F
G	H	I

编　　号：A
作品名称：潮韵·广济桥篇
作　　者：方晓斌
指导教师：戴小乐
所在院校：广东工业大学

编　　号：B
作品名称：潮韵·功夫茶篇
作　　者：方晓斌
指导教师：戴小乐
所在院校：广东工业大学

编　　号：C
作品名称：潮韵·潮剧篇
作　　者：方晓斌
指导教师：戴小乐
所在院校：广东工业大学

编　　号：D
作品名称：第26届世界大运会海报(活力篇)
作　　者：朱倩
指导教师：夏丽萍
所在院校：孝感学院

编　　号：E
作品名称：第26届世界大运会海报(友谊篇)
作　　者：朱倩
指导教师：夏丽萍
所在院校：孝感学院

编　　号：F
作品名称：第26届世界大运会海报(青春篇)
作　　者：朱倩
指导教师：夏丽萍
所在院校：孝感学院

编　　号：G
作品名称：关爱地球 共享生命(榛子篇)
作　　者：聂鑫
指导教师：霍楷
所在院校：东北大学

编　　号：H
作品名称：关爱地球 共享生命(核桃篇)
作　　者：聂鑫
指导教师：霍楷
所在院校：东北大学

编　　号：I
作品名称：关爱地球 共享生命(花生篇)
作　　者：聂鑫
指导教师：霍楷
所在院校：东北大学

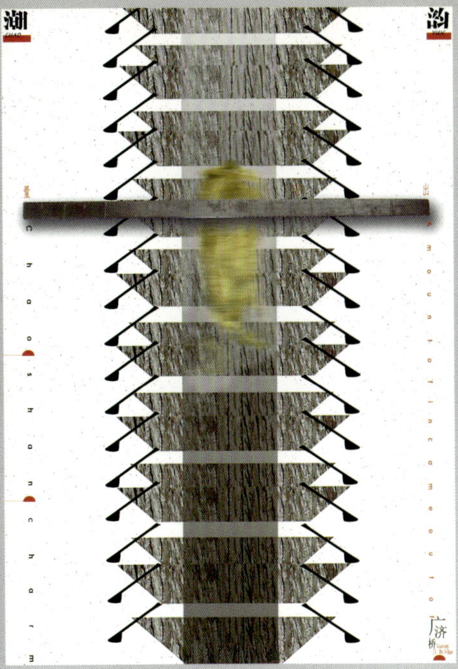

潮汕

Chaoshan charm

广济桥

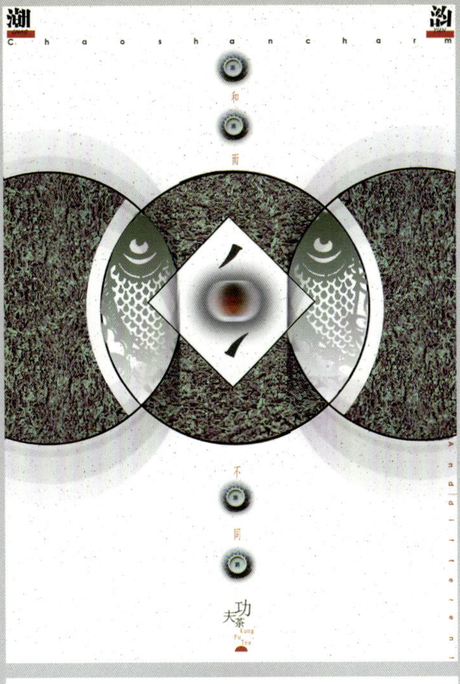

潮汕

Chaoshan charm

功夫茶

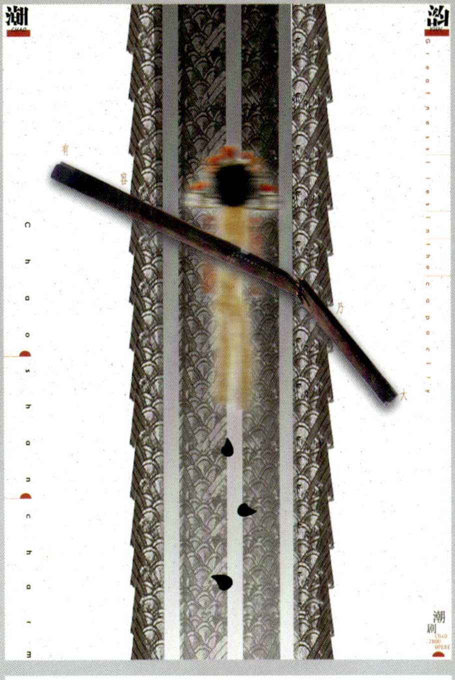

Kung Fu Tea

潮汕

Chaoshan charm

潮剧

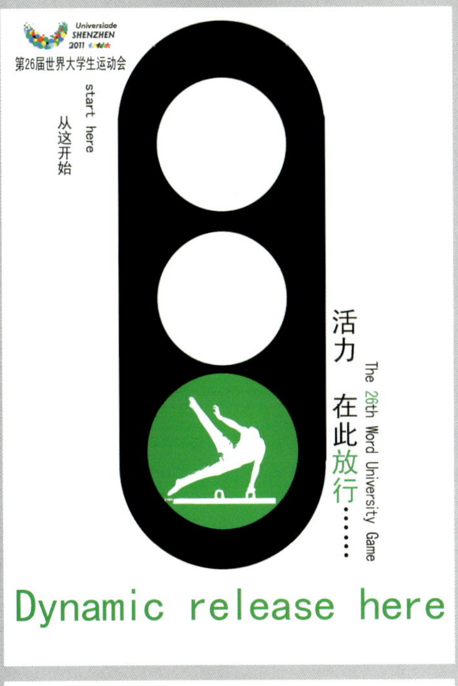

Universiade SHENZHEN 2011

第26届世界大学生运动会

start here

从这开始

活力 在此放行……

The 26th Word University Game

Dynamic release here

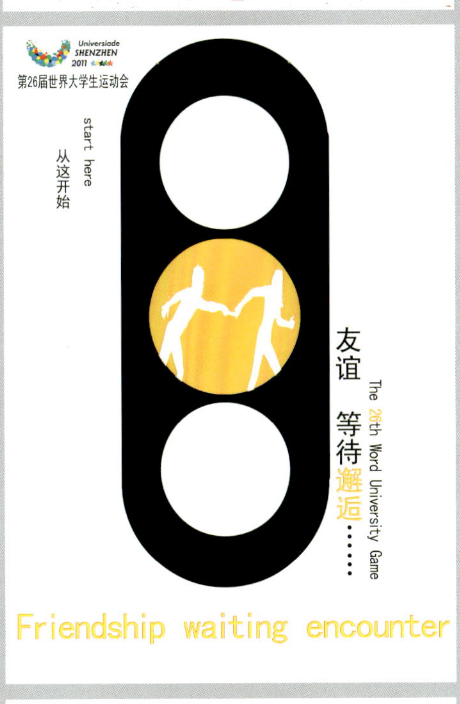

Universiade SHENZHEN 2011

第26届世界大学生运动会

start here

从这开始

友谊 等待邂逅……

The 26th Word University Game

Friendship waiting encounter

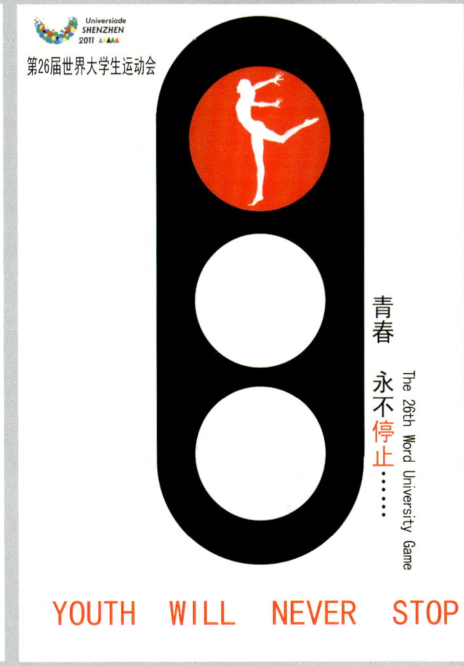

Universiade SHENZHEN 2011

第26届世界大学生运动会

青春 永不停止……

The 26th Word University Game

YOUTH WILL NEVER STOP

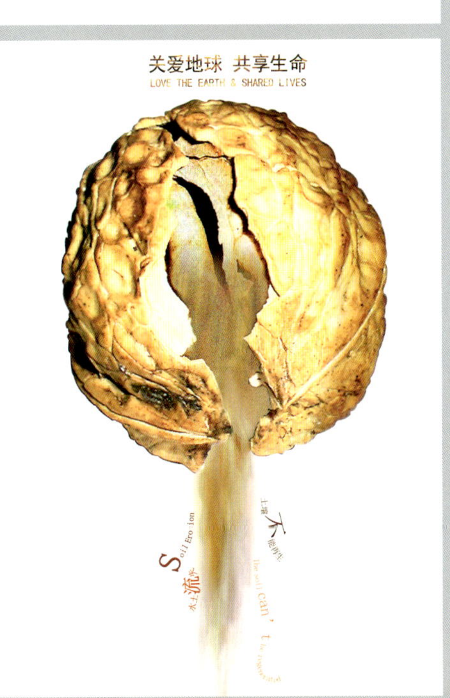

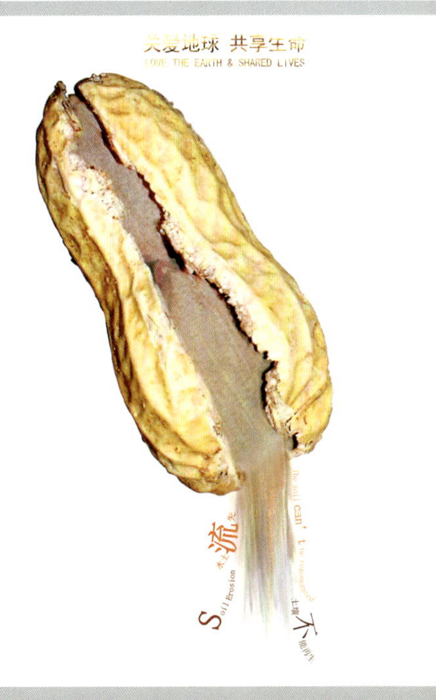

A	B
C	D
E	F

编　　号：A、B
作品名称：文化与时尚系列(1-2)
作　　者：张弘
指导教师：霍凯
所在院校：东北大学

编　　号：C
作品名称：增辉学术讲座海报
作　　者：张幽
指导教师：孙明
所在院校：鲁迅美术学院

编　　号：D
作品名称：改革开放30年
作　　者：张幽
指导教师：孙明
所在院校：鲁迅美术学院

编　　号：E、F
作品名称：民间面花(1-2)
作　　者：张红伟
指导教师：翁安华
所在院校：西安文理学院

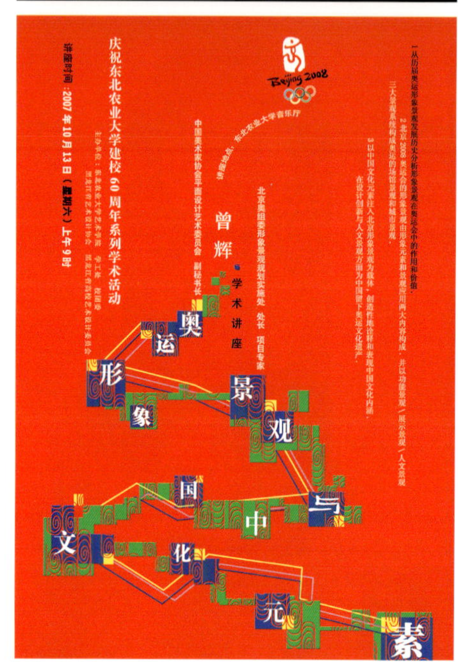

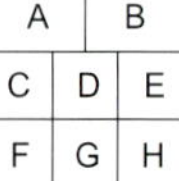

编　　号：A、B
作品名称：安顺地戏(跳米花神1-2)
作　　者：司伟
指导教师：翁安华
所在院校：西安文理学院

编　　号：C、D、E
作品名称：好帝沙茶酱(父亲篇、母亲篇、孩子篇)
作　　者：齐术杰、李姗、蒋琰
所在院校：中国传媒大学

编　　号：F、G、H
作品名称：月意象海报(1-3)
作　　者：甘为
指导教师：童燕康
所在院校：广州美术学院

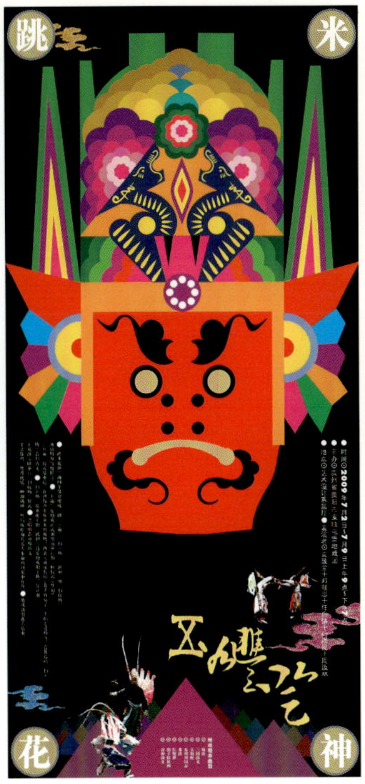

跳 米 花 神

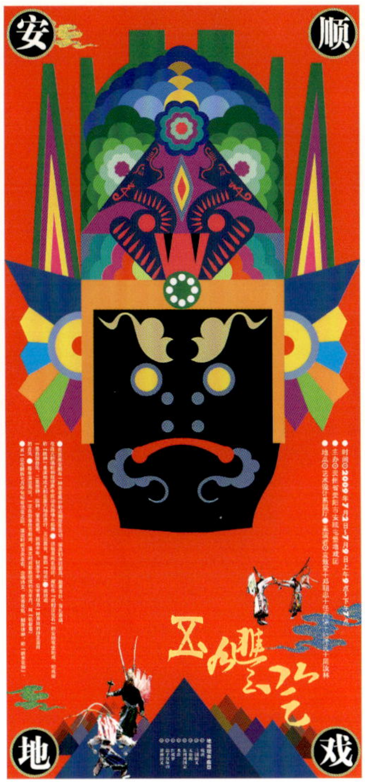

安 顺 地 戏

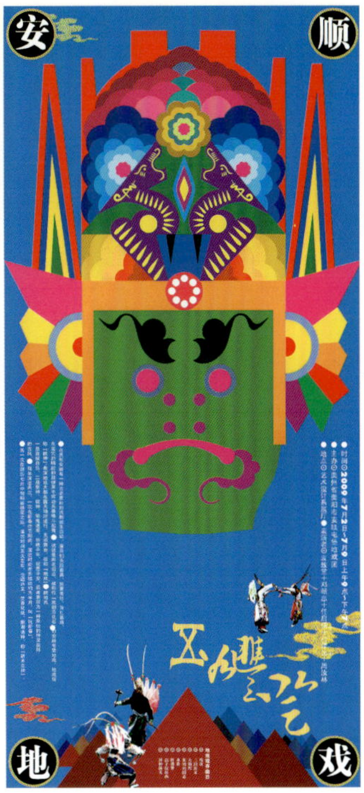

安 顺 地 戏

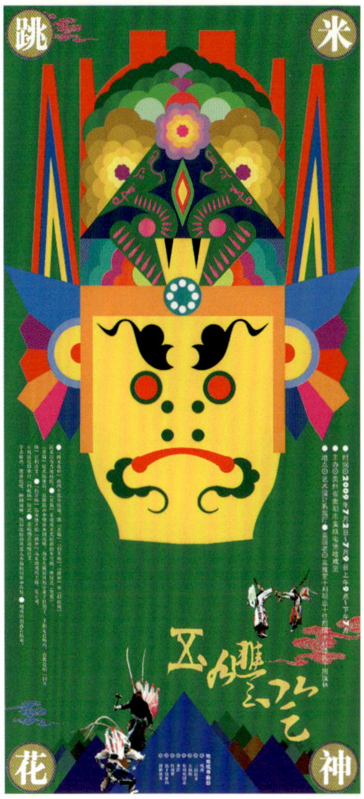

跳 米 花 神

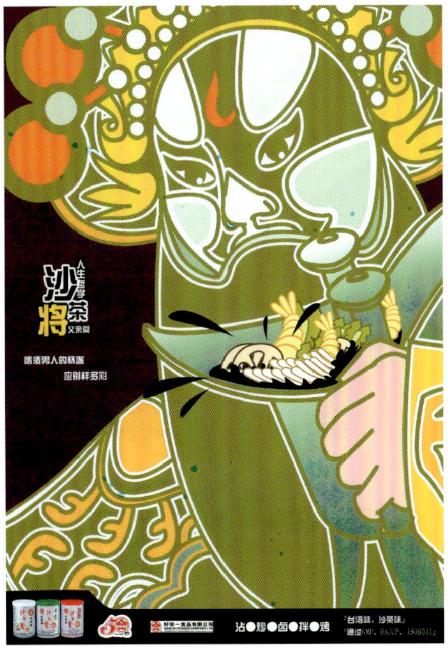

人生哲学 沙将茶 父亲篇

喝酒男人的杯盏

应别样多彩

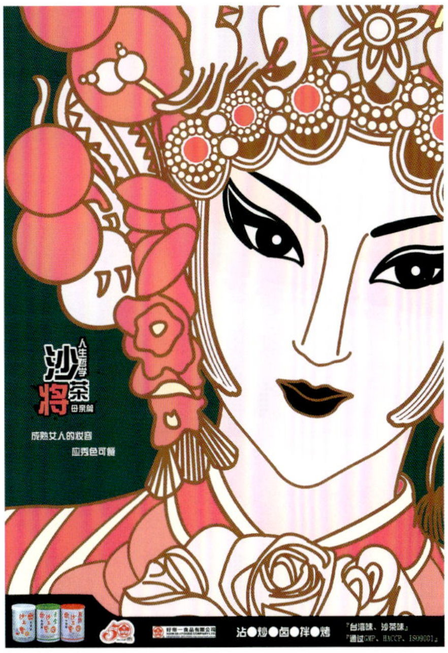

人生哲学 沙将茶 母亲篇

成熟女人的妆容

应秀色可餐

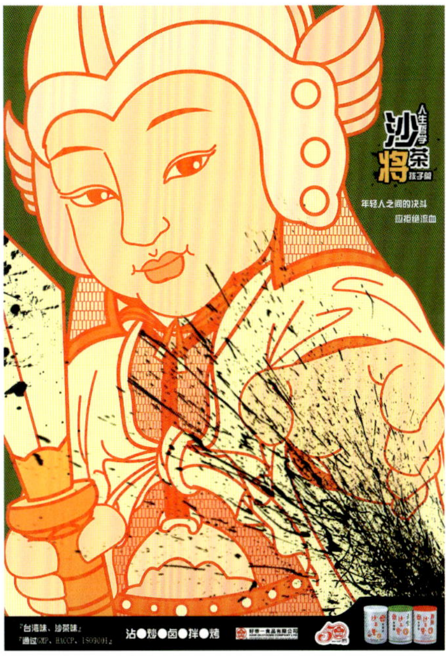

人生哲学 沙将茶 孩子篇

年轻人之间的决斗

应拒绝流血

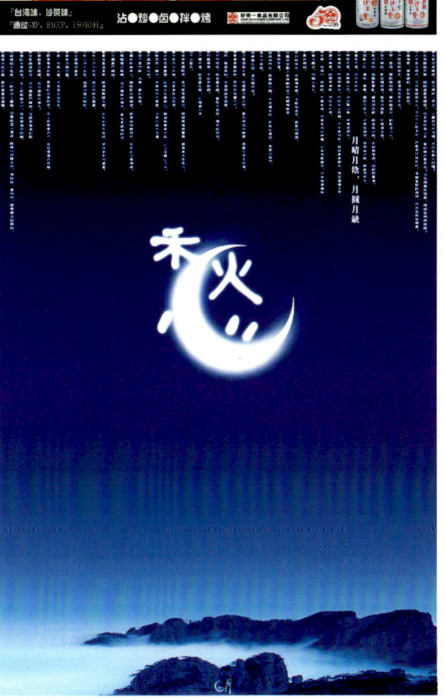

A	B
C	D
E	F

编　　号：A、B
作品名称：传统元素符号的表现(1-2)
作　　者：邵丹
所在院校：山东艺术学院

编　　号：C
作品名称：自吸其果
作　　者：朱立为
指导教师：曹艳芳
所在院校：河北工业大学

编　　号：D
作品名称：禁烟广告
作　　者：那蕊
指导教师：邢义杰
所在院校：哈尔滨师范大学

编　　号：E
作品名称：停止战争
作　　者：刘程程
指导教师：王东辉
所在院校：山东轻工业学院

编　　号：F
作品名称：Fashion Victims
作　　者：武建涛
指导教师：何轩
所在院校：江汉大学

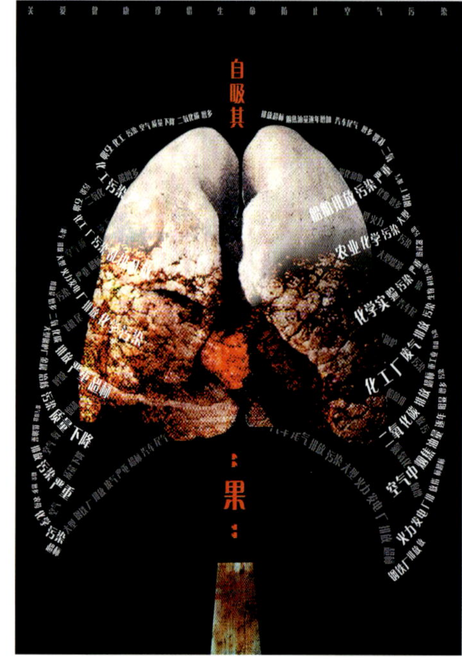

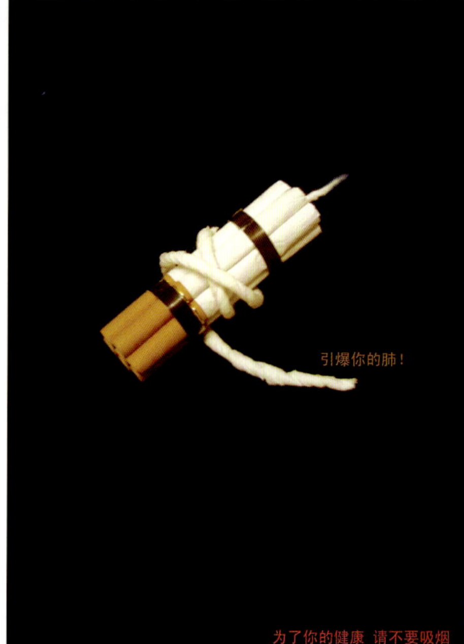

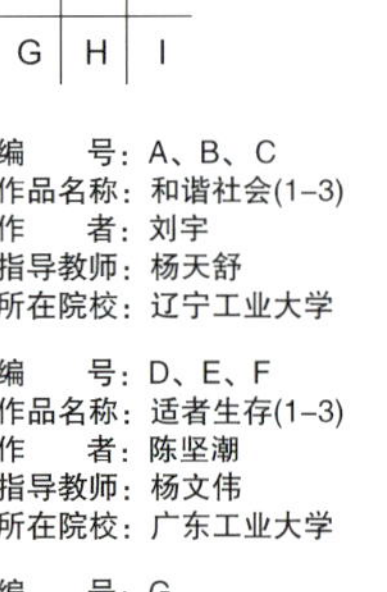

编　　号：A、B、C
作品名称：和谐社会(1-3)
作　　者：刘宇
指导教师：杨天舒
所在院校：辽宁工业大学

编　　号：D、E、F
作品名称：适者生存(1-3)
作　　者：陈坚潮
指导教师：杨文伟
所在院校：广东工业大学

编　　号：G
作品名称：冰雪青春未来之银装素裹
作　　者：杨丽萍
指导教师：伊延波
所在院校：哈尔滨理工大学

编　　号：H
作品名称：冰雪青春未来之炫彩飞扬
作　　者：杨丽萍
指导教师：伊延波
所在院校：哈尔滨理工大学

编　　号：I
作品名称：当地球变成了海洋
作　　者：黎镇
指导教师：刘蕙子
所在院校：西南民族大学

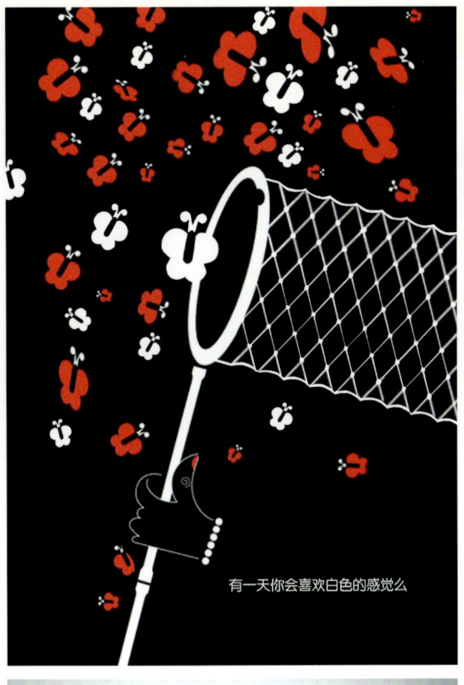
有一天你会喜欢白色的感觉么

有一天你会喜欢白色的感觉么

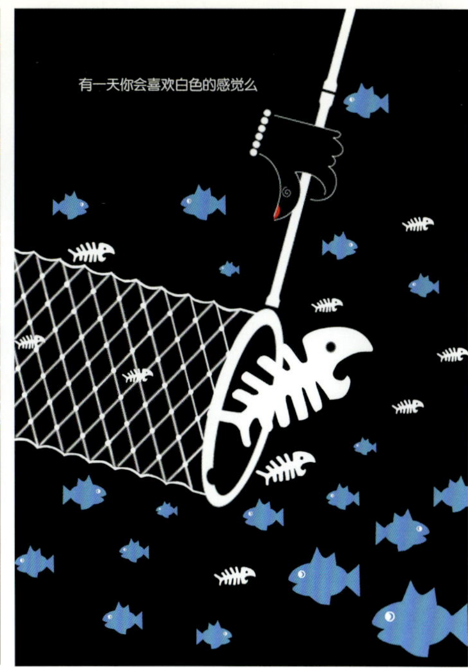
有一天你会喜欢白色的感觉么

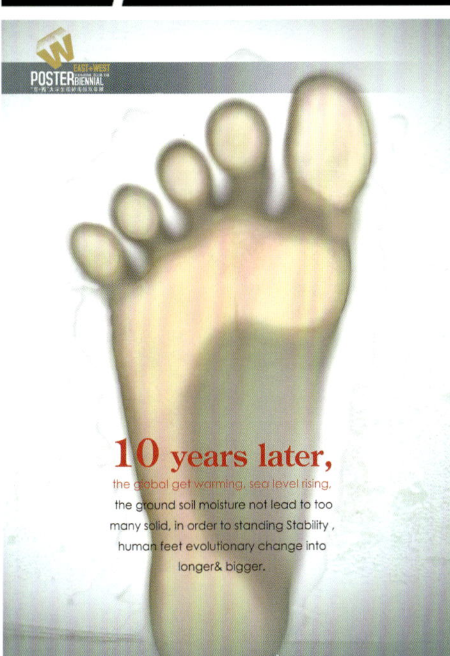
EAST+WEST
POSTER BIENNIAL
10 years later,
the global get warming, sea level rising,
the ground soil moisture not lead to too many solid, in order to standing Stability , human feet evolutionary change into longer& bigger.

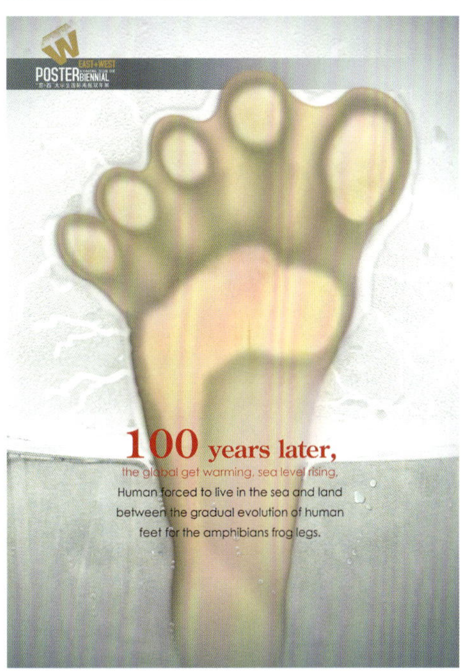
EAST+WEST
POSTER BIENNIAL
100 years later,
the global get warming, sea level rising,
Human forced to live in the sea and land between the gradual evolution of human feet for the amphibians frog legs.

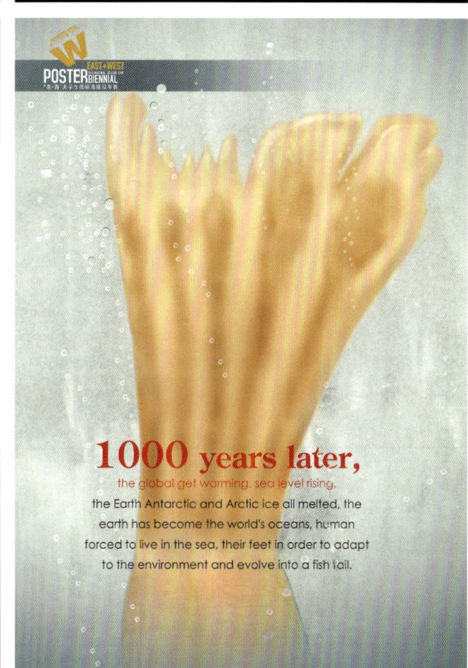
EAST+WEST
POSTER BIENNIAL
1000 years later,
the global get warming, sea level rising,
the Earth Antarctic and Arctic ice all melted, the earth has become the world's oceans, human forced to live in the sea, their feet in order to adapt to the environment and evolve into a fish tail.

冰雪 Ice&Snow
Youth 青春
未来 Future
HARBIN 2009

冰雪 Ice&Snow
Youth 青春
未来 Future
HARBIN 2009

当地球成了海洋
LOW-CARBON

A	B
C	D
E	F

编　　号：A、B
作品名称：绝对超现实(1-2)
作　　者：刘恬
指导教师：郑大弓
所在院校：鲁迅美术学院

编　　号：C
作品名称：全球变暖(艾菲尔铁塔篇)
作　　者：赵兴岳
指导教师：许大钊
所在院校：孝感学院

编　　号：D
作品名称：全球变暖(比萨斜塔篇)
作　　者：赵兴岳
指导教师：许大钊
所在院校：孝感学院

编　　号：E
作品名称：奥运招贴
作　　者：邓帧
指导教师：易平
所在院校：四川美术学院

编　　号：F
作品名称：凝聚
作　　者：赵兴岳
指导教师：许大钊
所在院校：孝感学院

A	B	C
D	E	F
G	H	I

编　　号：A
作品名称：还原(鱼儿篇)
作　　者：刘向伟
指导教师：姜思宇、殷辉
所在院校：西南科技大学

编　　号：B
作品名称：还原(树叶篇)
作　　者：刘向伟
指导教师：姜思宇、殷辉
所在院校：西南科技大学

编　　号：C
作品名称：还原(小鸟篇)
作　　者：刘向伟
指导教师：姜思宇、殷辉
所在院校：西南科技大学

编　　号：D
作品名称：兰大校训
作　　者：米月
指导教师：周安平
所在院校：西北民族大学

编　　号：E
作品名称：透视
作　　者：何晓雯
指导教师：朱国勤
所在院校：华东师范大学

编　　号：F
作品名称：舒适
作　　者：卜晓娴
指导教师：朱国勤
所在院校：华东师范大学

编　　号：G
作品名称：纪念南京大屠杀遇难者
作　　者：吕亮
指导教师：杨晓晖
所在院校：滨州学院

编　　号：H
作品名称：母子告别
作　　者：周建
指导教师：赵鹏
所在院校：山东大学

编　　号：I
作品名称：回归自然
作　　者：刘元
指导教师：王朋
所在院校：南通纺织职业技术学院

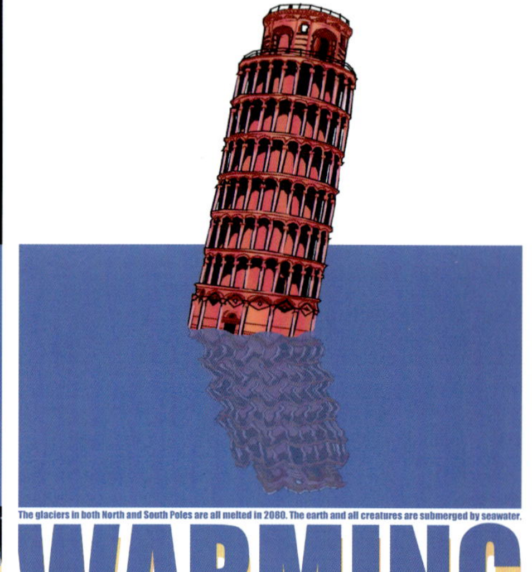

另一半能还原真实吗？
THE OTHER HALF TO RESTORE THE REAL YOU?
當魚兒都變成這樣……

另一半能还原真实吗？
THE OTHER HALF TO RESTORE THE REAL YOU?
當樹葉都變成這樣……

另一半能还原真实吗？
THE OTHER HALF TO RESTORE THE REAL YOU?
當鳥兒都變成這樣……

The 100th Anniversary
of Lanzhou University
蘭大校訓

现实·理想
No short — range thinking

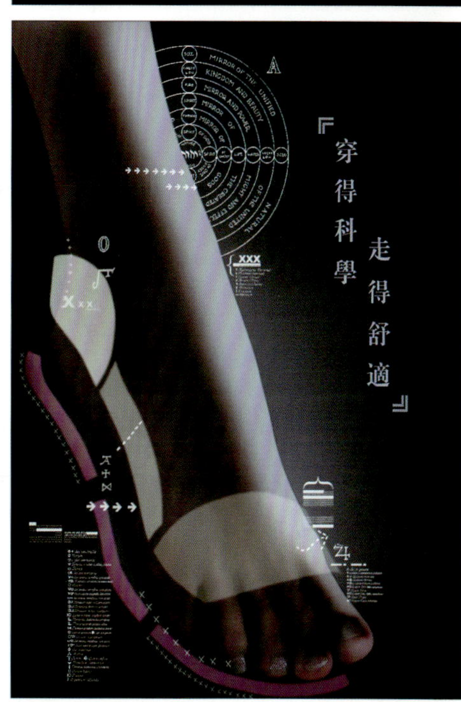
『穿得科學 走得舒適』

沉痛悼念南京大屠杀遇难者
300000

Fashion is
Not Killing
时尚不等于杀戮
XXL
XL
Marchig
FUR FREE
www.inFURmation.com

歸自然

A	B
C	D
E	F

编　　号：A
作品名称：团结就是力量
作　　者：姚晓婷
指导教师：邹文兵
所在院校：湖南工业大学

编　　号：B
作品名称：文明与传承
作　　者：张方坤
指导教师：霍楷
所在院校：东北大学

编　　号：C
作品名称：Help
作　　者：张宏龙
指导教师：林严冬
所在院校：兰州大学

编　　号：D
作品名称：砍伐自己?
作　　者：孙琬淑
指导教师：陈正达
所在院校：中国美术学院

编　　号：E
作品名称：创意甘肃
作　　者：张宏龙
指导教师：林严冬
所在院校：兰州大学

编　　号：F
作品名称：保护环境
作　　者：杨程中
指导教师：向东文、郑立波
所在院校：中国地质大学

A	B	C
D	E	F
G	H	I

编　　号：A、B、C
作品名称：NO DRINKING(1-3)
作　　者：秦健
指导教师：佟海峰
所在院校：长江大学

编　　号：D
作品名称：心系灾区 关注重建
作　　者：陆煜、陈惠娇
指导教师：孙华进
所在院校：山东艺术设计学院

编　　号：E
作品名称：这不是和平
作　　者：张欢欢
指导教师：王永瑞
所在院校：北方学院

编　　号：F
作品名称：新中国六十周年
作　　者：徐丽丽
指导教师：刘木森
所在院校：山东轻工业学院

编　　号：G
作品名称：环保出行
作　　者：宫政
指导教师：霍楷
所在院校：东北大学

编　　号：H
作品名称：沙发广告
作　　者：庄施美
指导教师：陈眉
所在院校：上海商学院

编　　号：I
作品名称：太平盛世
作　　者：秦雅楠
指导教师：赵露
所在院校：鲁迅美术学院

NO DRINKING

NO DRINKING

NO DRINKING

HEARKEN
Concern for the disaster area
Atteation to reconstruction
我们
在一起
Together

This is not peace
The maintenance of peace and oppose war

新中国
六十年
1949—2009
新中国六十年
Sixty years of New China

Energy-saving and emission-reduction
多使用无污染或公共的出行方式，减少私家车使用
节能减排　环保出行

Chase comfortable life TOP
to do the most intelligent choice
Art

太平
盛世
peace in paradise

A	B
C	D
E	F

编　　号：A
作品名称：水是生命之源
作　　者：邹先武
指导教师：张永年、邹文兵
所在院校：湖南工业大学

编　　号：B
作品名称：节约能源
作　　者：周洁
指导教师：霍楷
所在院校：东北大学

编　　号：C
作品名称：预防艾滋病
作　　者：鄢余俊
指导教师：史纲
所在院校：西安美术学院

编　　号：D
作品名称：预防艾滋病
作　　者：李映辉
指导教师：严屏
所在院校：重庆大学

编　　号：E
作品名称：保护动物
作　　者：张翠
指导教师：赵琳琳
所在院校：辽宁广告职业学院

编　　号：F
作品名称：我们的空调
作　　者：张志超
指导教师：姜思宇、殷辉
所在院校：西南科技大学

A	B	C
D	E	F
G	H	I

编　　号：A、B
作品名称：深圳大学生运动会(1-2)
作　　者：廖灿
指导教师：刘三健
所在院校：广州美术学院

编　　号：C
作品名称：共融(1)
作　　者：王志平
指导教师：孙迎峰
所在院校：山东艺术学院

编　　号：D
作品名称：孕
作　　者：张登彬
指导教师：冷昊锴
所在院校：福建华侨大学

编　　号：E
作品名称：节约用纸
作　　者：王志平
指导教师：孙迎峰
所在院校：山东艺术学院

编　　号：F
作品名称：保护绿色
作　　者：黄冰凤
指导教师：张永年、邹文兵
所在院校：湖南工业大学

编　　号：G
作品名称：叶子篇(1)
作　　者：刘少泽
指导教师：王媛
所在院校：内蒙古大学

编　　号：H
作品名称：保护环境
作　　者：李爱华
所在院校：青岛科技大学

编　　号：I
作品名称：Fashion or lives
作　　者：林小梅、何梓欣
指导教师：张永年、邹文斌
所在院校：湖南工业大学

情系大运会 梦圆大学城
中华人民共和国第八届大学生运动会

精彩大运 魅力南粤
THE EIGHTH UNIVERSITIES GAMES OF PEOPLE'S REPUBLIC OF CHINA
中华人民共和国第八届大学生运动会

共融
共 融

孕
平安
庆祝中国澳门回归十周年
To celebrate the tenth anniversary of Macao's return to China

节约用纸
从身边做起

保护绿色
Protect green

绿色自然 还能持续多久

她帶給你什麼，你又帶給她什麼？

FASHION OR LIVES?

A	B
C	D
E	F

编　　号：A
作品名称：雀巢咖啡
作　　者：耿兆从
指导教师：杨帆
所在院校：滨州学院

编　　号：B
作品名称：雀巢咖啡(拨浪鼓篇)
作　　者：李梦瑶
指导教师：张伟
所在院校：山东轻工业学院

编　　号：C
作品名称：同根
作　　者：宫政
指导教师：霍楷
所在院校：东北大学

编　　号：D
作品名称：继续还是禁止
作　　者：朱立为
指导教师：曹艳芳
所在院校：河北工业大学

编　　号：E
作品名称：余？鱼？
作　　者：欧阳丽
所在院校：广西艺术学院

编　　号：F
作品名称：益力多酸奶
作　　者：张宇娴
指导教师：王亚非
所在院校：鲁迅美术学院

A	B	C
D	E	F
G	H	I

编　　号：A
作品名称：关爱
作　　者：韦久跃
指导教师：王远
所在院校：中南民族大学

编　　号：B
作品名称：反腐倡廉
作　　者：王振、王晓倩
指导教师：王传兴
所在院校：烟台职业学院

编　　号：C
作品名称：安全意识 铭记于心
作　　者：吴小亮
指导教师：朱登华
所在院校：威海职业技术学院

编　　号：D
作品名称：生命在于运动
作　　者：文静
指导教师：袁恩培
所在院校：重庆大学

编　　号：E
作品名称：文化侵略(可乐篇)
作　　者：刘璐
指导教师：张永年、邹文兵
所在院校：湖南工业大学

编　　号：F
作品名称：难过的地球
作　　者：张兴明
指导教师：刘东峰
所在院校：山东师范大学

编　　号：G
作品名称：未来
作　　者：于晓雯
指导教师：王传兴
所在院校：烟台职业学院

编　　号：H
作品名称：共同发展
作　　者：杨章钊
指导教师：许晓峰
所在院校：西安美术学院

编　　号：I
作品名称：健康水果
作　　者：郭放
指导教师：程晓东
所在院校：黄山学院

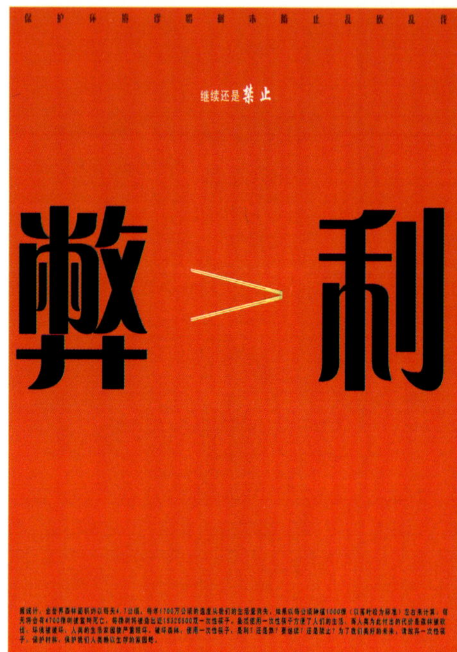

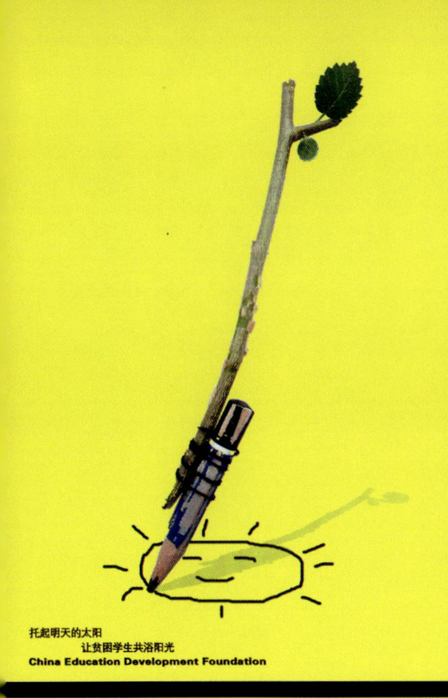
托起明天的太阳
让贫困学生共浴阳光
China Education Development Foundation

贪
贪少点
!!!
文明建设　反贪倡廉

就算你是铁打的头，也要请你铭记安全.

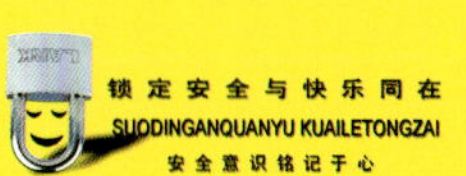
锁定安全与快乐同在
SUODINGANQUANYU KUAILETONGZAI
安全意识铭记于心

生命在于运动
LIFE DEPENDS ON MOVEMENT

文化侵略
CULTURAL INVASION
Coca-Co

Environment Pollutes
Earth is sad
The Protection Environment saves the earth

?
未来的他会怎样...

和而不同
—— 共同发展

Nuclear
Weapon
Oppose We Are
能吃上这样的水果
是我们的不幸

A	B
C	D
E	F

编　　号：A
作品名称：和平的诞生
作　　者：徐剑文
指导教师：许兵
所在院校：中国美术学院

编　　号：B
作品名称：人与自然
作　　者：纪晓
指导教师：柯建军
所在院校：西安美术学院

编　　号：C
作品名称：一触即发
作　　者：李糯牙
指导教师：罗静松
所在院校：内江师范学院

编　　号：D
作品名称：反对皮草
作　　者：李阳军
所在院校：江汉艺术职业学院

编　　号：E
作品名称：纪念南京大屠杀
作　　者：胡思
指导教师：陆琳
所在院校：天津城市建设学院

编　　号：F
作品名称：自我推广招贴
作　　者：王磊
所在院校：天津美术学院

A	B	C
D	E	F
G	H	I

编　　号：A
作品名称：保护知识产权(钢琴篇)
作　　者：李健
所在院校：河北大学

编　　号：B
作品名称：保护知识产权(键盘篇)
作　　者：李健
所在院校：河北大学

编　　号：C
作品名称：保护知识产权(手风琴篇)
作　　者：李健
所在院校：河北大学

编　　号：D
作品名称：可回收物(灯泡篇)
作　　者：吕承
指导教师：杜森
所在院校：南开大学

编　　号：E
作品名称：可回收物(塑料瓶篇)
作　　者：吕承
指导教师：杜森
所在院校：南开大学

编　　号：F
作品名称：可回收物(牙膏皮篇)
作　　者：吕承
指导教师：杜森
所在院校：南开大学

编　　号：G
作品名称：中
作　　者：郭丰强
指导教师：周曙
所在院校：南昌大学

编　　号：H
作品名称：国
作　　者：郭丰强
指导教师：周曙
所在院校：南昌大学

编　　号：I
作品名称：家
作　　者：郭丰强
指导教师：周曙
所在院校：南昌大学

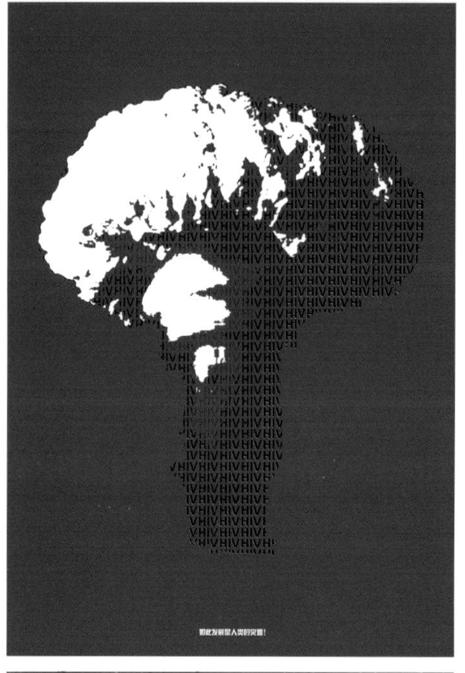

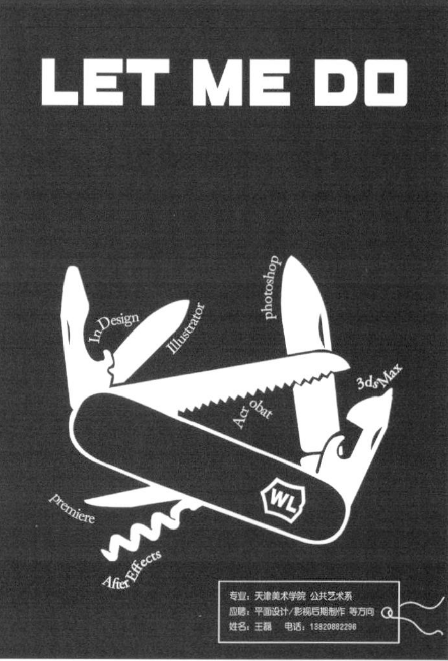

6 9115845685236 243556654
Protecting
intellectual property rights!
维护知识产权，支持原创！
我们相信，名正言顺是一种原则，更是一种追求，一种对和谐的无限向往。
就像那指尖流淌着的音符，律动着，凝成那美妙的乐章。
——权益，这是通向这和谐之路的动力支持！

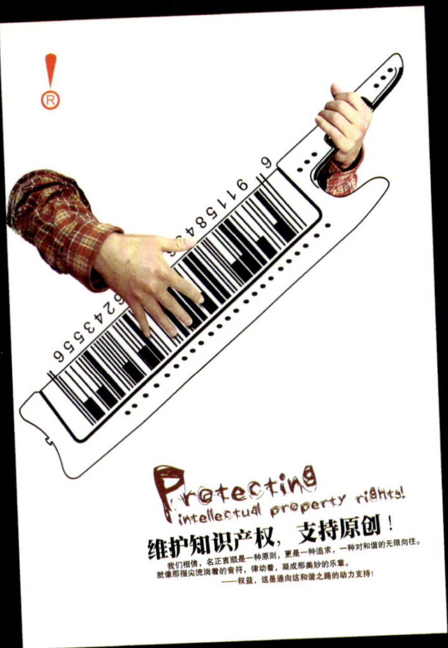
Protecting
intellectual property rights!
维护知识产权，支持原创！
我们相信，名正言顺是一种原则，更是一种追求，一种对和谐的无限向往。
就像那指尖流淌着的音符，律动着，凝成那美妙的乐章。
——权益，这是通向这和谐之路的动力支持！

Protecting
intellectual property rights!
维护知识产权，支持原创！
我们相信，名正言顺是一种原则，更是一种追求，一种对和谐的无限向往。
就像那指尖流淌着的音符，律动着，凝成那美妙的乐章。
——权益，这是通向这和谐之路的动力支持！

最大限度识别
可回收物
Recyclable
灯泡篇

最大限度识别
可回收物
Recyclable
塑料瓶篇

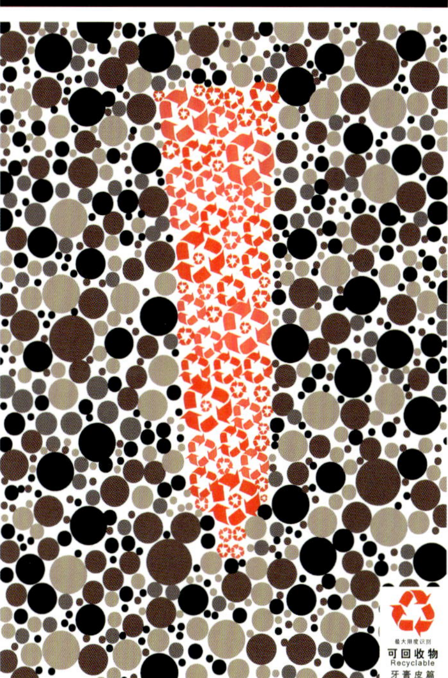
最大限度识别
可回收物
Recyclable
牙膏皮篇

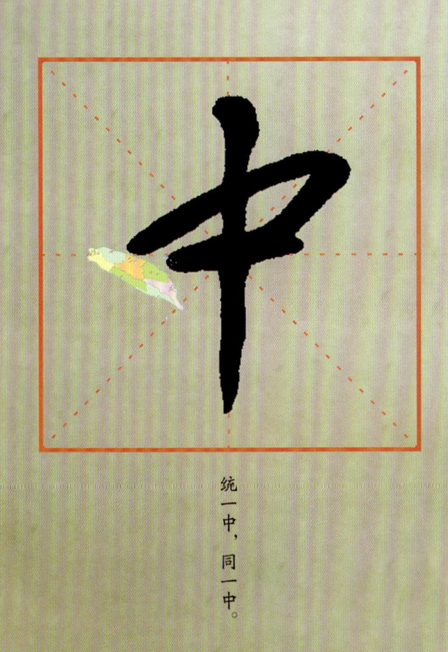
中
统一中，同一中。

统一国，同一国。

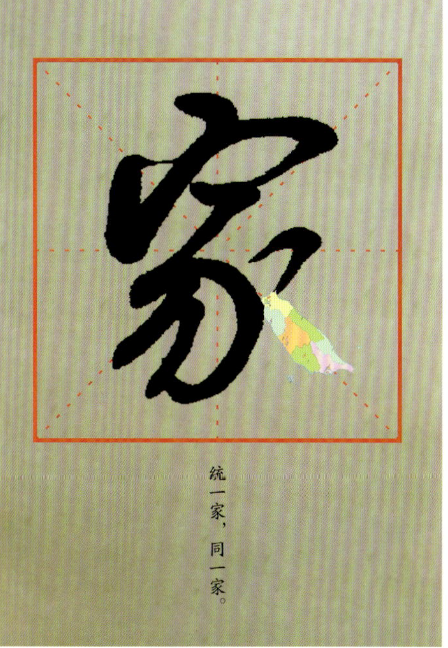
家
统一家，同一家。

A | B
C | D
E | F

编　　号：A
作品名称：印刷片展览会(1)
作　　者：李航
指导教师：王言升
所在院校：苏州大学

编　　号：B
作品名称：反腐倡廉
作　　者：王亚楠、陈晶晶
指导教师：王传兴
所在院校：烟台职业学院

编　　号：C
作品名称：远离艾滋病
作　　者：陈校
指导教师：赵琳琳
所在院校：辽宁广告职业学院

编　　号：D
作品名称：爱护环境
作　　者：陈校
指导教师：赵琳琳
所在院校：辽宁广告职业学院

编　　号：E
作品名称：助你一臂之力
作　　者：李育彬
指导教师：邢益波
所在院校：山东师范大学

编　　号：F
作品名称：吸烟有害健康(海盗篇)
作　　者：徐晓敏
指导教师：邹文兵、张永年
所在院校：湖南工业大学

Design
Craft
Prints
display
www.deco06.com
DESIGN GRADE .3
Prints Design Wanted
16.Apr-20.May.2009

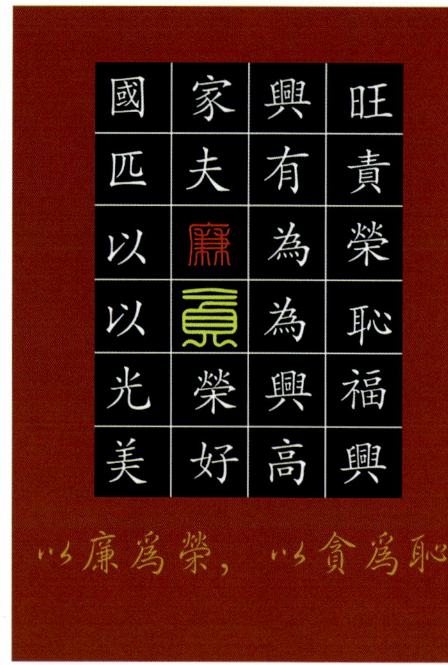

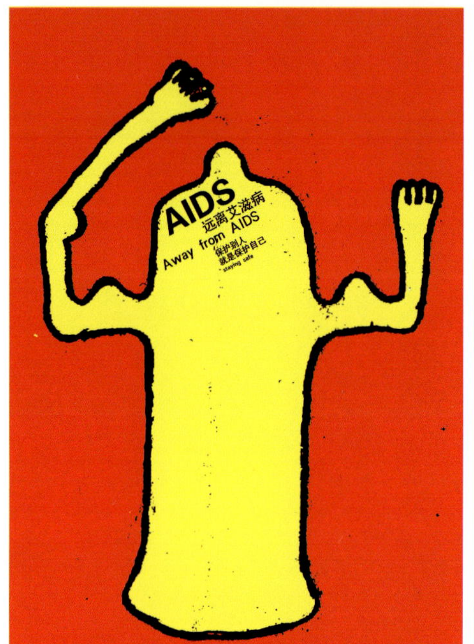

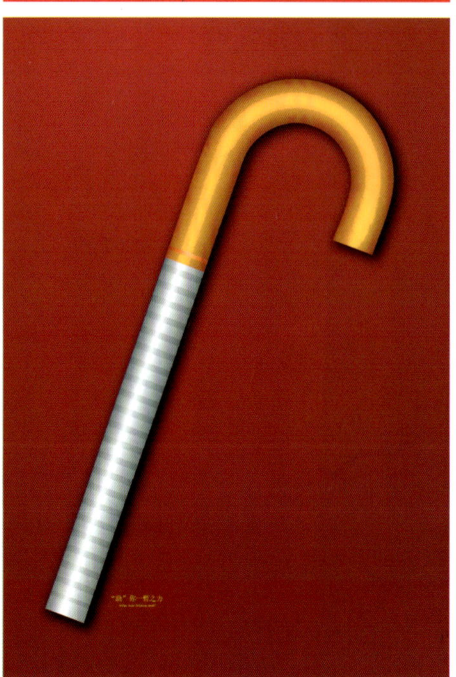

A | B
C | D
E | F
G | H

编　　号：A
作品名称：和谐共处(鳄鱼篇)
作　　者：李延英
指导教师：张永年、邹文宾
所在院校：湖南工业大学

编　　号：B
作品名称：和谐共处(蛇篇)
作　　者：李延英
指导教师：张永年、邹文宾
所在院校：湖南工业大学

编　　号：C、D
作品名称：和谐(人与动物篇1-2)
作　　者：周丽琴
指导教师：朱珺
所在院校：杭州师范大学

编　　号：E
作品名称：拯救
作　　者：林小梅、何梓欣
指导教师：张永年、邹文斌
所在院校：湖南工业大学

编　　号：F
作品名称：清廉包公
作　　者：周志杰
指导教师：杨文伟
所在院校：广东工业大学

编　　号：G
作品名称：保护传统文化
作　　者：姚景龙
指导教师：林严冬
所在院校：兰州大学

编　　号：H
作品名称：我们的领土在哪?
作　　者：孙了凡
指导教师：马丽娃
所在院校：成都大学

和谐共处
live in harmony
和谐共处
live in harmony

拯救
SOS
The Financial Crisis

FanFuChangLian

保护传统文化
PROTECT TRODIRIOND CULTURE

WAL★MART
NOKIA
Panasonic
Coca-Cola
adidas
Canon
NIKE
IBM
我们的领土在哪?
1842年帝国主义通过鸦片战争打开了侵略中国的大门
160多年后的今天，他们以品牌侵略的方式来“侵占”着我国的“领土”
如今我们只有发展起自己强大的民族企业，才能“收复”失去的土地
周总理曾说过：“我们爱我们的民族，这是我们自信心的源泉。”
爱国是信心的源泉 请支持国产品牌

A	B
C	D
E	F

编　　号：A、B
作品名称：反战系列(1-2)
作　　者：孟良
所在院校：湖北师范学院

编　　号：C
作品名称：wound
作　　者：郑志伟
指导教师：廖志忠
所在院校：台湾国立云林科技大学

编　　号：D
作品名称：Serial Killer
作　　者：郑志伟
所在院校：台湾国立云林科技大学

编　　号：E
作品名称：中国文化之登峰造极
作　　者：李晖
指导教师：周乙陶
所在院校：中南民族大学

编　　号：F
作品名称：中国文化之源远流长
作　　者：李晖
指导教师：周乙陶
所在院校：中南民族大学

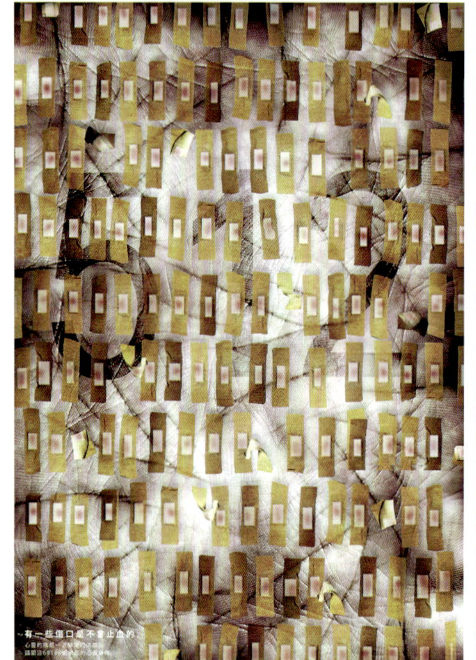
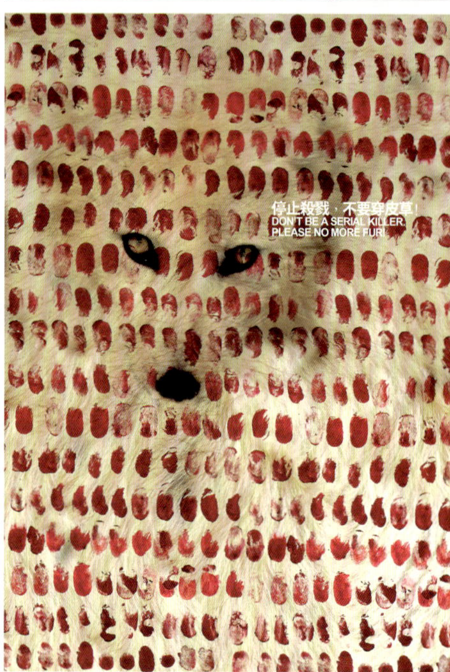

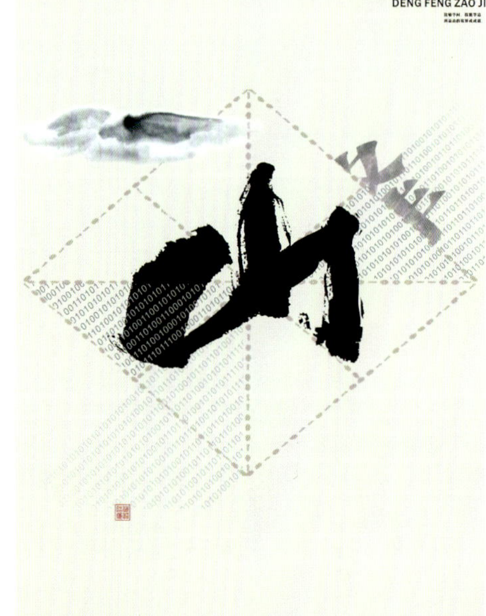

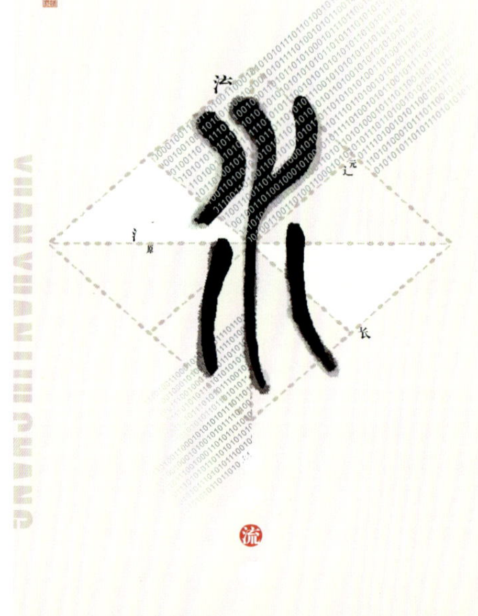

A	B	C
D	E	F
G	H	I

编　　号：A
作品名称：进化系列(树叶篇)
作　　者：张鲁涛
指导教师：霍楷
所在院校：东北大学

编　　号：B
作品名称：进化系列(鱼篇)
作　　者：张鲁涛
指导教师：霍楷
所在院校：东北大学

编　　号：C
作品名称：进化系列(人篇)
作　　者：张鲁涛
指导教师：霍楷
所在院校：东北大学

编　　号：D
作品名称：美丽思圆爱在面前(爱情篇)
作　　者：英涛
指导教师：苏冠元
所在院校：北方民族大学

编　　号：E
作品名称：美丽思圆爱在面前(友情篇)
作　　者：英涛
指导教师：苏冠元
所在院校：北方民族大学

编　　号：F
作品名称：美丽思圆爱在面前(亲情篇)
作　　者：英涛
指导教师：苏冠元
所在院校：北方民族大学

编　　号：G、H、I
作品名称：黄河(1-3)
作　　者：唐耿澈
指导教师：杨延东
所在院校：吉林大学

关注绿色 保护环境 持续发展
The green environment protection concerned
进化 evolution
关注动物 保护环境 持续发展
nimal protection environment concerned
进化 evolution
关注人类 保护环境 持续发展
Humans to protect the environment
进化 evolution
美丽思圆 爱在南丽
美丽思圆 爱在南丽
美丽思圆 爱在南丽

A	B
C	D
E	F

编　　号：A
作品名称：如此参战
作　　者：王迪程
指导教师：赵琳琳
所在院校：辽宁广告职业学院

编　　号：B
作品名称：终点
作　　者：王迪程
指导教师：赵琳琳
所在院校：辽宁广告职业学院

编　　号：C
作品名称：最后的火种
作　　者：冯昕晖
指导教师：沈明杰
所在院校：兰州大学

编　　号：D
作品名称：远离艾滋 和谐生活
作　　者：赵晓山
指导教师：林严冬
所在院校：兰州大学

编　　号：E
作品名称：保护森林
作　　者：刘晓龙
指导教师：赵琳琳
所在院校：辽宁广告职业学院

编　　号：F
作品名称：关爱留守儿童
作　　者：黄新莉、张蕊
指导教师：赵琳琳
所在院校：辽宁广告职业学院

A	B	C
D	E	F
G	H	I

编　　号：A
作品名称：出入平安
作　　者：李全益
指导教师：邹文兵
所在院校：湖南工业大学

编　　号：B
作品名称：拯救盆地
作　　者：刘元
指导教师：端木志坚
所在院校：南通纺织职业技术学院

编　　号：C
作品名称：痛在吾心
作　　者：史俊巧
指导教师：周家乐
所在院校：攀枝花学院

编　　号：D
作品名称：给非洲婴儿送去爱
作　　者：陆国辉
指导教师：许力
所在院校：贺州学院

编　　号：E
作品名称：人权
作　　者：刘方义
指导教师：陈星海
所在院校：浙江工业大学

编　　号：F
作品名称：渴望
作　　者：刘少泽
指导教师：高月雅
所在院校：内蒙古大学

编　　号：G
作品名称：兰州大学百年校庆
作　　者：王慧杰
指导教师：徐海翔
所在院校：西北民族大学

编　　号：H
作品名称：公益系列之条形码篇
作　　者：丛鹤丹
指导教师：马海博
所在院校：赤峰学院

编　　号：I
作品名称：公益广告
作　　者：刘少泽
指导教师：王媛
所在院校：内蒙古大学

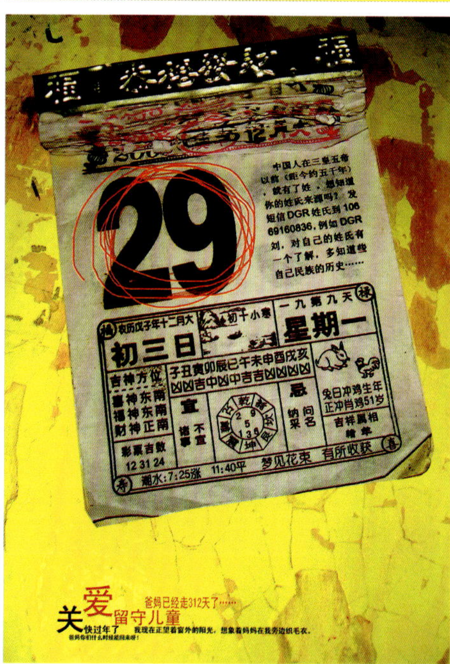

出入平安
ACCESS TO SAFETY

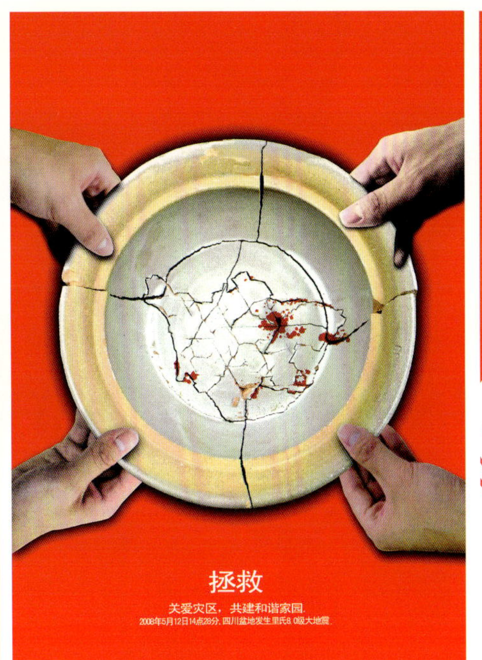
拯救
关爱灾区，共建和谐家园.
2008年5月12日14点28分，四川盆地发生里氏8.0级大地震.

痛在吾心
情系灾区，共度难关
汶川

给非洲婴儿送去饭

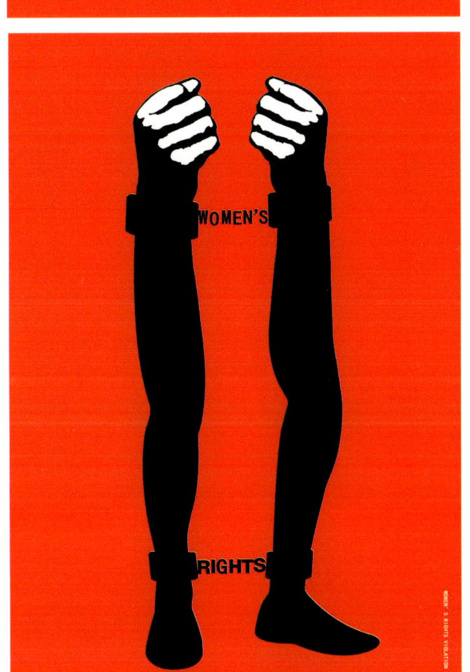
WOMEN'S
RIGHTS

just good milk

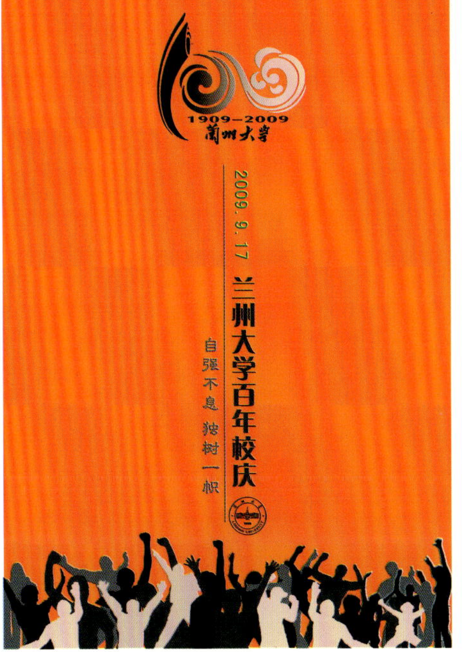
1909—2009
蘭州大學
2009.9.17
兰州大学百年校庆
自强不息 独树一帜

6 654 57 3875 85
抵制假货 让制假者无机可乘
Resisting counterfeit goods

廣告人
世界的未来
多一点关爱给他们

A	B
C	D
E	F

编　　号：A
作品名称：血腥的时尚
作　　者：许大钊
指导教师：金永日
所在院校：孝感学院

编　　号：B
作品名称：母亲的爱
作　　者：潘绍章
指导教师：杜洪竹
所在院校：天津科技大学

编　　号：C
作品名称：穿皮草不时尚
作　　者：汪波
指导教师：张永年
所在院校：湖南工业大学

编　　号：D
作品名称：活动推广设计
作　　者：蔡亚美
指导教师：孙立
所在院校：天津科技大学

编　　号：E
作品名称：城市入侵
作　　者：赵建营
指导教师：霍楷
所在院校：东北大学

编　　号：F
作品名称：战争是一场屠杀
作　　者：武建涛
指导教师：何轩
所在院校：江汉大学

A	B	C
D	E	F
G	H	I

编　　号：A
作品名称：祭
作　　者：陈昊
指导教师：杨在珽
所在院校：山东大学

编　　号：B
作品名称：渗透
作　　者：林婷婷
指导教师：朱国勤
所在院校：华东师范大学

编　　号：C
作品名称：版上的艺术
作　　者：李梦瑶
指导教师：张伟
所在院校：山东轻工业学院

编　　号：D
作品名称：拯救民间艺术
作　　者：陈昊
指导教师：杨在珽
所在院校：山东大学

编　　号：E
作品名称：防疾病传播
作　　者：杨辉
指导教师：程晓东
所在院校：黄山学院

编　　号：F
作品名称：能源危机
作　　者：林媛
指导教师：周靖明
所在院校：四川音乐学院

编　　号：G
作品名称：将反战坚持到底
作　　者：王巍
所在院校：江西艺术设计学院

编　　号：H
作品名称：HELP
作　　者：刘方义
指导教师：陈星海
所在院校：浙江工业大学

编　　号：I
作品名称：诚信3.15
作　　者：陈方龙
指导教师：王宇
所在院校：安徽工程科技学院

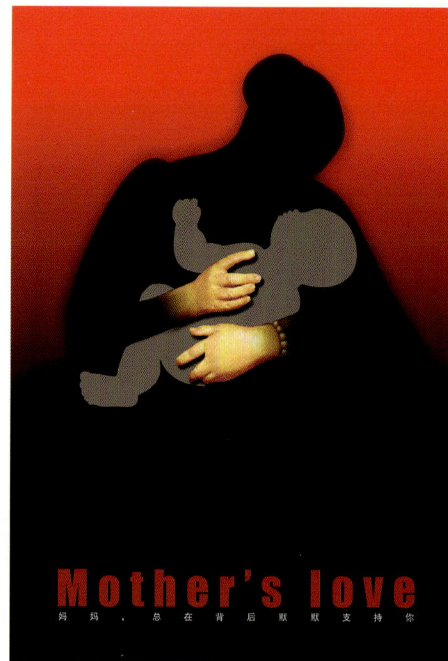

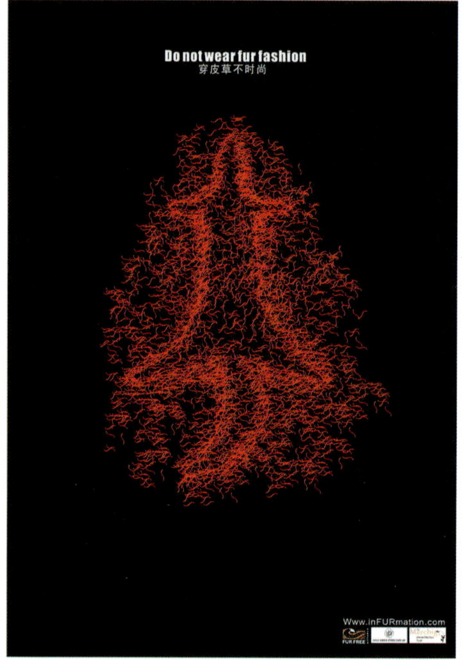

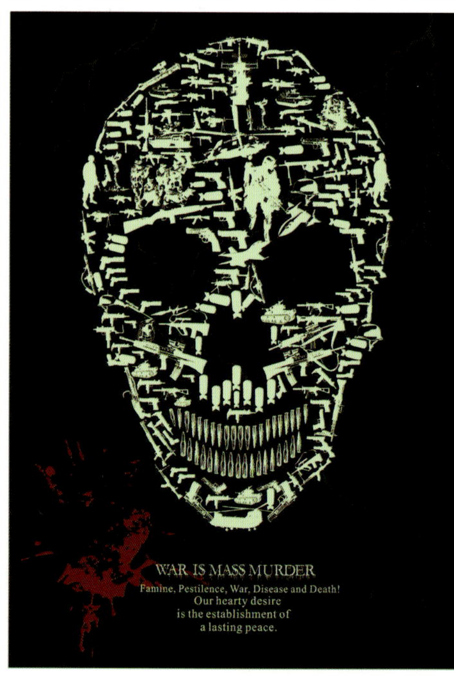

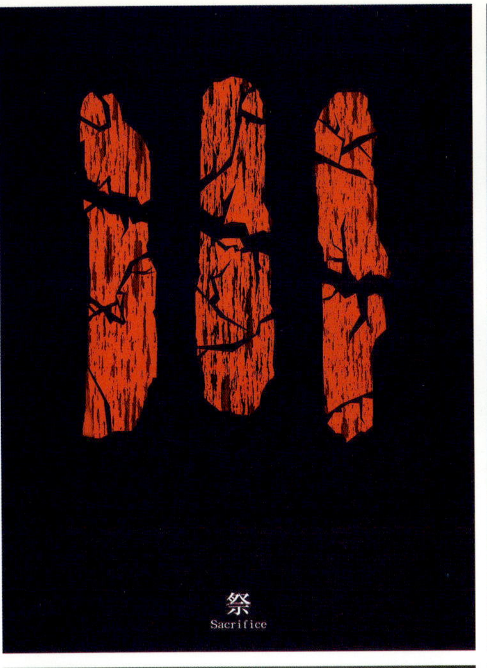
祭
Sacrifice

SOS
不要让污水污染我们美丽的家园!
Do not let the sewage pollution of our beautiful home

潍坊木版年画
Spring Festival Woodcuts in Weifang
承载民族文化

拯救!

疾病传播
FANFZHIJIBINGCHUANBO
Against the spread of diaease

Energy
Crisis
When less and less energy, how do we?

你该停止了...

Help!
CONCERNED ABOUT OUR HOME IS CONCERNED WITH OUR LIFE

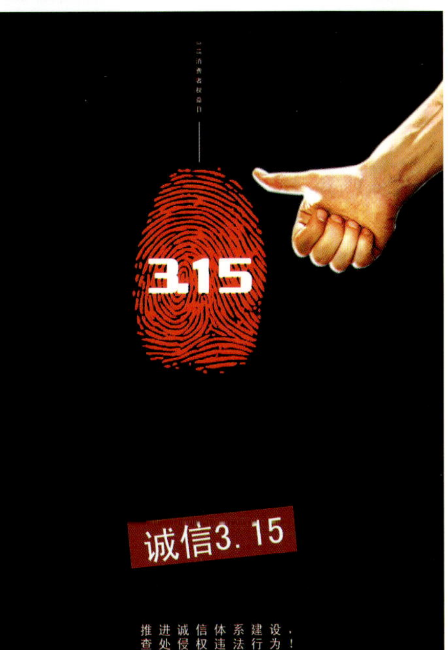
3.15
诚信3. 15
推进诚信体系建设,
查处侵权违法行为!

A	B
C	D
E	F

编　　号：A
作品名称：耕耘六十年
作　　者：姚旭鹏
指导教师：张伟
所在院校：山东轻工业学院

编　　号：B
作品名称：能量饮料
作　　者：王梦涵
指导教师：邢义杰
所在院校：哈尔滨师范大学

编　　号：C
作品名称：文化侵略(薯条篇)
作　　者：刘璐
指导教师：张永年、邹文兵
所在院校：湖南工业大学

编　　号：D
作品名称：时尚的牺牲品
作　　者：邓文伟
指导教师：王言升
所在院校：苏州大学

编　　号：E
作品名称：南锣鼓巷海报
作　　者：王阳
指导教师：郑阳
所在院校：北京科技大学

编　　号：F
作品名称：灭亡
作　　者：许大钊
指导教师：金永日
所在院校：孝感学院

A	B	C
D	E	F
G	H	I

编　　号：A
作品名称：期盼
作　　者：陆煜、陈惠娇
指导教师：孙华进
所在院校：山东艺术设计学院

编　　号：B
作品名称：WU节奏
作　　者：金煜庭
指导教师：成朝晖
所在院校：中国美术学院

编　　号：C
作品名称：爱风筝，爱潍坊
作　　者：李梦瑶
指导教师：张伟
所在院校：山东轻工业学院

编　　号：D
作品名称：和谐一家
作　　者：陈川川
指导教师：卢洋
所在院校：四川音乐学院

编　　号：E
作品名称：第24届大冬会·魂
作　　者：孙珊珊
指导教师：伊延波
所在院校：哈尔滨理工大学

编　　号：F
作品名称：百年树人
作　　者：米月
指导教师：周安平
所在院校：西北民族大学

编　　号：G
作品名称：反艾滋
作　　者：刘方义
指导教师：陈星海
所在院校：浙江工业大学

编　　号：H
作品名称：大运环环扣
作　　者：陈佳琳
指导教师：许大钊
所在院校：孝感学院

编　　号：I
作品名称：印象兰州
作　　者：王慧杰
指导教师：徐海翔
所在院校：西北民族大学

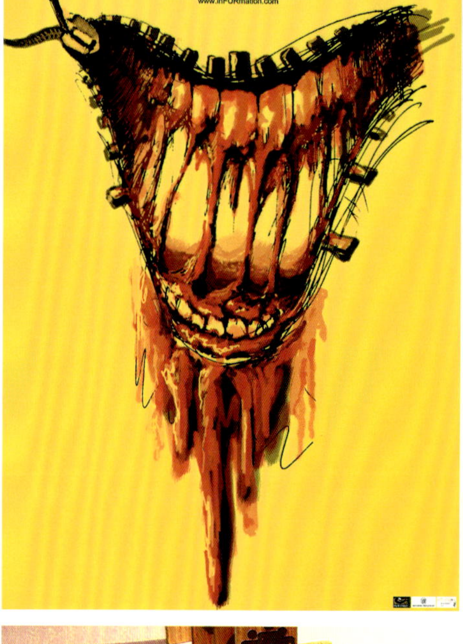

期盼
我在一起
Together

ZARA
FLUOR
COLOR
SHOP

LOVE
WEIFANG
愛風箏
愛濰坊
風箏

和諧中國
和爲貴，諧爲美
社會是個大家庭，和諧社會的建設需要每個人之間的和睦相處
有一分熱，發一分光
社會是個大家庭，和諧社會的建設需要每個人無私的奉獻

盛世和諧
華夏騰飛

冰雪
青春
未来
第24届世界大学生冬季运动会 中国·哈尔滨
Harbin 24th Winter Universiade

The 100th Anniversary
of Lanzhou University
百年树人
1909-2009

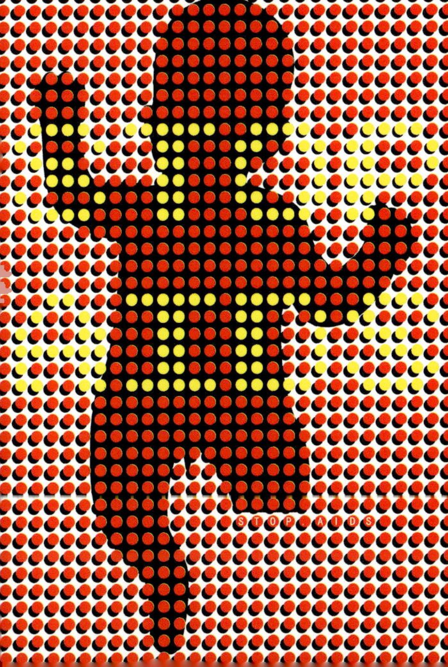
STOP AIDS

SHENZHEN

深圳二六届
SHENZHEN 26TH SUMMER UNIVERSIADE
世界大学生夏季运动会

印
象
兰
州

A	B
C	D
E	F

编　　号：A
作品名称：反对皮草
作　　者：张谨贤
指导教师：吴炜晨
所在院校：中国美术学院

编　　号：B
作品名称：who repairs shoes for me
作　　者：杨海涛
指导教师：汪军
所在院校：中国传媒大学

编　　号：C
作品名称：环保海报设计(2)
作　　者：彭青
指导教师：姜思宇、殷辉
所在院校：西南科技大学

编　　号：D
作品名称：大红灯笼高高挂
作　　者：张谨贤
指导教师：陈正达
所在院校：中国美术学院

编　　号：E
作品名称：中国文化
作　　者：刘新丹
指导教师：陈喧嵘
所在院校：南阳师范学院

编　　号：F
作品名称：和谐之美
作　　者：高轩
指导教师：林严冬
所在院校：兰州大学

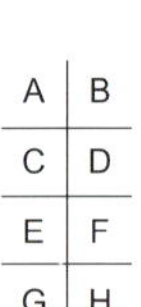

编　　号：A、B
作品名称：Game Over(2–3)
作　　者：何智燃
所在院校：重庆邮电大学

编　　号：C
作品名称：365天祝福思念
作　　者：董家成
所在院校：辽宁师范大学

编　　号：D
作品名称：最后的晚餐
作　　者：时梦楚
指导教师：胡安华
所在院校：北京工业大学

编　　号：E
作品名称：消防生命线
作　　者：黎镇
指导教师：刘蕙子
所在院校：西南民族大学

编　　号：F
作品名称：反对家庭暴力，关注女性社会
作　　者：朱松
指导教师：端木志坚
所在院校：南通纺织职业技术学院

编　　号：G
作品名称：时尚与生命(保护动物)
作　　者：姜超
指导教师：王传兴
所在院校：烟台职业学院

编　　号：H
作品名称：这根蜡烛还能烧多久?
作　　者：邓文伟
指导教师：王言升
所在院校：苏州大学

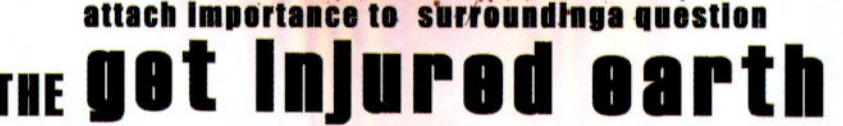

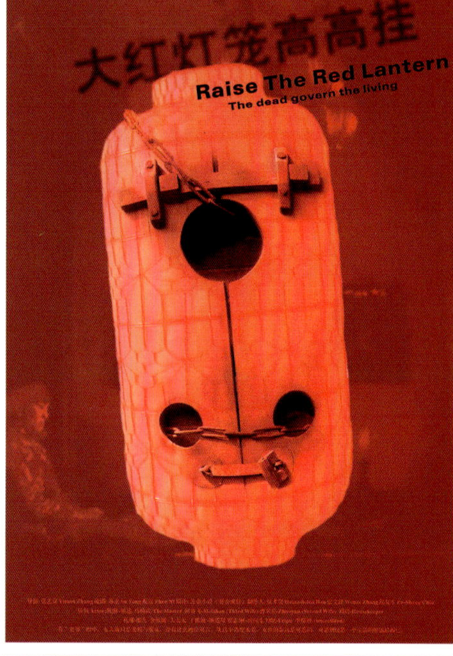

GAME OVER
确定
"网瘾"的形成是一个由量变到质变的过程。从生理的角度上来看，网瘾是由过度使用互联网所引发的一种异常行为，从行为上表现为无法摆脱想上网的念头，不上网时就会感到烦躁不安、情绪低落或无所适从。近年来，随着网络在我国的迅猛发展和普及，青少年网瘾问题愈发突出，亟待引起重视。

GAME
OVER
"网瘾"的形成是一个由量变到质变的过程。从生理的角度上来看，网瘾是由过度使用互联网所引发的一种异常行为，从行为上表现为无法摆脱想上网的念头，不上网时就会感到烦躁不安、情绪低落或无所适从。近年来，随着网络在我国的迅猛发展和普及，青少年网瘾问题愈发突出，亟待引起重视。

纪念汶川地震一周年
365天
365天的祝福，365天的思念。
祝福思念每一分每一秒。
我们在一起
Together

查寻历史谜团，耶稣死亡真相

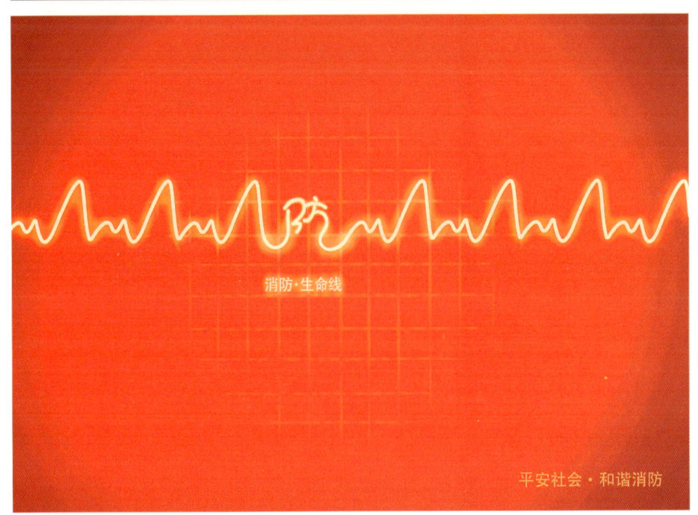
防
消防·生命线
平安社会·和谐消防

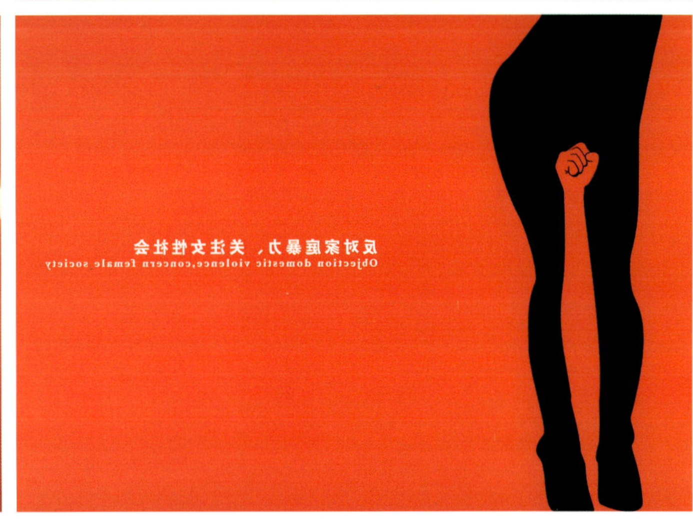
反对家庭暴力，关注女性社会
Objection domestic violence,concern female society

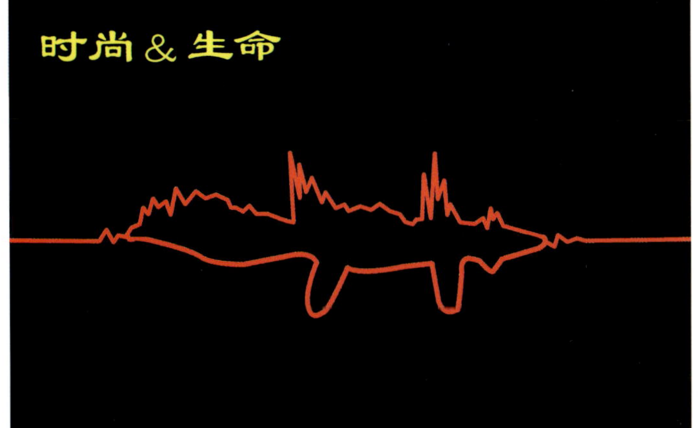
时尚&生命

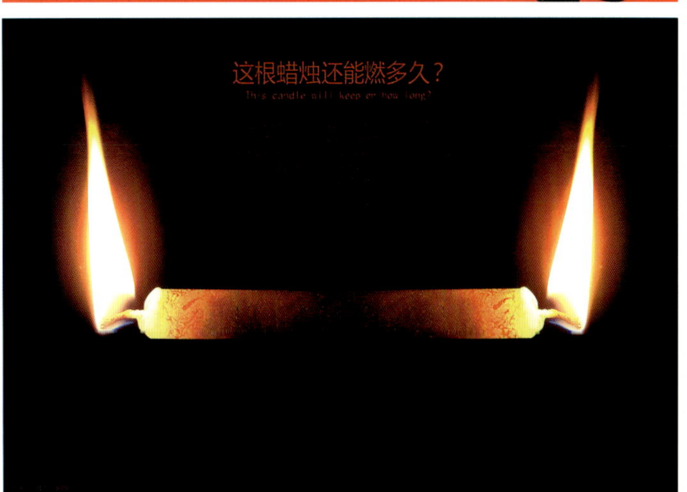
这根蜡烛还能燃多久？

A	B
C	D
E	F

编　　号：A
作品名称：融
作　　者：许丹
指导教师：霍楷
所在院校：东北大学

编　　号：B
作品名称：福
作　　者：许丹
指导教师：霍楷
所在院校：东北大学

编　　号：C
作品名称：注意耳朵安全
作　　者：刘艳娜
指导教师：张永年
所在院校：湖南工业大学

编　　号：D
作品名称：注意网络安全
作　　者：刘艳娜
指导教师：张永年
所在院校：湖南工业大学

编　　号：E
作品名称：保护动物(天鹅篇)
作　　者：曲玲
指导教师：杜宏志
所在院校：河北师范大学

编　　号：F
作品名称：保护动物(大象篇)
作　　者：曲玲
指导教师：杜宏志
所在院校：河北师范大学

A	B	C
D	E	F
G	H	I

编　　号：A
作品名称：公益系列之时钟篇
作　　者：丛鹤丹
指导教师：马海博
所在院校：赤峰学院

编　　号：B
作品名称：Time
作　　者：钟盼
所在院校：四川美术学院

编　　号：C
作品名称：Time to treasure
作　　者：钟盼
所在院校：四川美术学院

编　　号：D
作品名称：水・生命之源
作　　者：陈方龙
指导教师：王宇
所在院校：安徽工程科技学院

编　　号：E
作品名称：幻彩重庆
作　　者：薄海
指导教师：袁恩培
所在院校：重庆大学

编　　号：F
作品名称：天水共晶莹
作　　者：薄海
指导教师：袁恩培
所在院校：重庆大学

编　　号：G
作品名称：让性福之花绽放
作　　者：马浩
指导教师：刘青
所在院校：临沂师范学院

编　　号：H
作品名称：蝶之舞
作　　者：任岳恒
指导教师：翁安华
所在院校：西安文理学院

编　　号：I
作品名称：蝉之声
作　　者：任岳恒
指导教师：翁安华
所在院校：西安文理学院

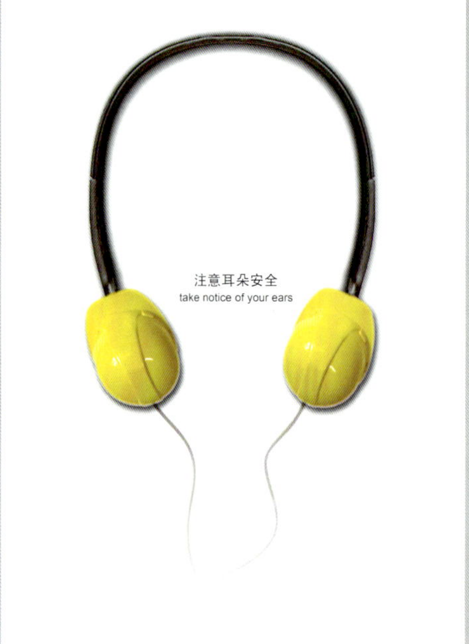

时间不能停止，但杀戮可以
The time cannot stop, but slaughters may

时间不会倒退
请珍惜时间
Time will not be back
Please treasure the time

Time to treasure
时间不会倒退
请珍惜时间！
Time will not be back
Please treasure the time

水，生命之源

第二届
中国重庆
文化艺术节
9.6-9.20
2009

第二届
中国重庆
文化艺术节
9.6-9.20
2009
THE 2ND CULTURE&ART FESTIVAL
CHONGQING CHINA

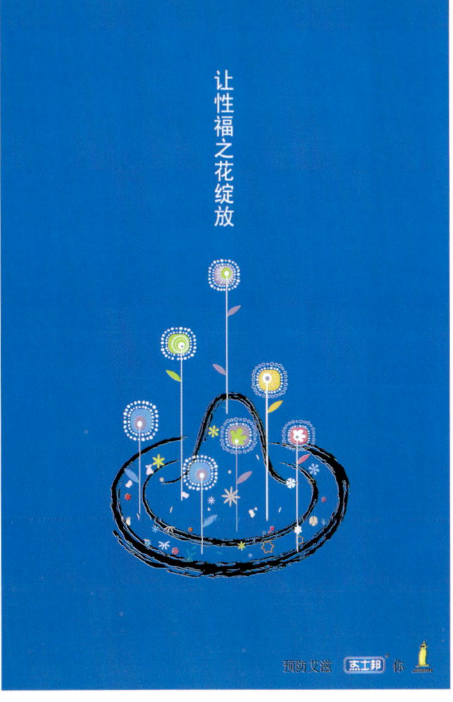
让性福之花绽放

蝶之舞

蝉之声

A	B
C	D
E	F

编　　号：A
作品名称：禁烟
作　　者：于子强
所在院校：鲁东大学

编　　号：B
作品名称：鸟儿的家
作　　者：倪持
所在院校：南京机电职业技术学院

编　　号：C
作品名称：雀巢咖啡
作　　者：刘文君
指导教师：霍楷
所在院校：东北大学

编　　号：D
作品名称：珍爱动物
作　　者：于子强
所在院校：鲁东大学

编　　号：E
作品名称：流失
作　　者：曹光鑫
指导教师：李齐飞
所在院校：东北师范大学

编　　号：F
作品名称：打结
作　　者：付改改
指导教师：张凯
所在院校：绥化学院

A	B	C
D	E	
F	G	H

编　　号：A
作品名称：纪年汶川地震一周年
作　　者：张瑶
指导教师：张晓琳
所在院校：河北旅游职业学院

编　　号：B
作品名称：爱，很简单
作　　者：张健
指导教师：刘东风
所在院校：山东师范大学

编　　号：C
作品名称：母乳的味道
作　　者：周熙
指导教师：邹文兵
所在院校：湖南工业大学

编　　号：D
作品名称：快递(环保)
作　　者：孔祥明
指导教师：姜思宇、殷辉
所在院校：西南科技大学

编　　号：E
作品名称：和“鞋”亚运
作　　者：周靖
指导教师：邹文兵、张永年
所在院校：湖南工业大学

编　　号：F
作品名称：诗经系列(风)
作　　者：李昕卉
指导教师：吕凤显
所在院校：三江学院

编　　号：G
作品名称：诗经系列(雅)
作　　者：李昕卉
指导教师：吕凤显
所在院校：三江学院

编　　号：H
作品名称：诗经系列(颂)
作　　者：李昕卉
指导教师：吕凤显
所在院校：三江学院

汶川
缅怀逝者、关爱生者、继续前行！！
512
纪念5.12汶川地震一周年

爱，很简单
the love,is very simple

The flavor of breast milk
母乳的味道

即使路程再远，
也要送垃圾"回家"！
本图中国国界线系依据中国地图出版社1989年出版的1：400万《中华人民共和国地形图》绘制。

和"鞋"亚运·魅力广州

風
蒹葭苍苍，白露为霜。所谓伊人，在水一方，溯洄从之，道阻且长。溯游从之，宛在水中央。

雅，
采薇采薇，薇亦作止，曰归曰归，岁亦莫止。

頌，
天命玄鸟，降而生商，宅殷土芒芒。古帝命武汤，正域彼四方。

A	B
C	D
E	F

编　　号：A
作品名称：生存空间
作　　者：曹广乐
所在院校：山东师范大学

编　　号：B
作品名称：联合的力量
作　　者：马千里
指导教师：王亚非
所在院校：鲁迅美术学院

编　　号：C
作品名称：地球的赌注
作　　者：张方坤
指导教师：霍楷
所在院校：东北大学

编　　号：D
作品名称：当动物都灭绝
作　　者：刘毅
指导教师：金贵成
所在院校：中央美术学院

编　　号：E
作品名称：零排放
作　　者：马千里
指导教师：王亚非
所在院校：鲁迅美术学院

编　　号：F
作品名称：读书·治疗无知的良药
作　　者：何雄亮
指导教师：战怡红
所在院校：吉林工程技术师范学院

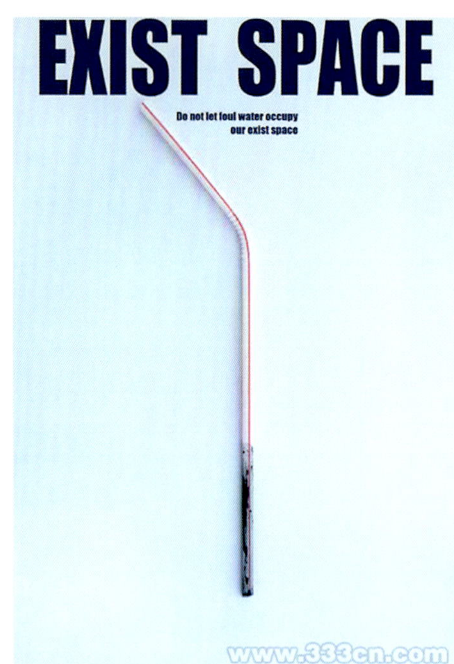

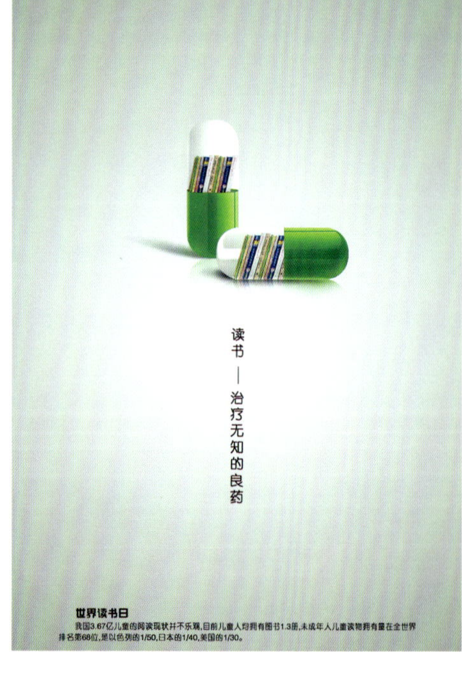

A	B
C	D
E	F
G	H

编　　号：A、B
作品名称：动物的呐喊(1-2)
作　　者：邵文丽
指导教师：王夫亭
所在院校：天津工业大学

编　　号：C
作品名称：反对皮草(光影篇)
作　　者：王克严
指导教师：孙明海、魏珍珍
所在院校：湖北工业大学

编　　号：D
作品名称：反皮草海报(行为篇)
作　　者：王盈丁
所在院校：湖南工业大学

编　　号：E
作品名称：警惕空气(尾气篇)
作　　者：陈玉欣
指导教师：李晓雷
所在院校：日照职业技术学院

编　　号：F
作品名称：反皮草
作　　者：徐丽丽
指导教师：刘木森
所在院校：山东轻工业学院

编　　号：G
作品名称：警惕空气(烟囱篇)
作　　者：陈玉欣
指导教师：李晓雷
所在院校：日照职业技术学院

编　　号：H
作品名称：保护动物
作　　者：王繁
指导教师：张永年
所在院校：湖南工业大学

人类,你喜欢它们这样对你?

人类,你喜欢它们这样对你?

FASHION VICTIMS
时 尚 牺 牲 品
www.inFURmation.com

FUR NOT FASHION

空气
警惕!AIR
POLLUTION
有害气体一氧化碳,硫氧化合物,氮氧化物......

SWISS ANIMAL PROTECTION SAP
The Marchig Animal Welfare Trust
FUR FREE alliance
货号
5150J48
成份
100%健康
尺码
XL

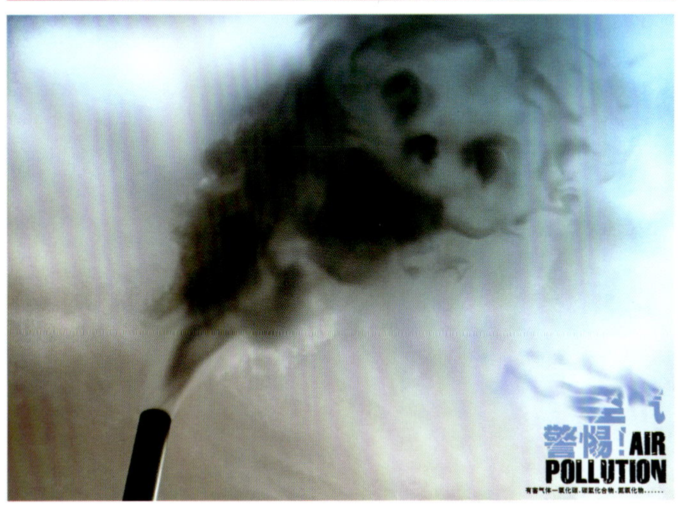
空气
警惕!AIR
POLLUTION

THEREFORE THE END OF LIFE
保護動物
PROTECT SEALS
WWF

A	B
C	D
E	F

编　　号：A
作品名称：全球变暖
作　　者：金国
指导教师：吴琼
所在院校：南京工业大学

编　　号：B
作品名称：第七届中丹创新杯实验技能大赛
作　　者：金国
指导教师：吴琼
所在院校：南京工业大学

编　　号：C
作品名称：抽得越多离死越近
作　　者：杨海涛
指导教师：汪军
所在院校：中国传媒大学

编　　号：D
作品名称：green
作　　者：曹译水雯
指导教师：霍楷
所在院校：东北大学

编　　号：E
作品名称：蔓延
作　　者：曹译水雯
指导教师：霍楷
所在院校：东北大学

编　　号：F
作品名称：保护自然
作　　者：毛伟
指导教师：过山
所在院校：湖南工业大学

A	B
C	D
E	F
G	H

编　　号：A
作品名称：Protect Environment
作　　者：刘博
所在院校：鲁迅美术学院

编　　号：B
作品名称：香烟在吞噬你的力量
作　　者：黎信宇
指导教师：张雯
所在院校：北京印刷学院

编　　号：C
作品名称：烬
作　　者：黄秋利
指导教师：孙华进
所在院校：山东艺术设计学院

编　　号：D
作品名称：产品平面广告(2)
作　　者：谢红军
指导教师：宋方昊
所在院校：山东大学

编　　号：E
作品名称：无限爱心
作　　者：田浩
指导教师：罗静松
所在院校：内江师范学院

编　　号：F
作品名称：欲望毁灭生命
作　　者：吴亚蒙
指导教师：张东东
所在院校：云南大学

编　　号：G
作品名称：sos
作　　者：曹巧一
指导教师：何轩
所在院校：江汉大学

编　　号：H
作品名称：正视爱勿漠视唉
作　　者：黎健敏
所在院校：韶关学院

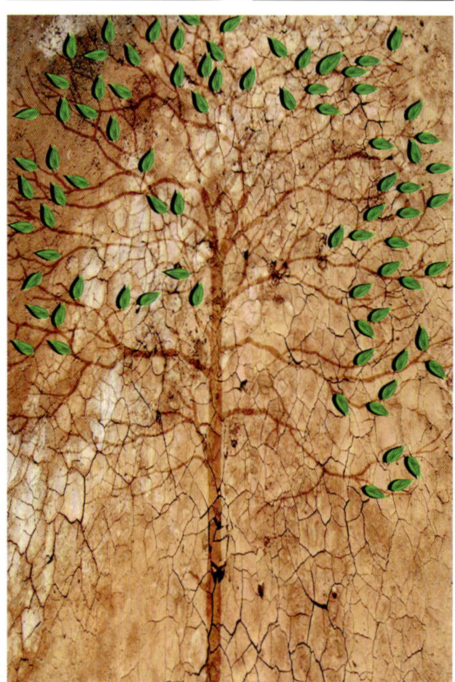

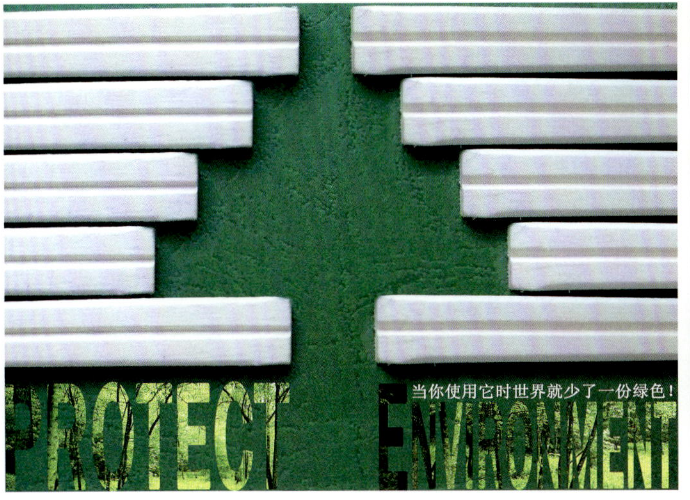
当你使用它时世界就少了一份绿色！
PROTECT ENVIRONMENT

香烟在吞噬你的力量！
To be or not to be ？

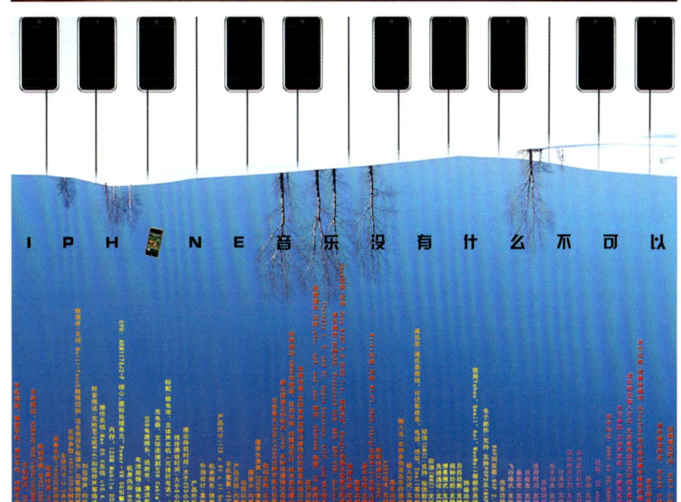
IPH NE音乐没有什么不可以

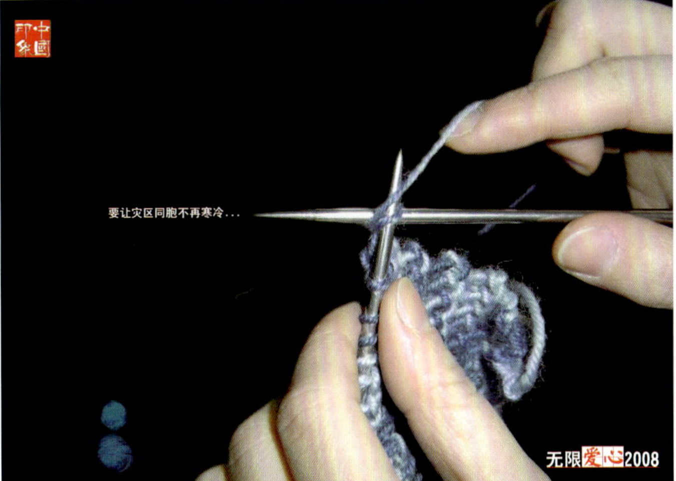
要让灾区同胞不再寒冷…
无限爱心2008

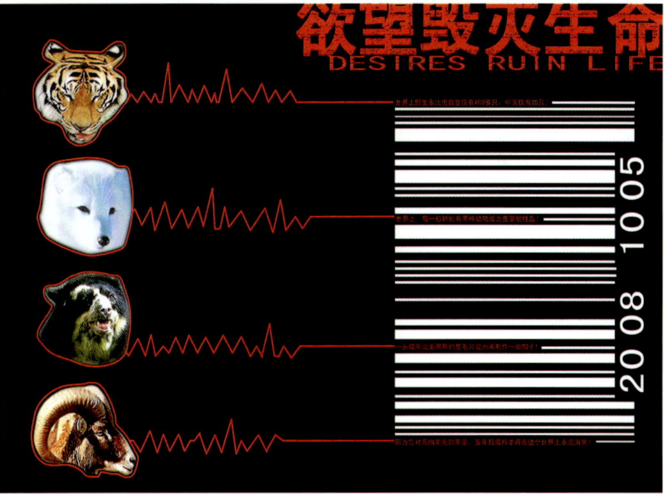
欲望毁灭生命
DESIRES RUIN LIFE
2008 1005

FROM THE HEART
We'll be together
POST CARD
PLACE STAMP
SOS !!

正视爱
勿漠视唉

A	B
C	D
E	F

编　　号：A、B
作品名称：反皮草(1–2)
作　　者：宋洪业
指导教师：郑阳
所在院校：北京科技大学

编　　号：C
作品名称：赌的牢笼
作　　者：张弘
指导教师：霍楷
所在院校：东北大学

编　　号：D
作品名称：不仅仅是皮草
作　　者：李时
指导教师：高品
所在院校：沈阳建筑大学

编　　号：E
作品名称：好奇
作　　者：叶婷婷
指导教师：姜思宇、殷辉
所在院校：西南科技大学

编　　号：F
作品名称：感叹号
作　　者：张海沭
指导教师：何轩
所在院校：江汉大学

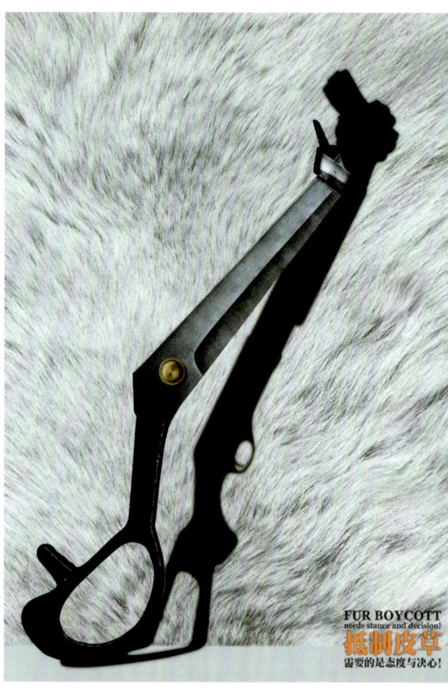

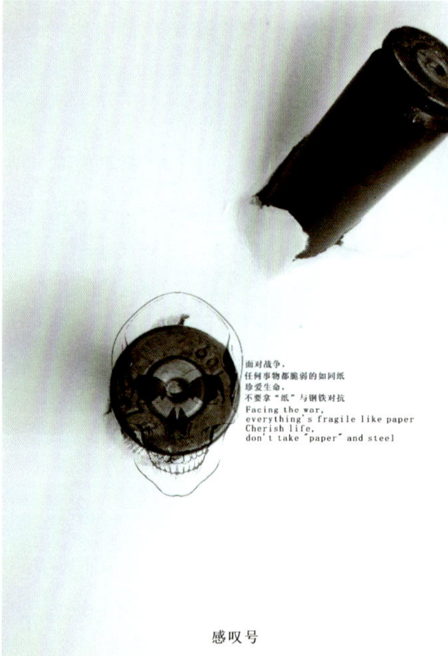

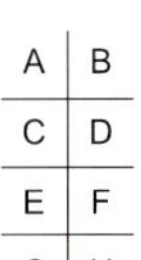

编　　号：A
作品名称：JUST US品牌(WC篇)
作　　者：杨斌
指导教师：陈放、张鑫
所在院校：海南大学

编　　号：B
作品名称：JUST US品牌(乌比尤斯环篇)
作　　者：杨斌
指导教师：陈放、张鑫
所在院校：海南大学

编　　号：C
作品名称：中国元素(竞技北京)
作　　者：尤红斌
指导教师：饶鉴
所在院校：湖北工业大学

编　　号：D
作品名称：有喜事，当然非常可乐
作　　者：钟雨花
指导教师：黄志华
所在院校：赣南师范学院

编　　号：E
作品名称：第一线
作　　者：陈浩
指导教师：宋方浩
所在院校：山东大学

编　　号：F
作品名称：Restore
作　　者：刘宝
指导教师：肖勇
所在院校：中央美术学院

编　　号：G
作品名称：此时，我们都是中华民族
作　　者：马锋青
指导教师：刘志刚
所在院校：西北民族大学

编　　号：H
作品名称：柏林湖
作　　者：陈笑峰
所在院校：中国美术学院

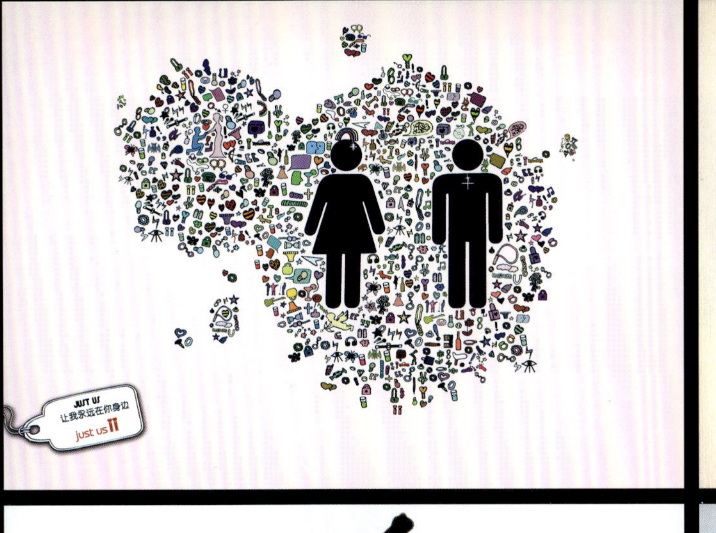
JUST US
让我永远在你身边
just us

从∞开始
不断延续
just us

中國元素
Chinese Element

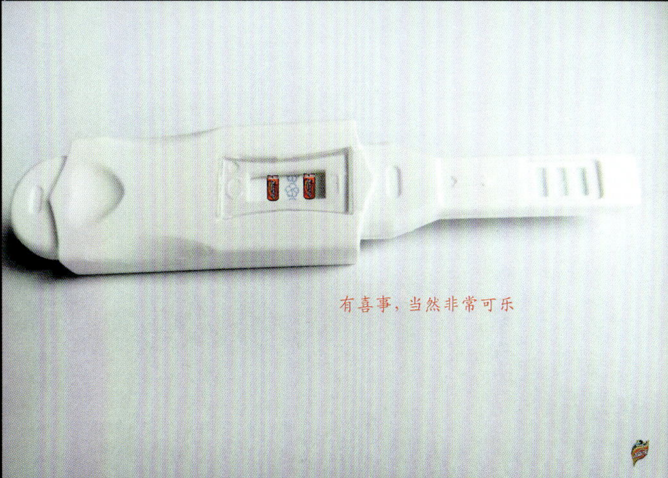
有喜事，当然非常可乐

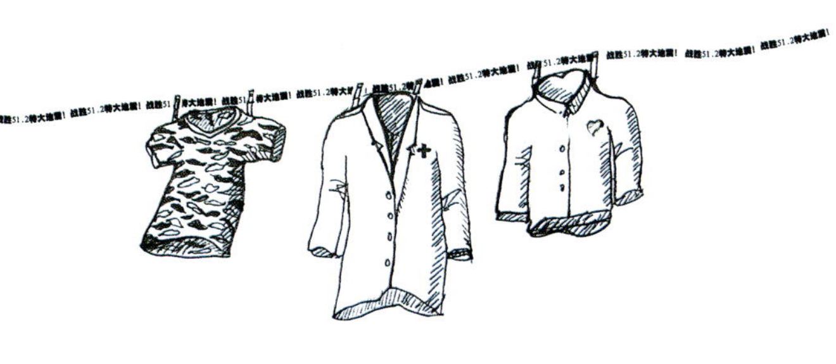

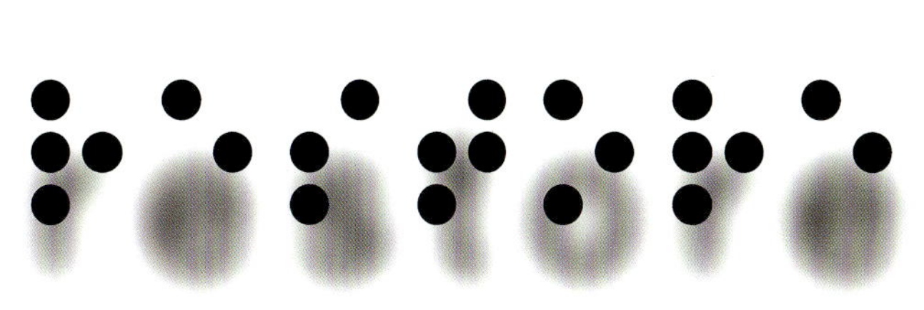

战斗在灾区一线

我们
在
一起
Together
we are

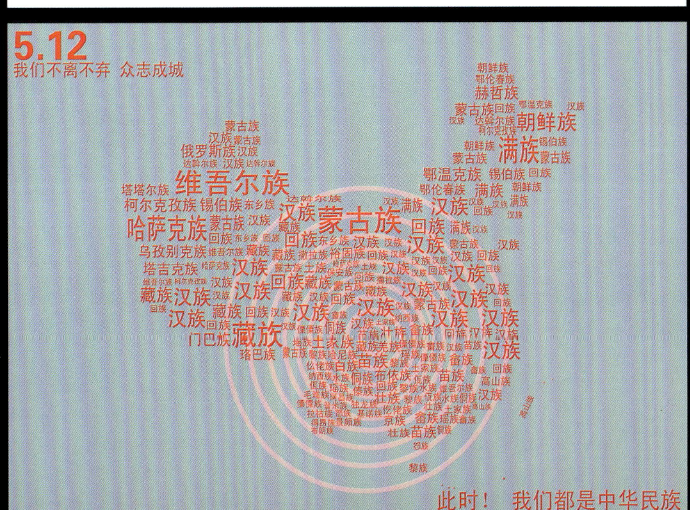
5.12
我们不离不弃 众志成城
此时！ 我们都是中华民族

See
Berliner See

A	B
C	D
E	F

编　　号：A
作品名称：沙漠化
作　　者：倪持
所在院校：南京机电职业技术学院

编　　号：B
作品名称：难道就没有清新的空气
作　　者：刘晓龙
指导教师：赵琳琳
所在院校：辽宁广告职业学院

编　　号：C
作品名称：环保(手)
作　　者：叶英华
指导教师：林严冬
所在院校：兰州大学

编　　号：D
作品名称：家
作　　者：刘元
指导教师：王朋
所在院校：南通纺织职业技术学院

编　　号：E
作品名称：知识—彰显美的源泉
作　　者：何雄亮
指导教师：战怡红
所在院校：吉林工程技术师范学院

编　　号：F
作品名称：叹
作　　者：张兴明
指导教师：刘东峰
所在院校：山东师范大学

A	B
C	D
E	F
G	H

编　　号：A
作品名称：印象中国之升学篇
作　　者：陈君晓
指导教师：罗静松
所在院校：内江师范学院

编　　号：B
作品名称：印象中国之就业篇
作　　者：陈君晓
指导教师：罗静松
所在院校：内江师范学院

编　　号：C
作品名称：时尚有价 生命无价
作　　者：李昕熠
指导教师：江霞
所在院校：四川农业大学

编　　号：D
作品名称：倡导绿色生活
作　　者：白艳维
指导教师：王建辉
所在院校：河北师范大学

编　　号：E
作品名称：请勿酗酒
作　　者：李雪松
指导教师：邢义杰
所在院校：哈尔滨师范大学

编　　号：F
作品名称：禁止吸烟(绳子篇)
作　　者：孙了凡
指导教师：周凯
所在院校：成都大学

编　　号：G
作品名称：中国·绿
作　　者：陈厚
所在院校：北京印刷学院

编　　号：H
作品名称：新北京 新奥运
作　　者：张曼华
指导教师：吴卫
所在院校：湖南工业大学

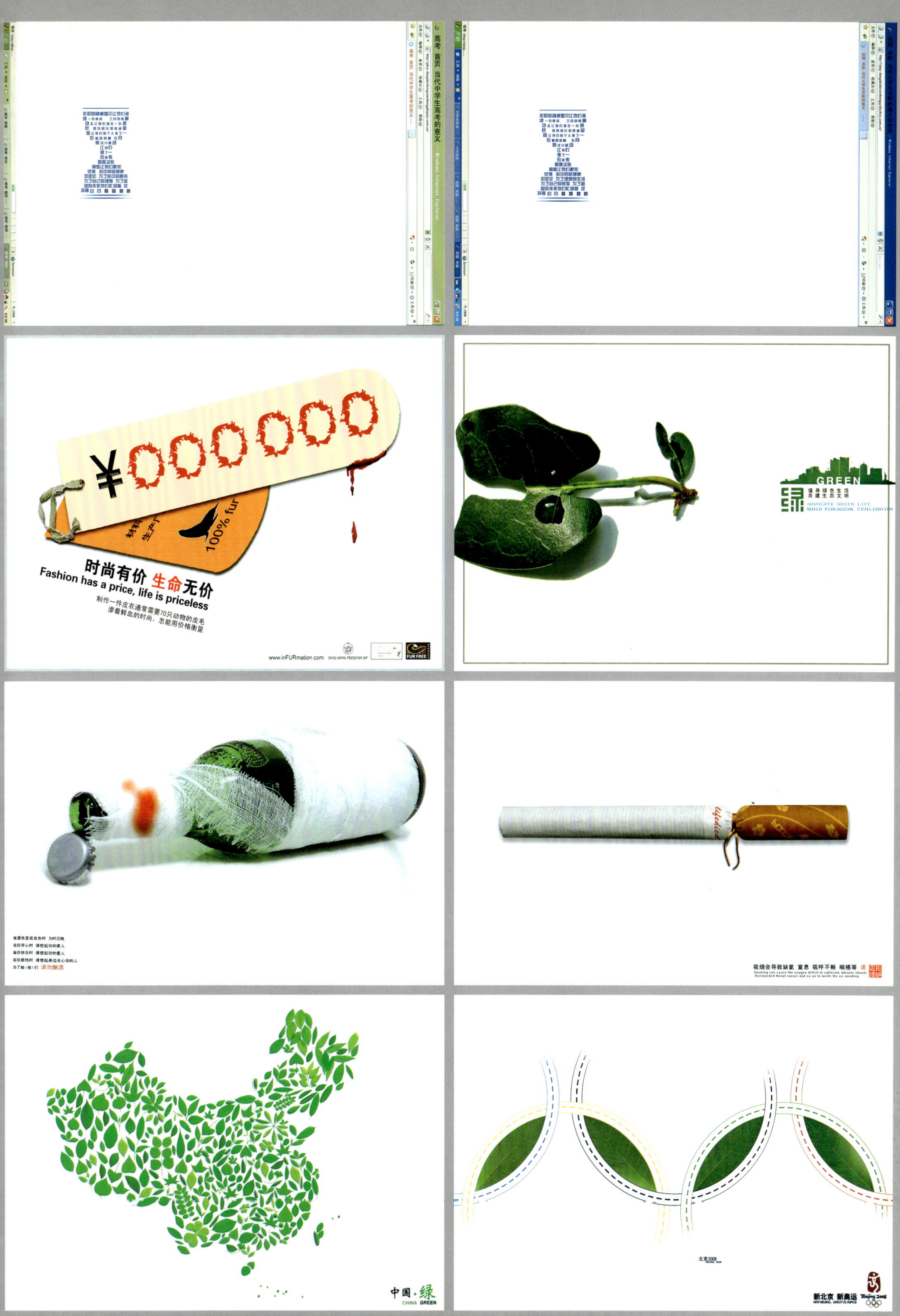
高考 首页 当代中学生高考的意义
¥000000
100% fur
时尚有价 生命无价
Fashion has a price, life is priceless
制作一件皮衣通常需要70只动物的皮毛
渗着鲜血的时尚，怎能用价格衡量
www.inFURmation.com
FUR FREE
GREEN
倡导绿色生活
共建生态文明
ADVOCATE GREEN LIFE
BUILD ECOLOGICAL CIVILIZATION
当酒色变成血色时 为时已晚
当你开心时 请想起你的家人
当你快乐时 请想起你的爱人
当你感性时 请想起身边关心你的人
为了她（他）们 请勿酗酒
吸烟会导致缺氧 窒息 吸呼不畅 喉癌等 请 拒绝吸烟
Smoking can cause the oxygen deficit to suffocate attracts shoule
theimpeded throat cancer and so on to invite the no smoking
中国·绿
CHINA GREEN
北京2008
新北京 新奥运
NEW BEIJING, GREAT OLYMPICS
Beijing 2008

A	B
C	D
E	F

编　　号：A
作品名称：节约资源
作　　者：赵娜
指导教师：张伟
所在院校：山东轻工业学院

编　　号：B
作品名称：Stop!
作　　者：李彩红
指导教师：王亚飞
所在院校：鲁迅美术学院

编　　号：C
作品名称：呼救
作　　者：李爽
指导教师：赵琳琳
所在院校：辽宁广告职业学院

编　　号：D
作品名称：战争与和平
作　　者：高轩
指导教师：林严冬
所在院校：兰州大学

编　　号：E
作品名称：大爱无私
作　　者：杨琨
指导教师：邵连顺
所在院校：大连民族学院

编　　号：F
作品名称：help
作　　者：许大钊
指导教师：金永日
所在院校：孝感学院

A	B
C	D
E	F
G	H

编　　号：A
作品名称：请走前门
作　　者：李阳
指导教师：王永瑞
所在院校：河北北方学院

编　　号：B
作品名称：节水
作　　者：朱梦瑶
指导教师：张晓琳
所在院校：河北旅游职业学院

编　　号：C
作品名称：给心灵留一片净土
作　　者：李阳
指导教师：王永瑞
所在院校：河北北方学院

编　　号：D
作品名称：the teens
作　　者：王洋
指导教师：张娜
所在院校：沈阳化工学院

编　　号：E
作品名称：paper
作　　者：郑志伟
指导教师：廖志忠
所在院校：台湾国立云林科技大学

编　　号：F
作品名称：思念着台湾与祖国母亲早日团圆
作　　者：钟雨花
指导教师：黄志华
所在院校：赣南师范学院

编　　号：G
作品名称：城市树林
作　　者：何晓雯
指导教师：朱国勤
所在院校：华东师范大学

编　　号：H
作品名称：我们都是四川人
作　　者：郭烽
指导教师：孙湘明
所在院校：中南大学

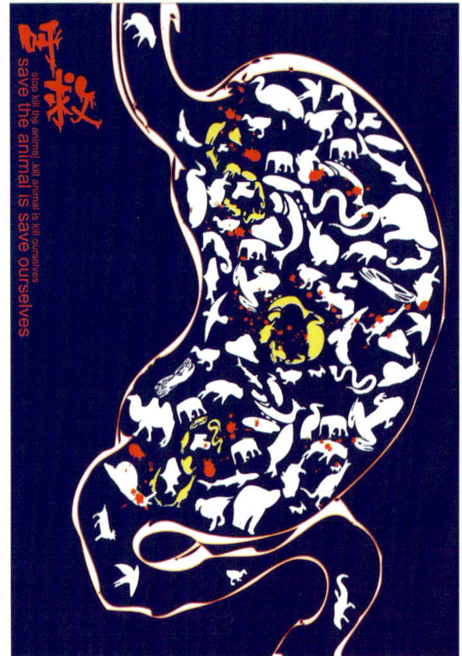

Front door,please

滴水之恩，自然相报

给心灵留一片净土

Teen apple
Teen blueberry
Teen orange
Teen group
the teens
drink with yummy and healthy

地球是用紙造的。
This World Is Made Of Paper

思念着台湾与祖国母亲早日团圆

我 们 的 城 市 需 要 真 正 的 树 林

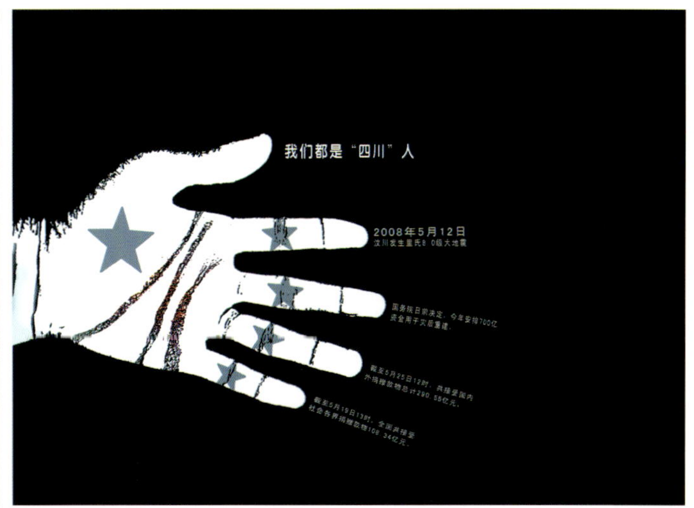
我们都是“四川”人
2008年5月12日
汶川发生里氏8.0级大地震
国务院日前决定，今年安排700亿
资金用于灾后重建。
截至5月25日12时，共接受国内
外捐赠款物总计290.55亿元。
截至5月19日13时，全国共接受
社会各界捐赠款物108.34亿元。

A	B
C	D
E	F

编　　号：A
作品名称：SAVE
作　　者：李阳
所在院校：西南交通大学

编　　号：B
作品名称：Levi's
作　　者：李阳
所在院校：西南交通大学

编　　号：C
作品名称：流失
作　　者：王倩
指导教师：王勇瑞
所在院校：河北北方学院

编　　号：D
作品名称：LINKINPARK IN CHINA
作　　者：韩青赫
所在院校：大连理工大学

编　　号：E
作品名称：反贫穷
作　　者：杨儒耀
指导教师：吴东弓
所在院校：福建华侨大学

编　　号：F
作品名称：人生交错
作　　者：龚辰
指导教师：周济安
所在院校：四川美术学院

A	B	C
D	E	F
G	H	I

编　　号：A
作品名称：远离毒品
作　　者：杨辉
指导教师：程晓东
所在院校：黄山学院

编　　号：B
作品名称：第九届亚洲科技博览会
作　　者：于洋
指导教师：李晓雷
所在院校：山东日照职业技术学院

编　　号：C
作品名称：共筑家园
作　　者：董家成
所在院校：辽宁师范大学

编　　号：D
作品名称：自斟自酌
作　　者：叶婷婷
指导教师：姜思宇、殷辉
所在院校：西南科技大学

编　　号：E
作品名称：玩东玩西艺术展
作　　者：高嘉浩
指导教师：罗胜京
所在院校：广东工业大学

编　　号：F
作品名称：绿色警报
作　　者：刘文君
指导教师：霍楷
所在院校：东北大学

编　　号：G
作品名称：“坚持”穿在身上
作　　者：郭瑜
指导教师：何轩
所在院校：江汉大学

编　　号：H
作品名称：茶
作　　者：孟令阳
指导教师：邢义杰
所在院校：哈尔滨师范大学

编　　号：I
作品名称：致命诱惑
作　　者：陈佳琳
指导教师：许大钊
所在院校：孝感学院

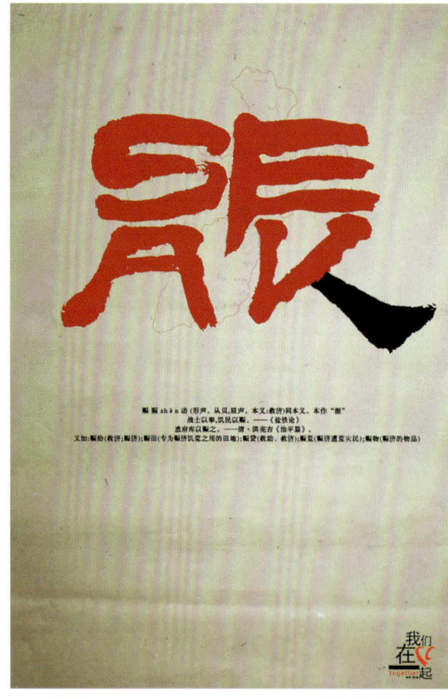

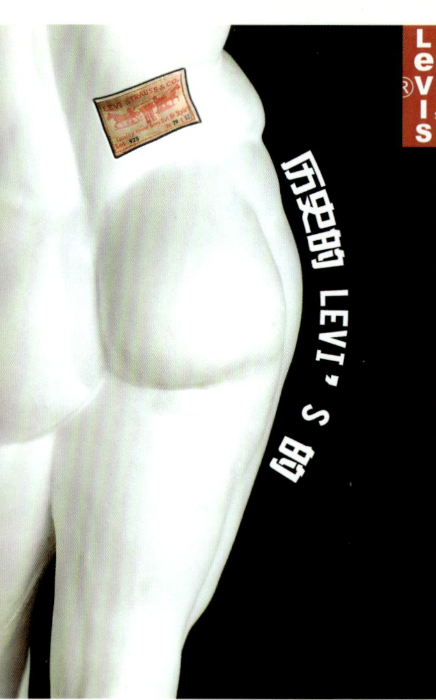

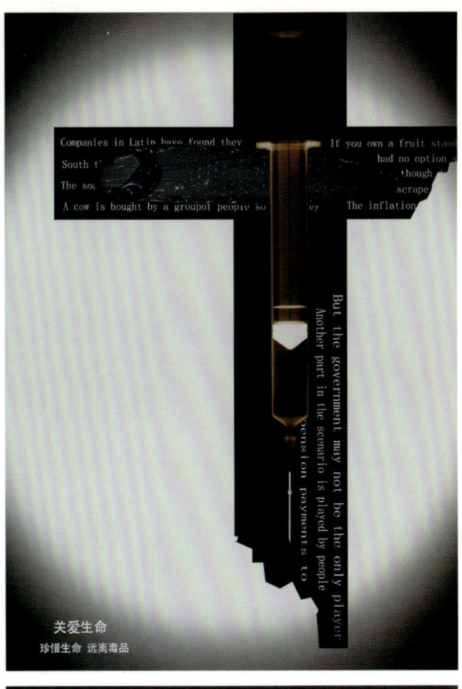
But the government may not be the only player
Another part in the scenario is played by people
pension payments to
关爱生命
珍惜生命 远离毒品

EXPO2009
第九届亚洲科技博览会
THE 9TH ASIAN TECHNOLOGY EXPO
地址：中国·山东省日照市海滨路18号
时间：2009年8月1日—2009年8月15日
网址：http://www.9thexpo.com
电话：+86 633 8765432 +86 633 2354678
EXPO2009

纪念汶川地震一周年
让我们共筑家园
我们在一起
Together
we are

自做自受 无尽的轮回

玩東玩西

绿色警报
Green Alert

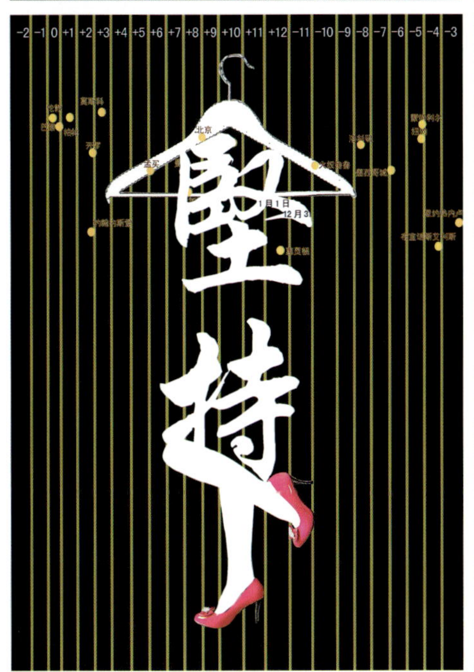
-2 -1 0 +1 +2 +3 +4 +5 +6 +7 +8 +9 +10 +11 +12 -11 -10 -9 -8 -7 -6 -5 -4 -3
坚持

The flavor is delightful

A	B
C	D
E	F

编　　号：A、B、C、D
作品名称：深圳构成(1-4)
作　　者：刘俊文
所在院校：深圳职业技术学院

编　　号：E、F
作品名称：时尚与文化(1-2)
作　　者：冯家亮
指导教师：霍楷
所在院校：东北大学

A	B
C	D
E	F
G	H

编　　号：A
作品名称：让我们共同关注灾区残疾人
作　　者：秦绪洋
指导教师：宋方昊
所在院校：山东大学

编　　号：B
作品名称：害群之马
作　　者：周家乐
指导教师：万萱
所在院校：西南交通大学

编　　号：C、E、G
作品名称：万事俱备只欠东风（1-3）
作　　者：张教广
指导教师：佟海丰
所在院校：长江大学

编　　号：D
作品名称：搜狐新闻网(接力篇)
作　　者：许子龙
指导教师：王雪皎
所在院校：北京科技大学

编　　号：F
作品名称：搜狐新闻网(射箭篇)
作　　者：许子龙
指导教师：王雪皎
所在院校：北京科技大学

编　　号：H
作品名称：搜狐新闻网(举重篇)
作　　者：许子龙
指导教师：王雪皎
所在院校：北京科技大学

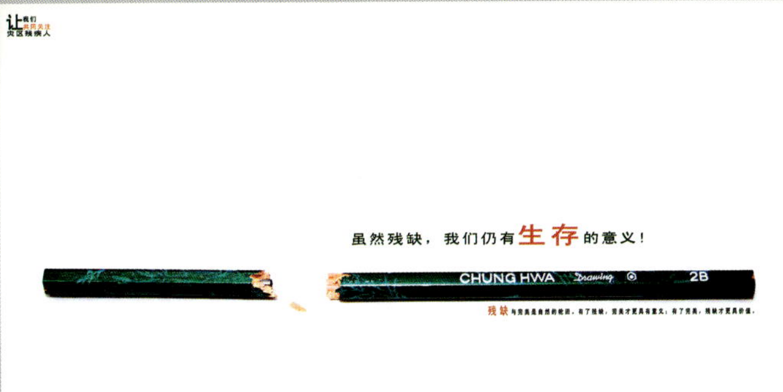

万事俱备 只欠东几

别让贫困成为放弃的理由

贫困大学生

他们生活在比较贫困的家庭，开学在即，只因学费和生活费仍然没有着落，一心向往的大学生活，对于他们似乎只能是一个可望而不可及的梦想……

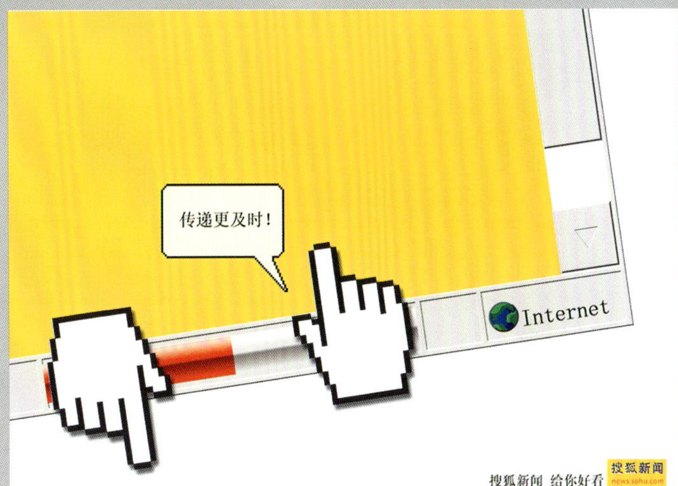

万事俱备 只欠东几

别让贫困成为放弃的理由

弱势群体

他们是下岗失业人员、城乡低收入人员、因病致困的人口。他们收入低且不稳定，他们大部分被排挤在医疗保险之外，子女也受不到良好的教育……

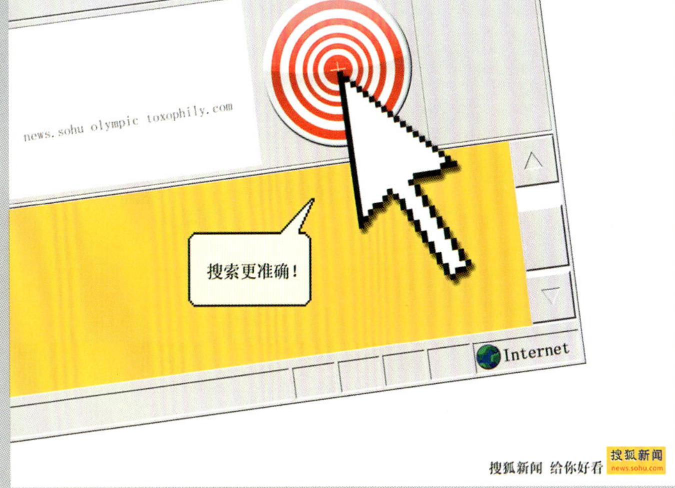

万事俱备 只欠东几

医疗难

他们不敢生病，他们生不起病，他们是生活不富裕的农民，是正承受煎熬的下岗工人，是不幸的老弱病残、鳏寡孤独，重大疾病对他们岂不是灭顶之灾？

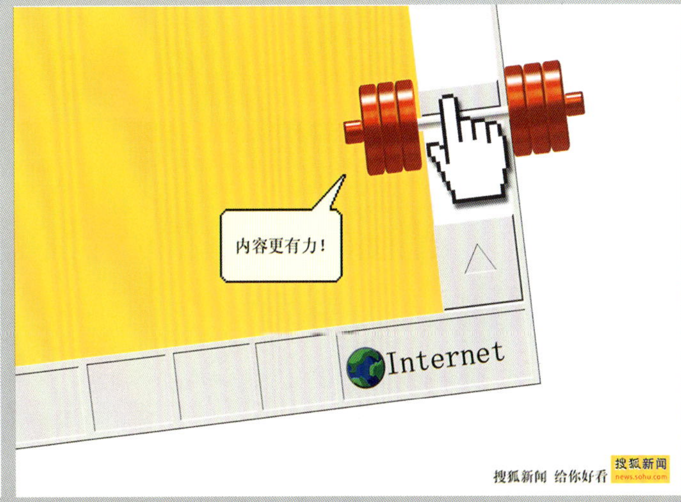

A	B
C	D
E	F

编　　号：A
作品名称：环保海报设计(1)
作　　者：彭青
指导教师：姜思宇、殷辉
所在院校：西南科技大学

编　　号：B
作品名称：保护绿色关爱生命
作　　者：马超
指导教师：赵琳琳
所在院校：辽宁广告职业学院

编　　号：C
作品名称：和谐校园
作　　者：孙节义
所在院校：湖南科技学院

编　　号：D
作品名称：携手共建 绿色家园
作　　者：张欢欢
指导教师：王永瑞
所在院校：北方学院

编　　号：E
作品名称：公益广告
作　　者：高诗卉
所在院校：上海商学院

编　　号：F
作品名称：绿色—人类的保护伞
作　　者：魏敬夫
指导教师：霍楷
所在院校：东北大学

A	B	C
D	E	F
G	H	I

编　　号：A
作品名称：绿色・和谐家园
作　　者：黄荣川
指导教师：张燕根
所在院校：广西艺术学院

编　　号：B
作品名称：和谐无国界
作　　者：何浩湜
指导教师：赵琳琳
所在院校：辽宁广告职业学院

编　　号：C
作品名称：地球经不起这样汲取
作　　者：陈厚
所在院校：北京印刷学院

编　　号：D
作品名称：“华丽”服装
作　　者：陆琴
指导教师：张传涛
所在院校：山东大学

编　　号：E
作品名称：火
作　　者：张阿香
指导教师：尚震
所在院校：哈尔滨商业大学

编　　号：F
作品名称：文化海报
作　　者：张志欣
指导教师：殷石
所在院校：安徽农业大学

编　　号：G
作品名称：湖北美院08设计系毕业展
作　　者：陈辉
指导教师：范汉成、冯学伟
所在院校：湖北美术学院

编　　号：H
作品名称：搜狐无所不能
作　　者：刘新丹
指导教师：陈喧嵘
所在院校：南阳师范学院

编　　号：I
作品名称：化石
作　　者：冷双
指导教师：赵琳琳
所在院校：辽宁广告职业学院

GREEN AND HARMONY
绿色．和谐 城市发展的中心
THE WORLD

和谐无国界
地球就是一个和谐街区
The earth is a harmonious street
和谐世界 有你有我

地球经不起这样汲取...

london
weekends
你舍得脱下如此"华丽"的盛装吗?

Harbin 24th Winter Universiade
第24届世界大学生冬季运动会

四大发明·指南针
二零零九年 三月
文化·中国
四大发明

湖北美术学院
设计系
二零零四级
毕业设计展
再设计
REDESIGN
2008
HUBEI INSTITUTE OF FINE ARTS
Visucl Communication Department of Design
of the 2004 session of graduate design exhibition
04级视觉传达设计系本科毕业生
毕业作品展览
展览时间：2008年5月5日——5月12日
展览地点：湖北美术学院展览馆
我们着手为您呈现一场视觉盛宴
欢迎您的到来

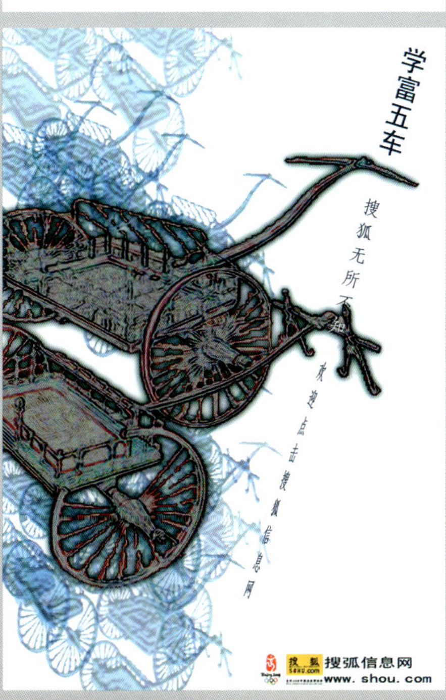
学富五车
搜狐无所不
搜狐信息网
www.shou.com

化石
不要让你的孩子
在博物馆里认识他们

A	B
C	D
E	F

编　　号：A
作品名称：大爱无痕
作　　者：李僮
指导教师：李中扬
所在院校：首都师范大学

编　　号：B
作品名称：能源耗尽
作　　者：韩雪
指导教师：霍楷
所在院校：东北大学

编　　号：C
作品名称：绿色心声
作　　者：韩雪
指导教师：霍楷
所在院校：东北大学

编　　号：D
作品名称：融
作　　者：周洁
指导教师：霍楷
所在院校：东北大学

编　　号：E
作品名称：佛语
作　　者：杨帆
指导教师：陈瞳嵘
所在院校：南阳师范学院

编　　号：F
作品名称：刀叉上的动物世界
作　　者：周美
所在院校：武汉理工大学

A	B	C
D	E	F
G	H	I

编　　号：A
作品名称：环保(卷纸树)
作　　者：叶英华
指导教师：林严冬
所在院校：兰州大学

编　　号：B
作品名称：流逝
作　　者：李小姣
指导教师：屈云东
所在院校：中南大学

编　　号：C
作品名称：此时，我们是亲人
作　　者：马锋青
指导教师：刘志刚
所在院校：西北民族大学

编　　号：D
作品名称：印象兰州
作　　者：宋晓斐
指导教师：杨铭
所在院校：西北民族大学

编　　号：E
作品名称：关爱生命 停止杀戮
作　　者：高琳琳
指导教师：吴大鹏
所在院校：吉林艺术学院

编　　号：F
作品名称：拯救传统
作　　者：袁霜
指导教师：谢朝阳
所在院校：河北农业大学

编　　号：G
作品名称：反皮草
作　　者：董莎莎
指导教师：刘青
所在院校：临沂师范学院

编　　号：H
作品名称：关爱视力
作　　者：黄伟
所在院校：广西师范大学

编　　号：I
作品名称：同一个世界 同一个梦想
作　　者：王璇
指导教师：谢筱冬
所在院校：湖南科技学院

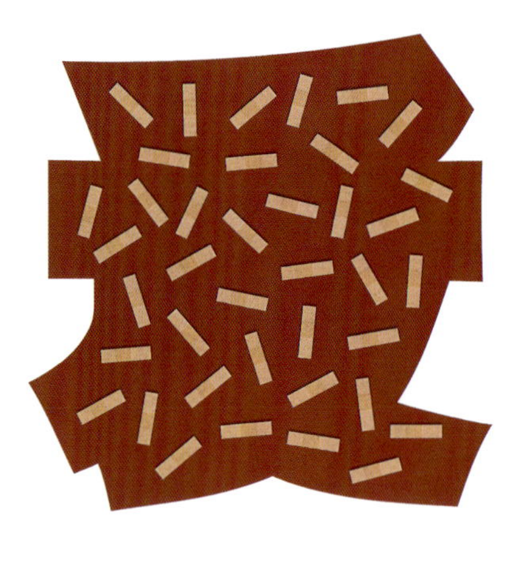

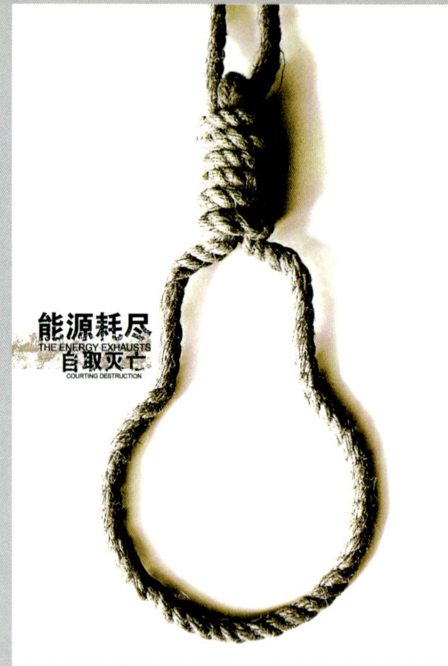

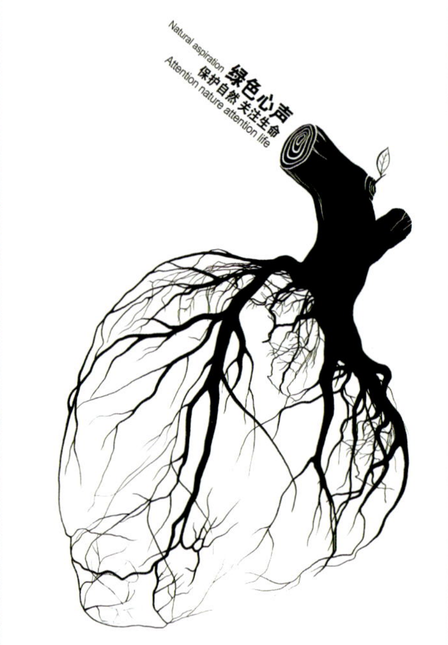

鳄鱼口中，你是否还能感受想象中的潇洒？

从感觉做起，从习惯做起，从恐惧做起...

TEL:800 830 8869
EMAL:YELLOW6616@163.COM
http://www.huyanxiehui.com

A	B
C	D
E	F

编　　号：A
作品名称：自取灭亡
作　　者：李珺
指导教师：唐国俊
所在院校：山东工艺美术学院

编　　号：B
作品名称：中韩文化交流
作　　者：李珺
指导教师：唐国俊
所在院校：山东工艺美术学院

编　　号：C
作品名称：与激情同在
作　　者：林孝辉
指导教师：杜靓
所在院校：孝感学院

编　　号：D
作品名称：空间
作　　者：王士博
所在院校：沈阳教育学院

编　　号：E
作品名称：绿色的遗失(彩虹)
作　　者：王丞丞
指导教师：王虹
所在院校：青岛科技大学

编　　号：F
作品名称：深圳第26届大学生运动会
作　　者：李僮
指导教师：李中扬
所在院校：首都师范大学

A	B	C
D	E	F
G	H	I

编　　号：A
作品名称：5.12(团结在于分毫间)
作　　者：李琦
所在院校：广东商学院

编　　号：B
作品名称：I' am here!
作　　者：王宗果
指导教师：胡绍中
所在院校：四川大学

编　　号：C
作品名称：一把交椅
作　　者：兰德
指导教师：喻湘龙
所在院校：广西艺术学院

编　　号：D
作品名称：绿色中国
作　　者：王军平
指导教师：文泊汀
所在院校：湖南工业大学

编　　号：E
作品名称：时间的珍贵
作　　者：王军平
指导教师：文泊汀
所在院校：湖南工业大学

编　　号：F
作品名称：爱的托付
作　　者：李玉娜
指导教师：屈梅
所在院校：内江师范学院

编　　号：G
作品名称：保护动物
作　　者：纪晓
指导教师：柯建军
所在院校：西安美术学院

编　　号：H
作品名称：时尚?
作　　者：王琳
指导教师：黄建平
所在院校：上海大学

编　　号：I
作品名称：反对皮草(牢笼篇)
作　　者：王克严
指导教师：孙明海、魏珍珍
所在院校：湖北工业大学

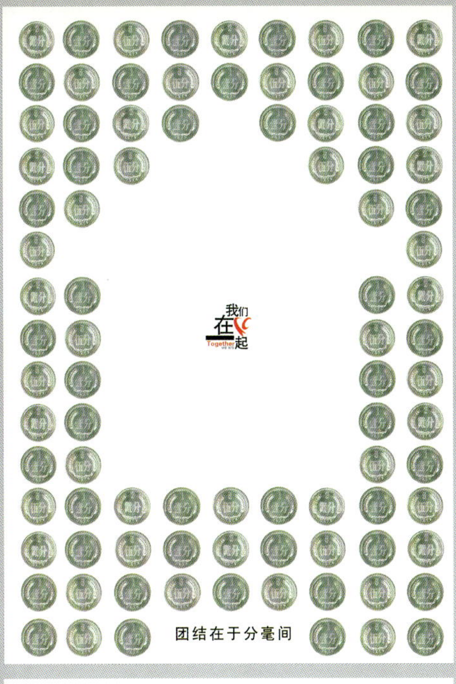

我们
在一起
Together

团结在于分毫间

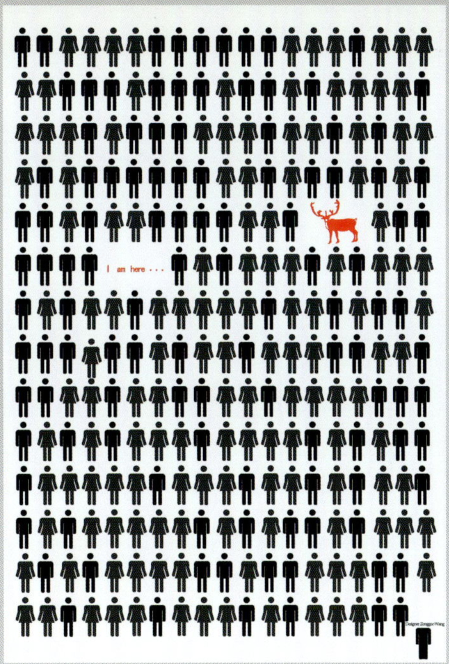

I am here . . .

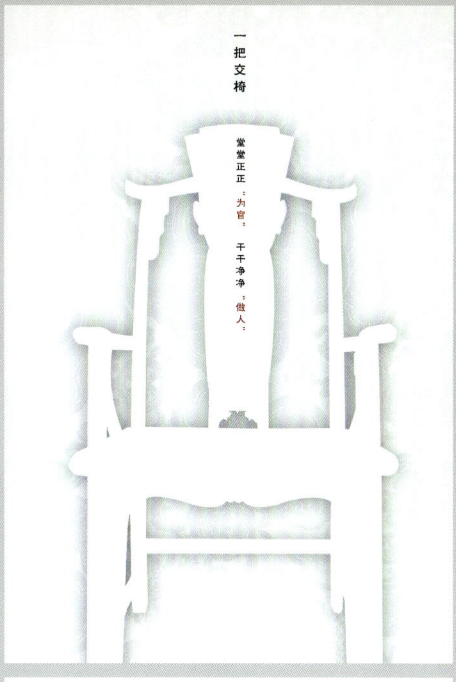

一把交椅

堂堂正正，为官。干干净净，做人。

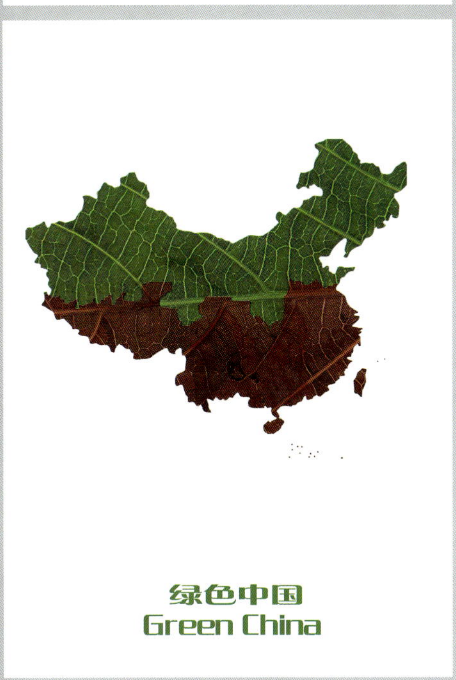

绿色中国
Green China

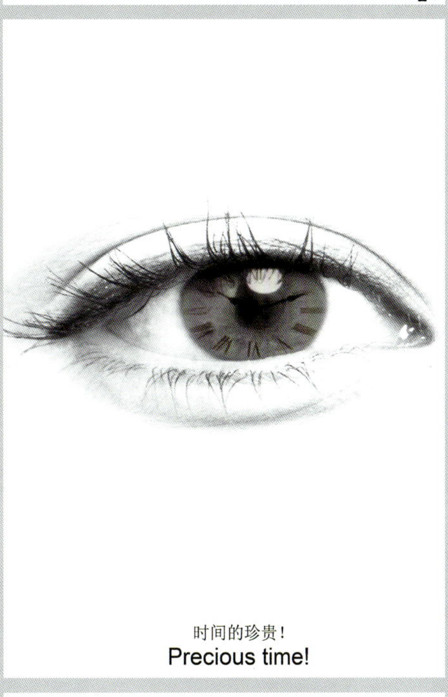

时间的珍贵！
Precious time!

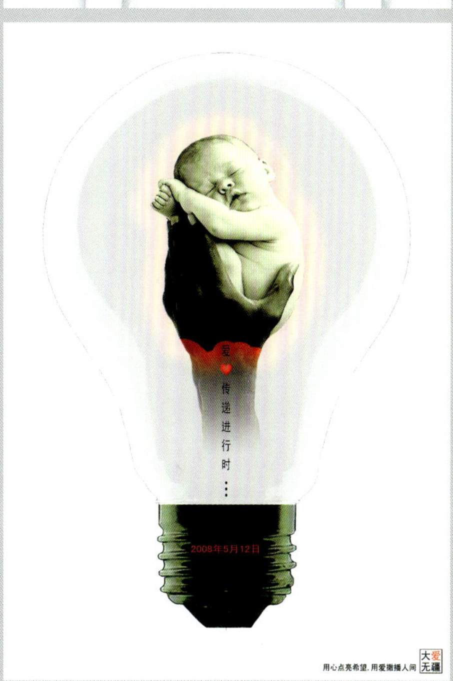

爱
传递进行时…

2008年5月12日

用心点亮希望，用爱撒播人间
大爱无疆

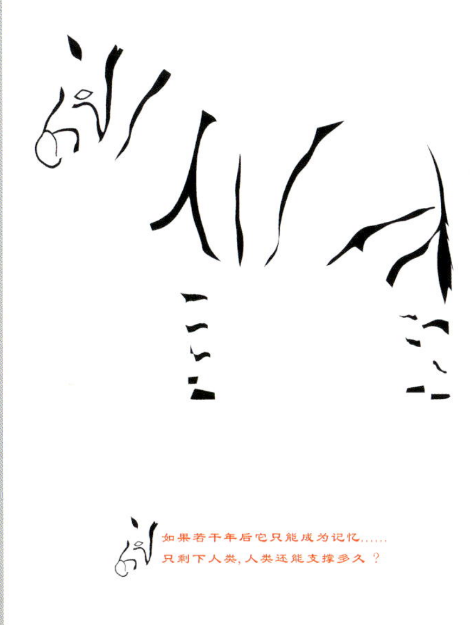

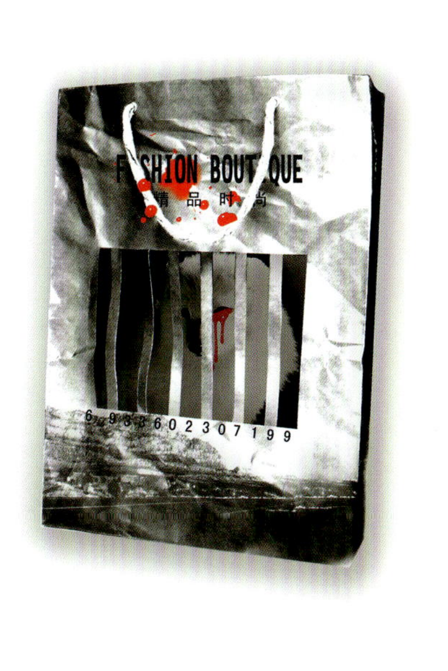

A	B
C	D
E	F

编　　号：A、B
作品名称：植树节(1-2)
作　　者：贺春辉
指导教师：赵毅
所在院校：长沙职业技术学院

编　　号：C
作品名称：莫贪(句号篇)
作　　者：徐秋艳
所在院校：广东工业大学

编　　号：D
作品名称：莫贪(叹号篇)
作　　者：徐秋艳
所在院校：广东工业大学

编　　号：E
作品名称：新笔墨之“横”
作　　者：孙爽、李晖
指导教师：周乙陶
所在院校：中南民族大学

编　　号：F
作品名称：新笔墨之“点”
作　　者：孙爽、李晖
指导教师：周乙陶
所在院校：中南民族大学

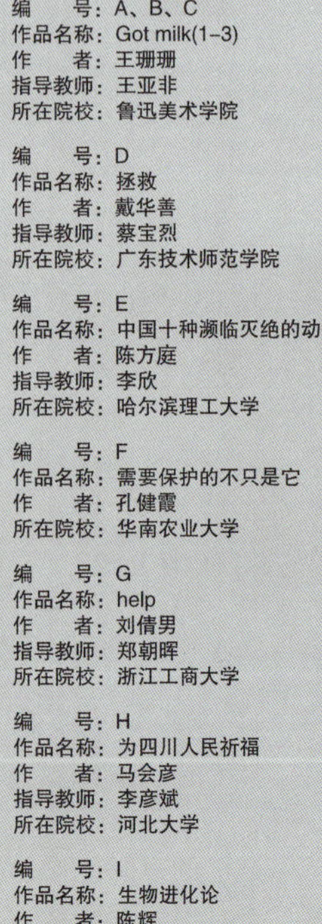

A	B	C
D	E	F
G	H	I

编　　号：A、B、C
作品名称：Got milk(1-3)
作　　者：王珊珊
指导教师：王亚非
所在院校：鲁迅美术学院

编　　号：D
作品名称：拯救
作　　者：戴华善
指导教师：蔡宝烈
所在院校：广东技术师范学院

编　　号：E
作品名称：中国十种濒临灭绝的动物
作　　者：陈方庭
指导教师：李欣
所在院校：哈尔滨理工大学

编　　号：F
作品名称：需要保护的不只是它
作　　者：孔健霞
所在院校：华南农业大学

编　　号：G
作品名称：help
作　　者：刘倩男
指导教师：郑朝晖
所在院校：浙江工商大学

编　　号：H
作品名称：为四川人民祈福
作　　者：马会彦
指导教师：李彦斌
所在院校：河北大学

编　　号：I
作品名称：生物进化论
作　　者：陈辉
指导教师：范汉成
所在院校：湖北美术学院

Love most? Think hard. It's milk. I don't want to ate fish again! I want to drink milk, is really too drink. would you mind to feed me with it?
I also want to drink milk!
got milk?
MASI OKA 2007 AMERICA'S MILK PROCESSORS

I also want to drink milk!
Love most? Think hard. It's milk. I don't want to ate bone again! I want to drink milk, is really too drink. would you mind to feed me with it?
got milk?
MASI OKA 2007 AMERICA'S MILK PROCESSORS

I also want to drink milk!
Love most? Think hard. It's milk. I don't want to ate fish again! I want to drink milk, is really too drink. would you mind to feed me with it?
got milk?
MASI OKA 2007 AMERICA'S MILK PROCESSORS

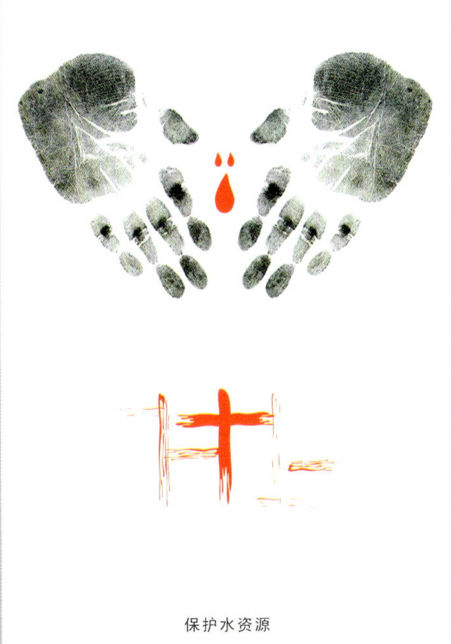
保护水资源

中国10种濒临灭绝的动物

WWF
需要我们保护的不止是它！

HELP

为四川人民祈福
让未来满是生机
我们在一起
Together

BIOLOGICAL EVOLUTION
CLIMATE WARMING • LAND DESERTIFICATION • SOIL EROSION • HUMAN......

A	B
C	D
E	F

编　　号：A
作品名称：wo are together
作　　者：张聪
指导教师：丛志强
所在院校：中国人民大学

编　　号：B
作品名称：携手
作　　者：梁杰
指导教师：杨永福
所在院校：广西大学

编　　号：C
作品名称：命运线
作　　者：曹光鑫
指导教师：李齐飞
所在院校：东北师范大学

编　　号：D
作品名称：武当山
作　　者：赵红艳、张路路
指导教师：王振伟
所在院校：孝感学院

编　　号：E
作品名称：反对皮草
作　　者：廖俊钦
指导教师：胡川妮
所在院校：广州美术学院

编　　号：F
作品名称：你将会舍弃哪一个?
作　　者：刘倩男
指导教师：郑朝晖
所在院校：浙江工商大学

A	B	C
D	E	F
G	H	I

编　　号：A
作品名称：芙蓉古城 美丽绽放
作　　者：张光林
所在院校：四川大学

编　　号：B
作品名称：不容分割的版图
作　　者：刘莹
指导教师：姜蓓美
所在院校：湖北民族学院

编　　号：C
作品名称：保护水资源
作　　者：马大川
所在院校：中国美术学院

编　　号：D
作品名称：地球与生命
作　　者：王韩翌
指导教师：王传兴
所在院校：烟台职业学院

编　　号：E
作品名称：文字和而不同
作　　者：孟迪
指导教师：陈靖雨
所在院校：东南大学

编　　号：F
作品名称：合作
作　　者：张登彬
指导教师：冷昊锴
所在院校：华侨大学

编　　号：G
作品名称：STOP KILL
作　　者：朱志强
指导教师：赵琳琳
所在院校：辽宁广告职业学院

编　　号：H
作品名称：中国结
作　　者：王倩
指导教师：曹林
所在院校：江汉大学

编　　号：I
作品名称：传承骄傲
作　　者：防子龙
指导教师：毛磊秋
所在院校：云南民族大学

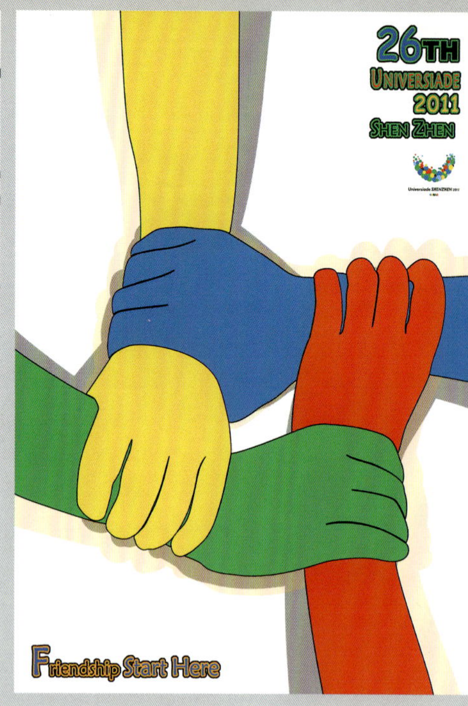

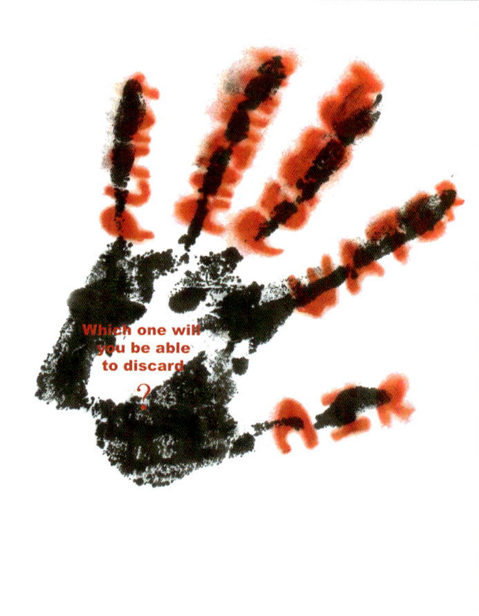

FIFA 2007年中国女足世界杯
FIFA WOMEN'S WORLD CUP CHINA 2007
中国·成都

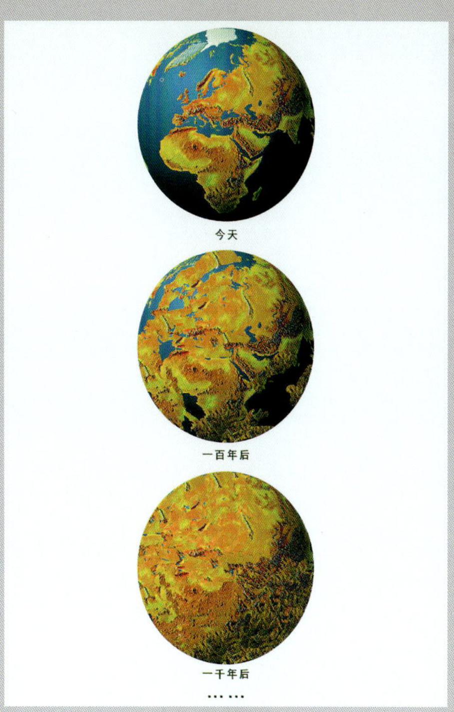

保护地球

就是珍爱我们的生命....

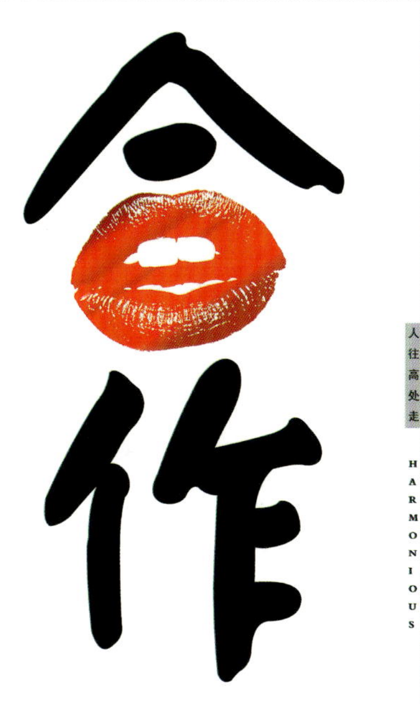

保护动物 人人有责

A	B
C	D
E	F

编　　号: A
作品名称: 帮助残疾人篇
作　　者: 邵晨萌
所在院校: 广州美术学院

编　　号: B
作品名称: 扔垃圾篇
作　　者: 邵晨萌
所在院校: 广州美术学院

编　　号: C
作品名称: 环保(火柴篇)
作　　者: 吕寻虎
指导教师: 周斌
所在院校: 中国地质大学

编　　号: D
作品名称: 环保电池
作　　者: 欧阳丽
所在院校: 广西艺术学院

编　　号: E
作品名称: 节约用纸
作　　者: 欧阳丽
所在院校: 广西艺术学院

编　　号: F
作品名称: 节水
作　　者: 陈阳
指导教师: 张晓琳
所在院校: 河北旅游职业学院

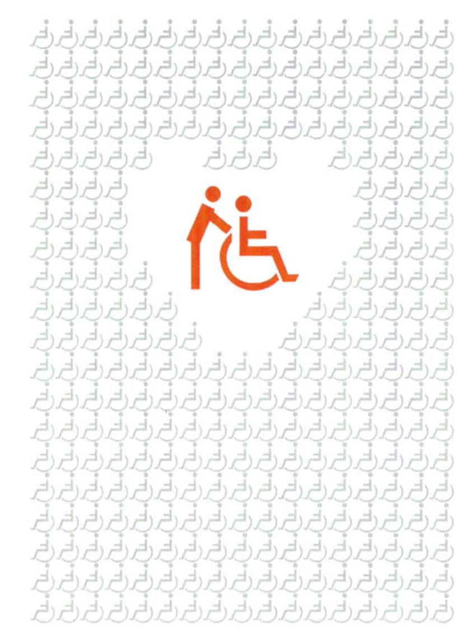

环保电池

节　约　用　纸

A	B	C
D	E	F
G	H	I

编　　号: A
作品名称: 迪沃健身俱乐部
作　　者: 付伽欣
所在院校: 哈尔滨师范大学

编　　号: B
作品名称: 廉
作　　者: 周志杰
指导教师: 杨文伟
所在院校: 广东工业大学

编　　号: C
作品名称: 易墨(2)
作　　者: 王晓宇
指导教师: 关慧良
所在院校: 辽宁师范大学

编　　号: D
作品名称: 北京印象
作　　者: 韩涛波
指导教师: 王辉
所在院校: 北海艺术设计职业学院

编　　号: E
作品名称: 绿色的遗失(仙人掌)
作　　者: 王丞丞
指导教师: 王虹
所在院校: 青岛科技大学

编　　号: F
作品名称: Pay attention to global warming
作　　者: 孟迪
所在院校: 东南大学

编　　号: G
作品名称: 廉政招贴
作　　者: 谷萌
指导教师: 庞黎明
所在院校: 天津美术学院

编　　号: H
作品名称: 人水共依存
作　　者: 邹先武
指导教师: 张永年、邹文兵
所在院校: 湖南工业大学

编　　号: I
作品名称: 赣
作　　者: 刘雨
指导教师: 何周
所在院校: 南华大学

The more you run
the slimmer you get.
"动感、性感、时尚"是迪沃的品牌理念，不论是运动，家居系列服饰，还是运动俱乐部，迪沃品牌提供的不仅仅是产品，也不仅仅是表面的时尚潮流，而是传递和倡导一种积极向上的生活态度：一种健康自然，快乐运动的一种生活状态，一个拥有未来梦想的人生。迪沃，坚守着一个时尚传播者的姿态，一个社会发展守护者的心态，从单纯的经营品牌，迈入到关注大众精神层面的社会缔造者，与历史共同发展。
C·WOW
迪沃健身

兼
Combat corruption And
Build a clean Government
反腐倡廉

千秋北斗
瑶宫寒苦
不若神仙眷侣
百年江湖……

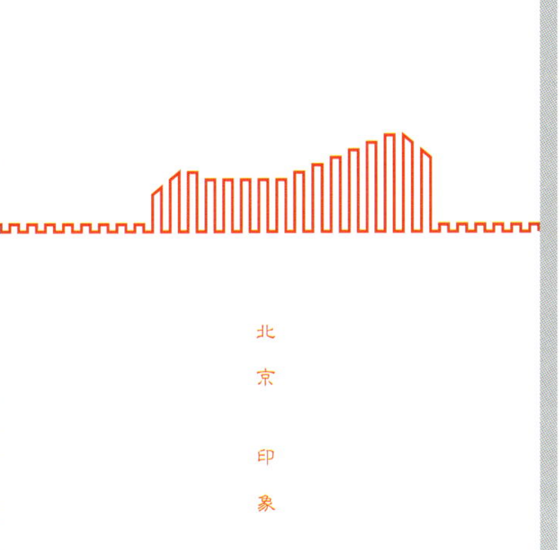
北京印象

Which colour we are losing
哪种颜色我们正在丢失
大自然提醒大家
我们赖以生存的绿色
正在丢失

PAY ATTENTION TO
WARNING

廉政从这一
做起……

祭！人水共依存
WATER VONSERVATION
The human water altogether depends on each other!

江西省，简称赣。因公元733年唐玄宗设江南西道
而道省名，又因为江西省最大河流为赣江
而得简称。景德镇青花瓷：被人们称为"人间瑰宝"。
始创于元代，到明、清两代为高峰。

A	B
C	D
E	F

编　　号：A
作品名称：最后的幸存者
作　　者：武建涛
指导教师：何轩
所在院校：江汉大学

编　　号：B
作品名称：奥运中国
作　　者：刁术雷
指导教师：谭开界
所在院校：山东艺术学院

编　　号：C
作品名称：让我们共同关注灾区重建
作　　者：秦绪洋
指导教师：宋方昊
所在院校：山东大学

编　　号：D
作品名称：阿迪女士运动鞋
作　　者：宁伟伟
指导教师：常慧娟
所在院校：黄河科技学院

编　　号：E
作品名称：绿色守护者
作　　者：刘阳
指导教师：霍楷
所在院校：东北大学

编　　号：F
作品名称：中西融合
作　　者：周洁
指导教师：霍楷
所在院校：东北大学

A	B	C
D	E	F
G	H	I

编　　号：A
作品名称：绿色的记录
作　　者：毕国庆
指导教师：匡斌权
所在院校：西华师范大学

编　　号：B
作品名称：我们和大自然永远在一起
作　　者：王承瑜
指导教师：王亚非
所在院校：鲁迅美术学院

编　　号：C
作品名称：绿色生命奶瓶
作　　者：马宇
指导教师：韦洁彬
所在院校：广西师范学院

编　　号：D、E
作品名称：第26届世界大学生运动会海报(1-2)
作　　者：胡传泽、王国辉、刘同北、张凯
指导教师：赵永伟
所在院校：孝感学院

编　　号：F
作品名称：节约用水
作　　者：于洋
指导教师：邢义杰
所在院校：哈尔滨师范大学

编　　号：G
作品名称：关爱生命
作　　者：陈星
指导教师：邹文兵、张永年
所在院校：湖南工业大学

编　　号：H
作品名称：关爱
作　　者：马晓佳
指导教师：王永瑞
所在院校：河北北方学院

编　　号：I
作品名称：与众不同
作　　者：徐嘉幸
指导教师：杨文丹
所在院校：苏州大学

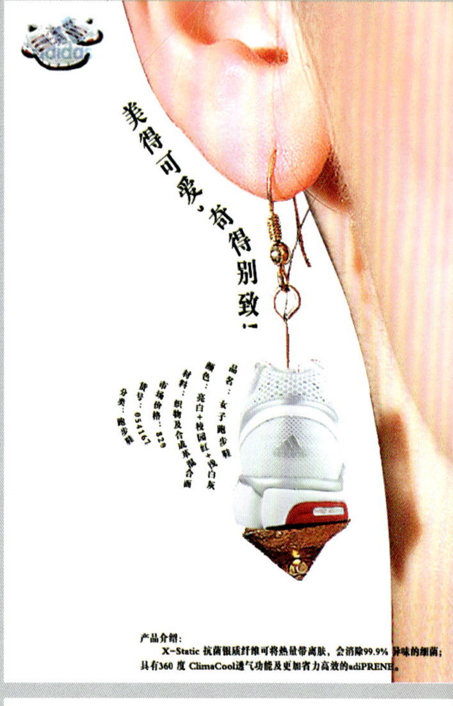

Do not green as a good memory

我们和大自然永远在一起
W E A R E T O G H T E R

清新空气源于绿色 健康生命源于自然

Universiade
SHENZHEN
2011

节水，不要等到雨伞这样用！
水是生命的源泉、工业的血液、城市的命脉。珍惜水就是珍惜您的生命。
请珍惜每一滴水。树立人人珍惜、人人节约水的良好风尚。

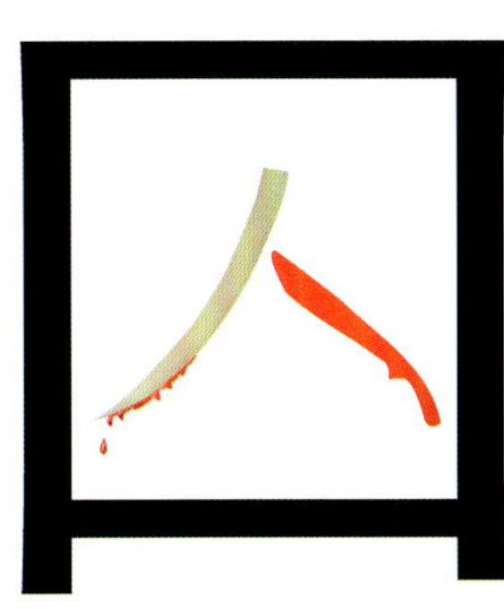
关爱生命， 禁止杀戮！
Love life, the prohibition of killing !

一个脚印，一片爱心，一份关怀，一份人情味……
扶残助残是社会文明进步的标志。

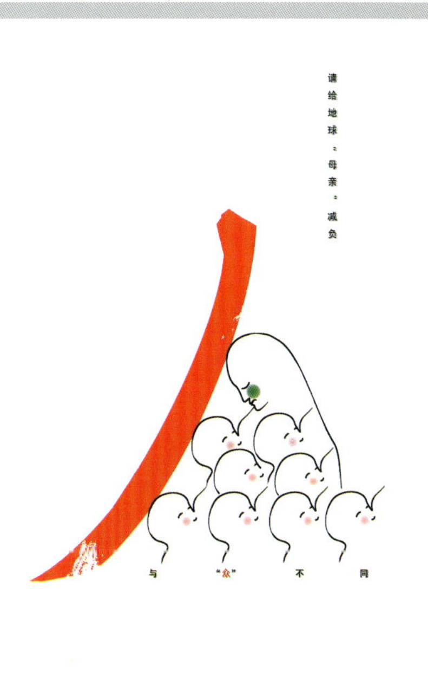
请给地球母亲减负
与“众”不同

A	B
C	D
E	F

编　　号：A
作品名称：我们美丽的家园
作　　者：韩雪
指导教师：霍楷
所在院校：东北大学

编　　号：B
作品名称：中国文化风
作　　者：刘阳
指导教师：霍楷
所在院校：东北大学

编　　号：C
作品名称：联姻
作　　者：杨帆
指导教师：喻湘龙
所在院校：广西艺术学院

编　　号：D
作品名称：肯德基在中国的推广
作　　者：朱峰
指导教师：张传涛
所在院校：山东大学

编　　号：E
作品名称：要食品不要战争
作　　者：陈佳琳
指导教师：许大钊
所在院校：孝感学院

编　　号：F
作品名称：JUST-US(魔力篇)
作　　者：宋晓宇
指导教师：周华南
所在院校：清华大学

A	B	C
D	E	F
G	H	I

编　　号：A
作品名称：爱心家园
作　　者：张聪
指导教师：丛志强
所在院校：中国人民大学

编　　号：B
作品名称：纸，还能扯多久？
作　　者：张炳泉
指导教师：高空
所在院校：山东师范大学

编　　号：C
作品名称：和鸾
作　　者：兰德
指导教师：喻湘龙
所在院校：广西艺术学院

编　　号：D
作品名称：茅台酒
作　　者：朱峰
指导教师：张传涛
所在院校：山东大学

编　　号：E
作品名称：节能
作　　者：杨儒耀
指导教师：吴东弓
所在院校：华侨大学

编　　号：F
作品名称：请勿吸烟
作　　者：李耀雄
指导教师：李林
所在院校：广东技术师范学院

编　　号：G
作品名称：诱惑
作　　者：袁霜
指导教师：谢朝阳
所在院校：河北农业大学

编　　号：H
作品名称：读书
作　　者：胡磊
指导教师：杨帆
所在院校：滨州学院

编　　号：I
作品名称：中国元素-触动 灵动
作　　者：李飞
指导教师：韩恩花
所在院校：九江学院

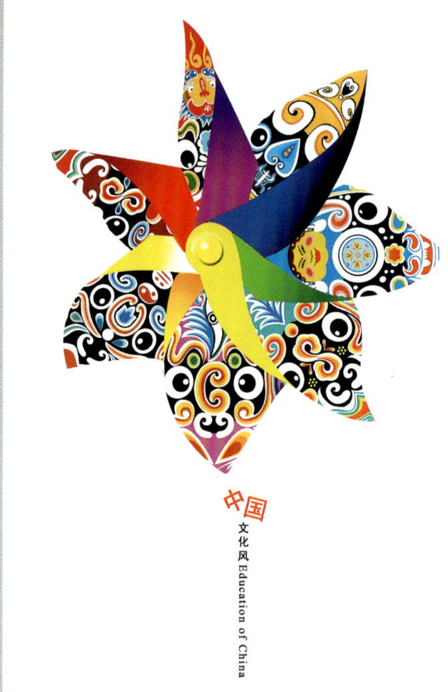

爱心重建家园，我们在一起

The Paper,how long we can use
纸，还能扯多久？

和璧
生生之道在于和，致和在于通，通则包容，容则和谐。

茅台，挡不住的诱惑
Moutai,can not stop the temptation

节约用水

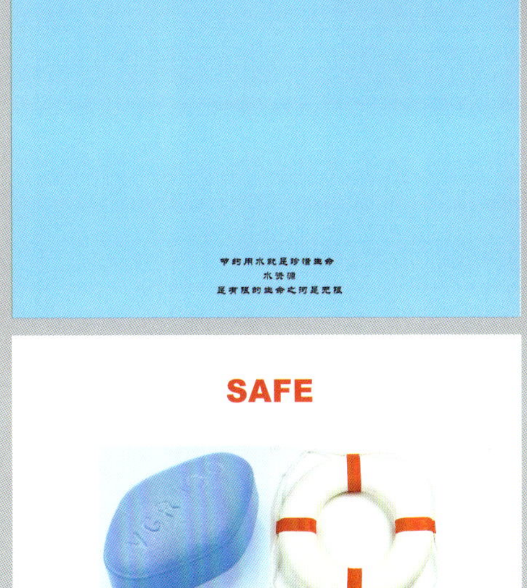
节约用水就是珍惜生命
水资源
是有限的生命之河是无限

为了你和别人的健康
请勿吸烟

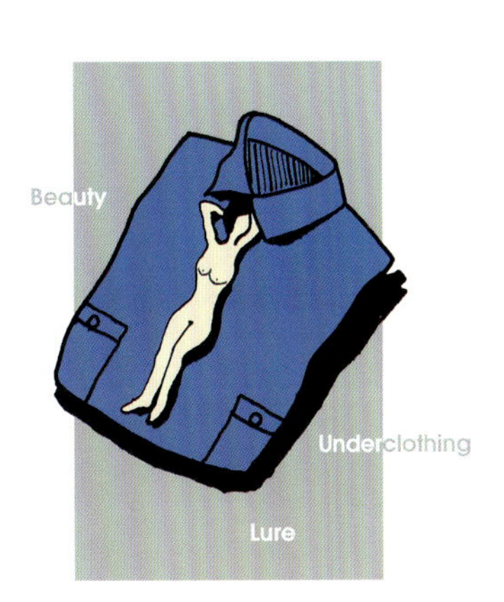
Beauty
Underclothing
Lure

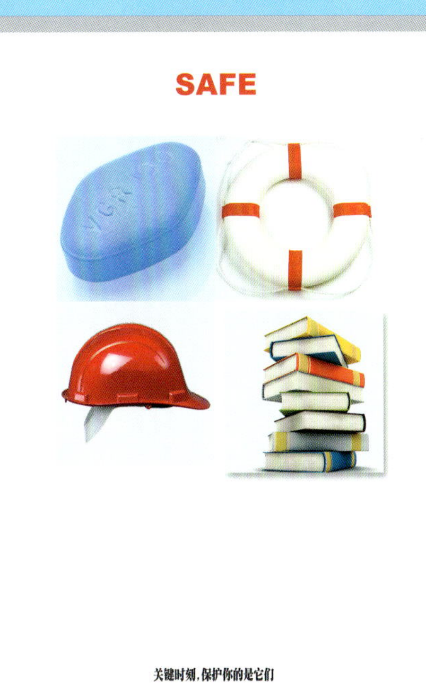
SAFE
关键时刻,保护你的是它们

触动
灵动
……

A	B
C	D
E	F

编　　号：A、B
作品名称：吞噬(1-2)
作　　者：罗学文
指导教师：王勇刚
所在院校：湖北师范学院

编　　号：C、D
作品名称：吸烟有害健康(1-2)
作　　者：李佳
指导教师：张晓琳
所在院校：河北旅游职业学院

编　　号：E
作品名称：茅台酒
作　　者：李玉晶
指导教师：张传涛
所在院校：山东大学

编　　号：F
作品名称：STOP CHOPPING
作　　者：纪晓
指导教师：柯建军
所在院校：西安美术学院

清新空气源于绿色
健康生命源于自然

“吞噬”
Mouth

清新空气源于绿色
健康生命源于自然

“吞噬”
Ear

吸烟有害健康

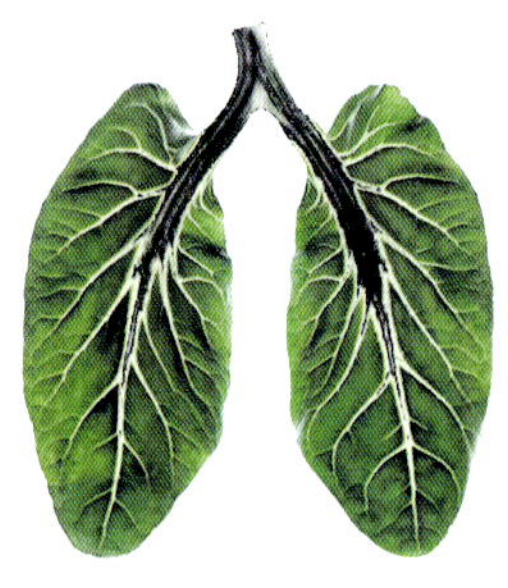

我难以呼吸

吸烟有害健康

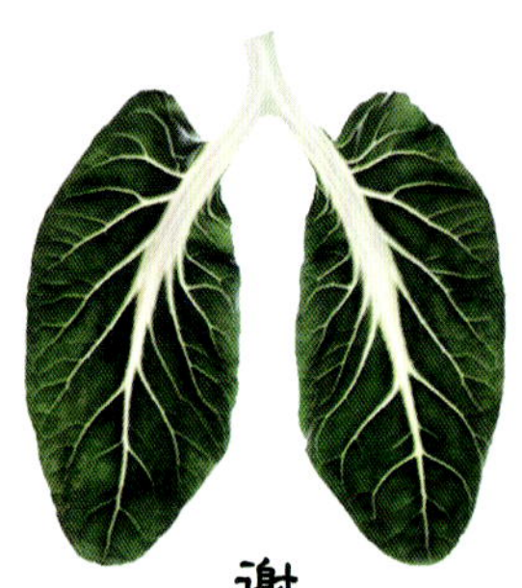

谢谢你还我本色

STOP CHOPPING!
爱护生态环境，共建生态文明

A	D
	E
B	F
C	G H

编　　号：A
作品名称：蝴蝶篇
作　　者：明有胜
指导教师：王绍强
所在院校：广州美术学院

编　　号：B
作品名称：茶杯篇
作　　者：明有胜
指导教师：王绍强
所在院校：广州美术学院

编　　号：C
作品名称：惠普篇
作　　者：明有胜
指导教师：王绍强
所在院校：广州美术学院

编　　号：D
作品名称：爱满四川
作　　者：周丽琴
指导教师：朱珺
所在院校：杭州师范大学

编　　号：E
作品名称：叶孔·叶脉
作　　者：何冠峰
所在院校：广东工业大学

编　　号：F
作品名称：和谐共生
作　　者：冯利军
指导教师：喻珊
所在院校：河北农业大学

编　　号：G
作品名称：节能减排
作　　者：李涛
所在院校：安徽工程科技学院

编　　号：H
作品名称：拯救流失的绿色
作　　者：覃钰斐
指导教师：刘西莉
所在院校：西安美术学院

hp
invent
惠普 色彩识别专家
hp
invent
惠普 色彩识别专家
hp
invent
惠普 色彩识别专家
2008
爱满四川
| Human | & | Nature
×
Stop harm to the natural
BECAUSE
OFYOU
道生一，一生二，二生三，三生万物
不让一滴污水轻易排出
save green!
Save green

A	B
C	D
E	F

编　　号：A
作品名称：团结
作　　者：徐春艳
指导教师：焦燕
所在院校：山东工艺美术学院

编　　号：B
作品名称：坚强
作　　者：徐春艳
指导教师：焦燕
所在院校：山东工艺美术学院

编　　号：C、D
作品名称：设计我们(1–2)
作　　者：张军
所在院校：安徽新华学院

编　　号：E
作品名称：出神入化(人)
作　　者：吴庆凤
指导教师：陈立民
所在院校：西南交通大学

编　　号：F
作品名称：出神入化(无)
作　　者：吴庆凤
指导教师：陈立民
所在院校：西南交通大学

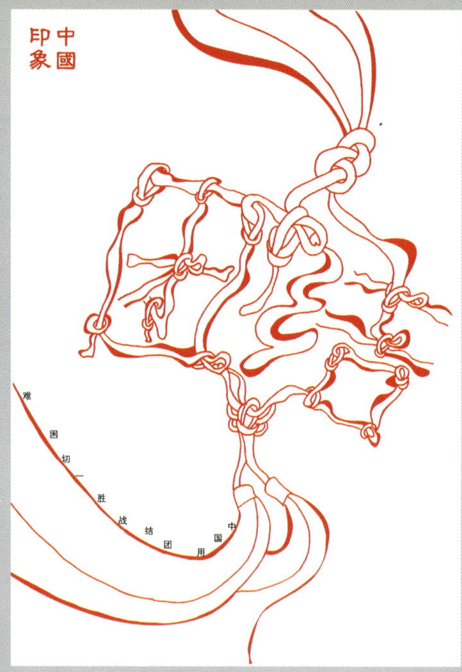

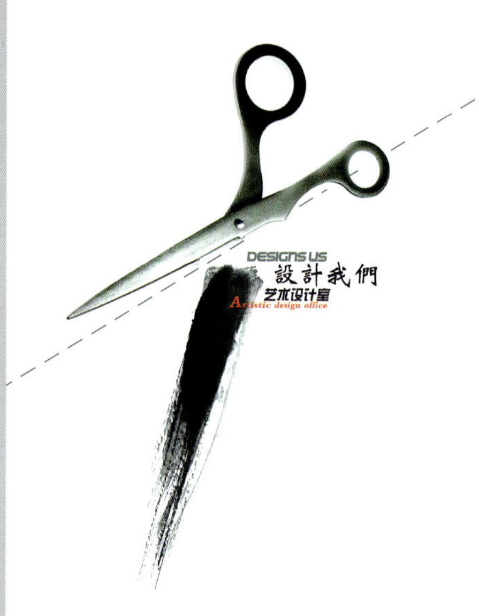

A	B	C
D	E	F
G	H	I

编　　号：A
作品名称：井
作　　者：贺亚龙
指导教师：林严冬
所在院校：兰州大学

编　　号：B
作品名称：保护树木
作　　者：吕寻虎
指导教师：周斌
所在院校：中国地质大学

编　　号：C
作品名称：我们在一起
作　　者：吕占昌
指导教师：宋书寒
所在院校：河北师范大学

编　　号：D
作品名称：自然堂
作　　者：刘雨
指导教师：何桑桑
所在院校：南华大学

编　　号：E
作品名称：由河入海
作　　者：张鲁星
所在院校：大连外国语学院

编　　号：F
作品名称：苏州印象
作　　者：张曼华
指导教师：吴卫
所在院校：湖南工业大学

编　　号：G
作品名称：心跳城市
作　　者：贺培培
指导教师：宴定
所在院校：江汉大学

编　　号：H
作品名称：“和谐”系列之“道”
作　　者：林恬媛
指导教师：杨萍萍
所在院校：西安培华学院

编　　号：I
作品名称：索兰矿泉水系列(纯净无污染)
作　　者：王一涵
所在院校：大连工业大学

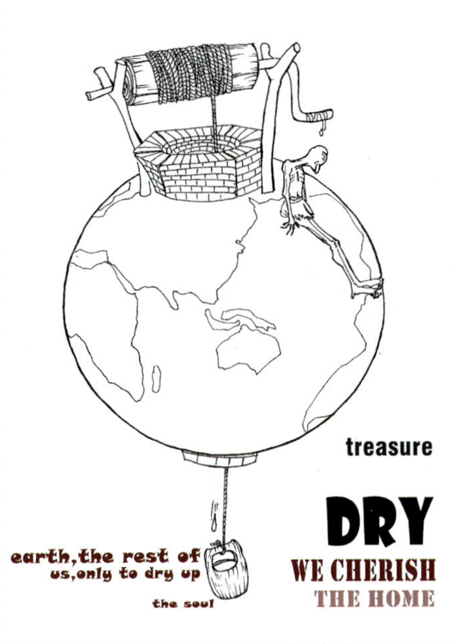

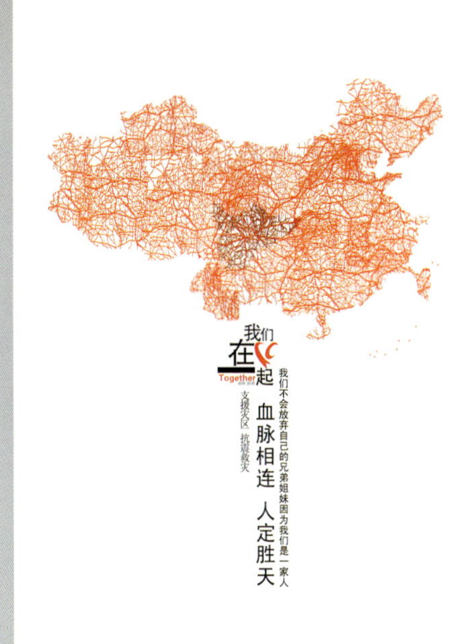

自

信

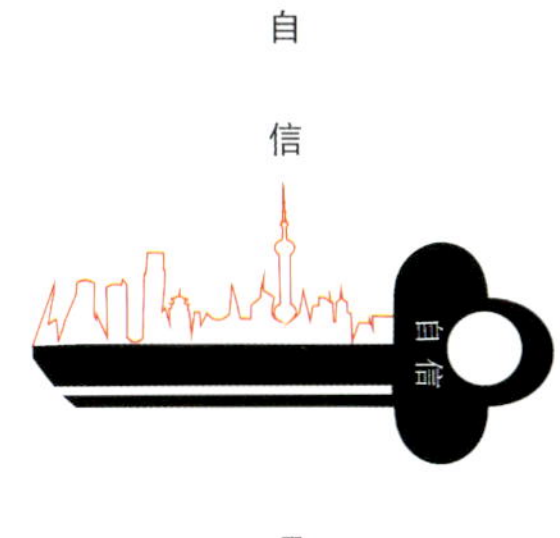

开

启

城

市

的

钥

匙

对城市的向往，犹如心跳，从未停止
勇敢向前，拿出自信的面孔，去迎接

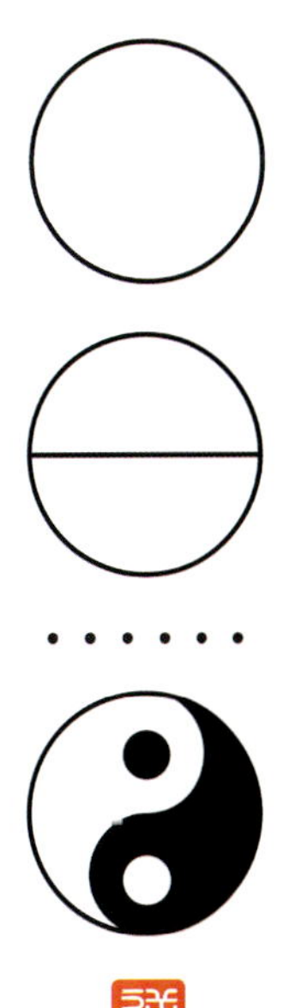

A	B
C	D
E	F

编　　号：A
作品名称：内蒙我的家
作　　者：陈海章
指导教师：干一青
所在院校：武汉科技大学

编　　号：B
作品名称：大运会海报
作　　者：韩涛波
指导教师：谷雨
所在院校：北海艺术设计职业学院

编　　号：C
作品名称：活着
作　　者：贺培培
指导教师：宴定
所在院校：江汉大学

编　　号：D
作品名称：上下的尺度
作　　者：毕国庆
指导教师：匡斌权
所在院校：西华师范大学

编　　号：E
作品名称：旺旺(素描篇)
作　　者：刘春田
指导教师：宋涛
所在院校：长春理工大学

编　　号：F
作品名称：回家来吧
作　　者：孙自龙
指导教师：李敏
所在院校：山东交通学院

A	B	C
D	E	F
G	H	I

编　　号：A
作品名称：艺考救生圈
作　　者：赵卿
指导教师：李克
所在院校：山东大学

编　　号：B
作品名称：和谐中国全民全运
作　　者：赵娜
指导教师：张伟
所在院校：山东轻工业学院

编　　号：C
作品名称：please stop
作　　者：吴小亮
指导教师：陈辰
所在院校：威海职业技术学院

编　　号：D
作品名称：China Olympic
作　　者：朱麟
指导教师：廖建民
所在院校：湖南商学院

编　　号：E
作品名称：“爱”的代价
作　　者：李糯牙
指导教师：罗静松
所在院校：内江师范学院

编　　号：F
作品名称：奥运五环
作　　者：张婷
所在院校：广东海洋大学

编　　号：G
作品名称：拯救水资源
作　　者：戴华善
指导教师：李林
所在院校：广东技术师范学院

编　　号：H
作品名称：广告感受之下雨篇
作　　者：赵卿
指导教师：李克
所在院校：山东大学

编　　号：I
作品名称：苹果
作　　者：王莹莹
指导教师：关慧良
所在院校：辽宁师范大学

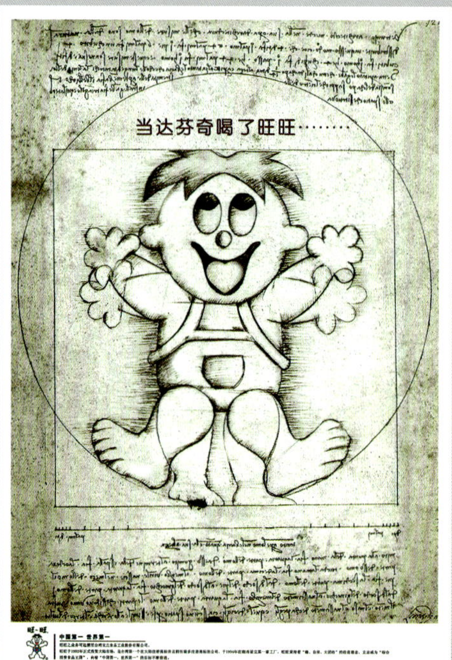

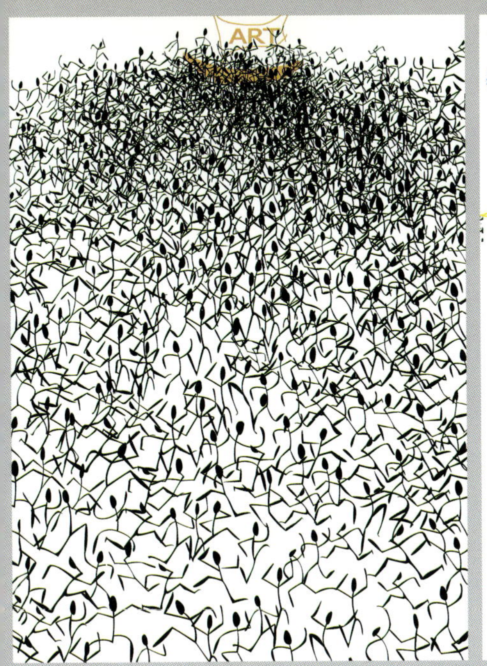

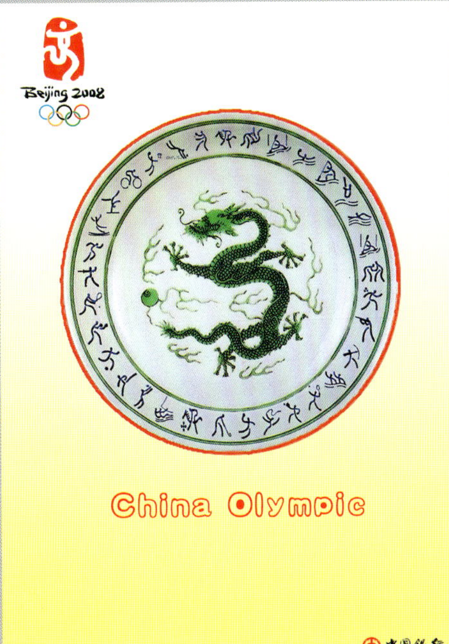

One World One Dream

GAMES OF THE XXIX OLYMPLAD BEIJING 2008

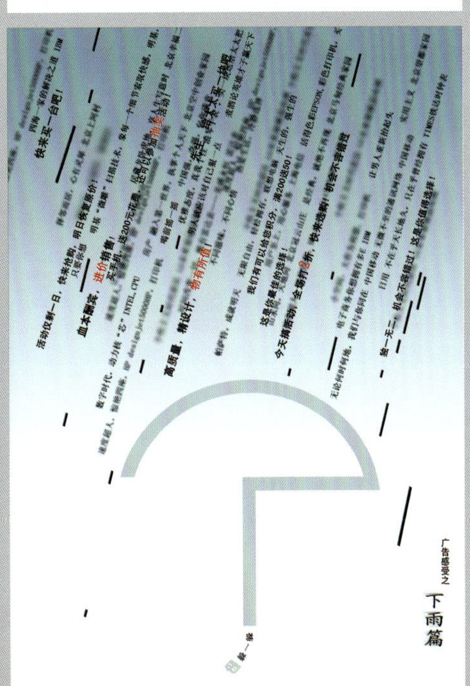

Apple iPod nana3

A	B
C	D
E	F

编　　号：A
作品名称：公益公告
作　　者：陈雪乔
指导教师：刑义杰
所在院校：哈尔滨师范大学

编　　号：B
作品名称：束缚
作　　者：冯家亮
指导教师：霍楷
所在院校：东北大学

编　　号：C
作品名称：Fashion victims Ⅰ
作　　者：张倩
指导教师：董娅楠
所在院校：山东艺术学院

编　　号：D
作品名称：Fashion victims Ⅱ
作　　者：张倩
指导教师：董娅楠
所在院校：山东艺术学院

编　　号：E
作品名称：狂想曲
作　　者：张文强
所在院校：广东工业大学

编　　号：F
作品名称：爱在中国 爱在四川
作　　者：孙了凡
所在院校：成都大学

A	B	C
D	E	F
G	H	I

编　　号：A
作品名称：自缚
作　　者：林媛
指导教师：周靖明
所在院校：四川音乐学院

编　　号：B
作品名称：反皮草系列之手纸篇
作　　者：李时
指导教师：高品
所在院校：沈阳建筑大学

编　　号：C
作品名称：油干
作　　者：史俊巧
指导教师：周家乐
所在院校：攀枝花学院

编　　号：D
作品名称：危机
作　　者：徐庆虎
指导教师：肖文津
所在院校：山东工艺美术学院

编　　号：E
作品名称：希望与绝望
作　　者：李志午
指导教师：高寒
所在院校：北京化工大学

编　　号：F
作品名称：东西文化融合(米篇)
作　　者：何冠峰
所在院校：广东工业大学

编　　号：G
作品名称：不均等的交换
作　　者：孙思美
指导教师：张娜
所在院校：沈阳化工学院

编　　号：H
作品名称：使用
作　　者：陈晓阳
指导教师：赵炎龙
所在院校：华侨大学

编　　号：I
作品名称：维系－修复(天空)
作　　者：李琦
所在院校：广东商学院

Get enmeshed in a web of one's own spinning 自缚

必需品?
Is a necessity of life?
FUR FREE alliance
SWISS ANIMAL PROTECTION SAP
Marchig
www.inFURmation.com

油

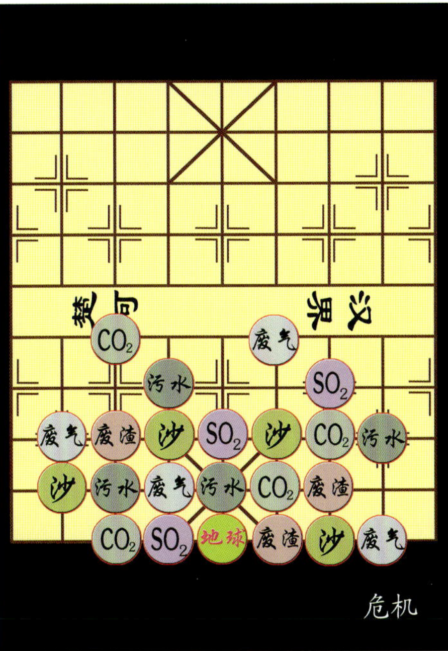
楚河
汉界
CO_2
废气
污水
SO_2
废气 废渣 沙 SO_2 沙 CO_2 污水
沙 污水 废气 污水 CO_2 废渣
CO_2 SO_2 地球 废渣 沙 废气
危机

而穿透战争硝烟的却是孩子们纯净的目光
And through the smoke of war is the children's pure eyes
HOPE
and
HOPELESSNESS

融
Eastern
culture
and
Western
culture
fusion
合
FUSION
西
E
F U S I O N

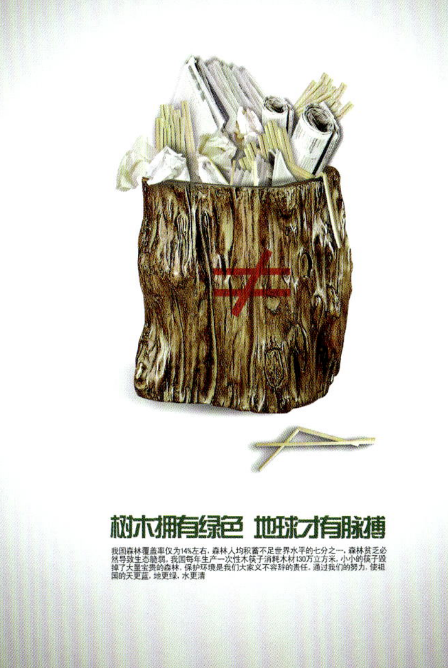
树木拥有绿色 地球才有脉搏
我国森林覆盖率仅为14%左右，森林人均积蓄不足世界水平的七分之一，森林贫乏必然导致生态脆弱。我国每年生产一次性木筷子消耗木材130万立方米，小小的筷子毁掉了大量宝贵的森林，保护环境是我们大家义不容辞的责任。通过我们的努力，使祖国的天更蓝，地更绿，水更清

维系－修复
Maintain - Repair

A	B
C	D
E	F

编　　号：A
作品名称：我的音乐主张
作　　者：陈浩
指导教师：宋方浩
所在院校：山东大学

编　　号：B
作品名称：新浪网
作　　者：尹彦辉
指导教师：邢义杰
所在院校：哈尔滨师范大学

编　　号：C
作品名称：活在雀巢咖啡中
作　　者：谭勇
指导教师：陆洁
所在院校：西南大学

编　　号：D
作品名称：饮料
作　　者：谌平波
指导教师：刑义杰
所在院校：哈尔滨师范大学

编　　号：E
作品名称：立邦漆广告
作　　者：王彬
指导教师：张传涛
所在院校：山东大学

编　　号：F
作品名称：原罪
作　　者：徐文俊
指导教师：陈晶
所在院校：上海师范大学

A	B
C	D
E	F
G	H

编　　号：A
作品名称：KENZO香水
作　　者：刘博
所在院校：鲁迅美术学院

编　　号：B
作品名称：just us 情侣饰品
作　　者：曹巧一
指导教师：何轩
所在院校：江汉大学

编　　号：C
作品名称：深圳大运会
作　　者：蔡辉
指导教师：仲星明、蔡顺兴
所在院校：上海大学

编　　号：D
作品名称：手机
作　　者：南龙
指导教师：邢义杰
所在院校：哈尔滨师范大学

编　　号：E
作品名称：汉王广告
作　　者：赵红艳、张路路
指导教师：王振伟
所在院校：孝感学院

编　　号：F
作品名称：天水碧，成就一江春色
作　　者：马世泰
指导教师：霍楷
所在院校：东北大学

编　　号：G
作品名称：面道江南
作　　者：陈笑峰
所在院校：中国美术学院

编　　号：H
作品名称：从这里开始
作　　者：李瀚
指导教师：王珏
所在院校：厦门大学

KENZO
FLOWER BY KENZO

just us
我们眼里，只有彼此！

just us

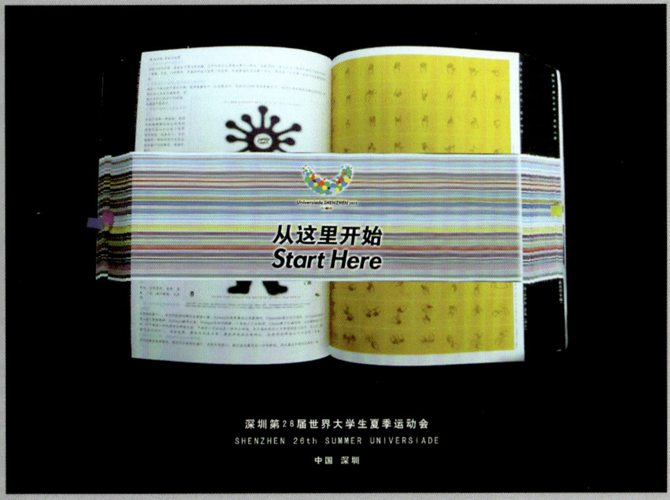
从这里开始
Start Here
深圳第26届世界大学生夏季运动会
SHENZHEN 26th SUMMER UNIVERSIADE
中国 深圳

NOKIA
Connecting People
诺基亚
NOKIA 5700
独特扭转机身设计
300万像素摄像头
2600万色高清屏幕
网址:WWW.NOKIA.COM
全国统一客服热线：800123

汉王
中国月亮
Hanvon

天水碧，成就一江春色

面道江南
MianDao Jiangnan

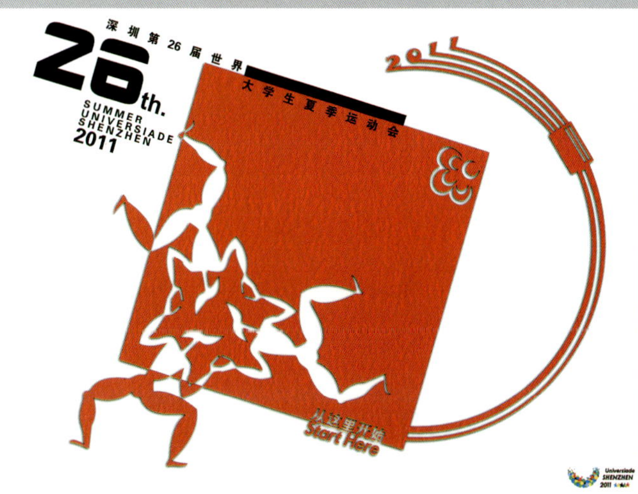
深圳第26届世界
大学生夏季运动会
26th.
SUMMER
UNIVERSIADE
SHENZHEN
2011
从这里开始
Start Here

A	B
C	D
E	F

编　　号：A
作品名称：共生
作　　者：曹广乐
所在院校：山东师范大学

编　　号：B
作品名称：保护树木
作　　者：赵建营
指导教师：霍楷
所在院校：东北大学

编　　号：C
作品名称：希望印在手心
作　　者：韩强
所在院校：山东圣翰财贸职业学院

编　　号：D
作品名称：雀巢咖啡
作　　者：姚旭鹏
指导教师：张伟
所在院校：山东轻工业学院

编　　号：E
作品名称：和平整体
作　　者：安虹瑾
指导教师：高山
所在院校：淮阴师范学院

编　　号：F
作品名称：NO
作　　者：佟飞
指导教师：赵琳琳
所在院校：辽宁广告职业学院

A	B	C
D	E	F
G	H	I

编　　号：A
作品名称：家在哪里？
作　　者：白艳维
指导教师：王建辉
所在院校：河北师范大学

编　　号：B
作品名称：全球变(1)
作　　者：张纯
指导教师：柯建军
所在院校：西安美术学院

编　　号：C
作品名称：关注的力量
作　　者：张海沭
指导教师：何轩
所在院校：江汉大学

编　　号：D
作品名称：秃
作　　者：李宜成
所在院校：贵州大学

编　　号：E
作品名称：现代人
作　　者：张炳泉
指导教师：高空
所在院校：山东师范大学

编　　号：F
作品名称：no war
作　　者：李志午
指导教师：高寒
所在院校：北京化工大学

编　　号：G
作品名称：彩虹
作　　者：王倩
指导教师：王勇瑞
所在院校：河北北方学院

编　　号：H
作品名称：地球—惊叹号
作　　者：陶青喜
指导教师：程华波
所在院校：安徽工程科技学院

编　　号：I
作品名称：兰州大学生日
作　　者：米月
指导教师：周安平
所在院校：西北民族大学

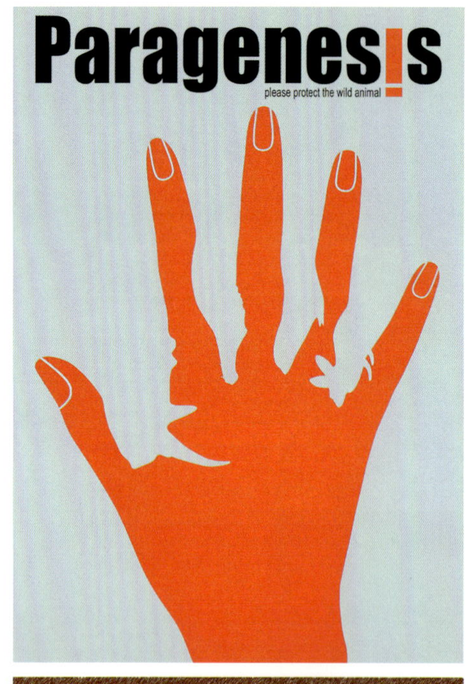

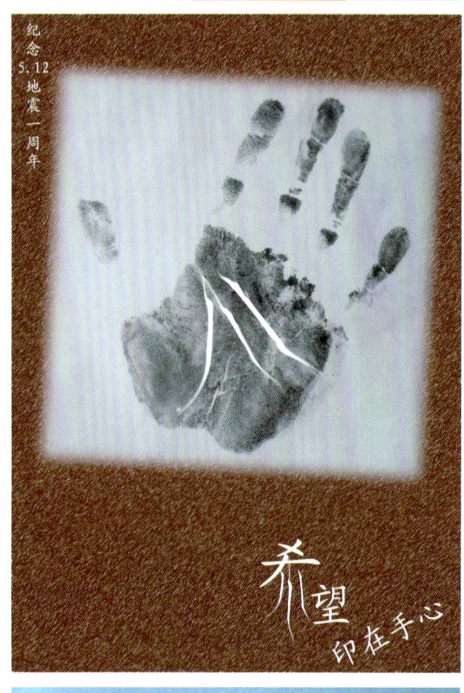

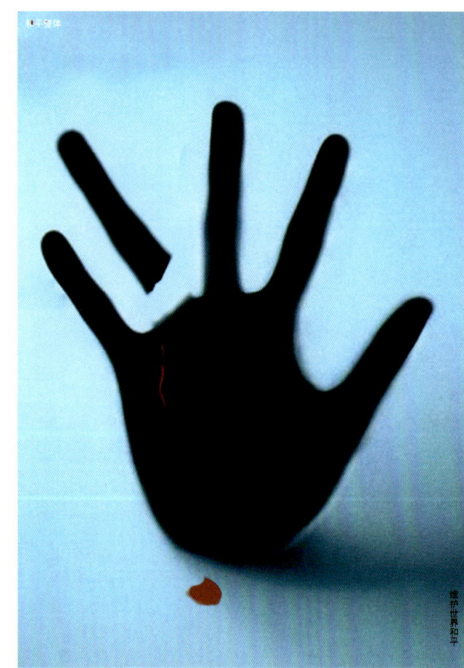

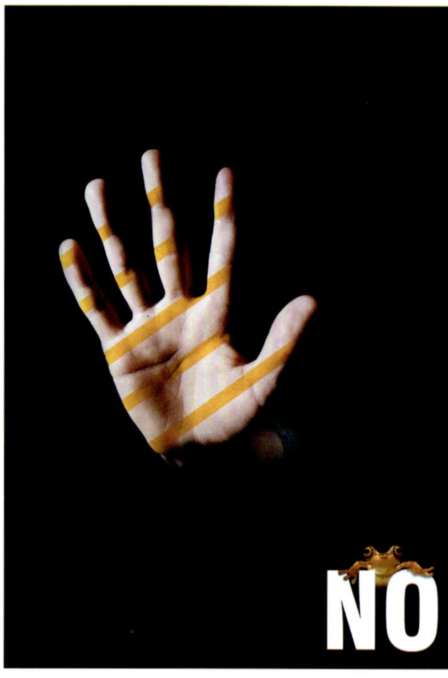

家在哪里？
WHERE IS HOME?
WE NEED TO GREEN

全球变暖
生物毁灭 global warming
ecological destruction

请勿捕杀　请放它们一条生路
警戒 alert 警戒 alert 警戒 alert

秃
Bald

钱眼
The eye of coin
现代人
Modern man

当我们享受和平时，每年有上百万儿童士兵,甚至更多...
"STOP"

赤
橙
黄
?
青
蓝
紫

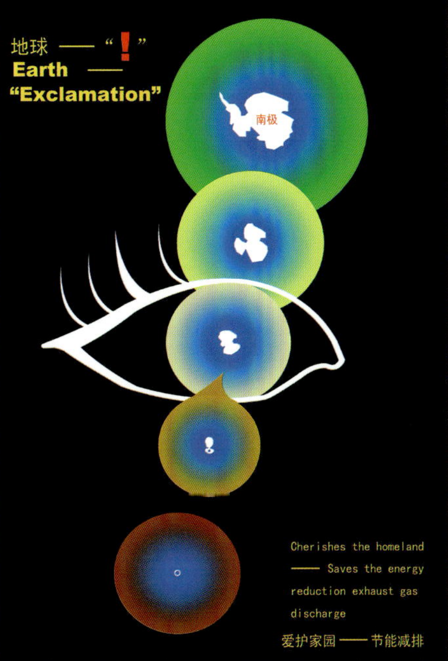
地球 —— "!"
Earth ——
"Exclamation"
南极
Cherishes the homeland
—— Saves the energy
reduction exhaust gas
discharge
爱护家园 —— 节能减排

The 100th Anniversary
of Lanzhou University
百年兰大
1909-2009

A B
C D
E

编　　号：A
作品名称：反对皮草
作　　者：刘元
指导教师：王朋
所在院校：南通纺织职业技术学院

编　　号：B
作品名称：皮草非时尚
作　　者：秦术
指导教师：杜锐
所在院校：湖北民族学院

编　　号：C
作品名称：溺爱篇
作　　者：崔晓红
指导教师：阿伦娜
所在院校：内蒙古师范大学

编　　号：D
作品名称：压力篇
作　　者：崔晓红
指导教师：阿伦娜
所在院校：内蒙古师范大学

编　　号：E
作品名称："真善美"书籍招贴
作　　者：蔡亚美
指导教师：王同旭
所在院校：天津科技大学

A B C
D E F
G H I

编　　号：A
作品名称：Save green
作　　者：刘宝
指导教师：肖勇
所在院校：中央美术学院

编　　号：B
作品名称：欧莱雅纤体紧致啫哩
作　　者：宋扬
所在院校：哈尔滨师范大学

编　　号：C
作品名称：绿箭头
作　　者：付改改
指导教师：张凯
所在院校：绥化学院

编　　号：D
作品名称：我的地球我的家
作　　者：付金凯
指导教师：王传兴
所在院校：烟台职业学院

编　　号：E
作品名称：我们需要森林不是木材
作　　者：熊非
指导教师：赵琳琳
所在院校：辽宁广告职业学院

编　　号：F
作品名称：关注!!
作　　者：梁锦坚
指导教师：黄敏意
所在院校：广州美术学院

编　　号：G
作品名称：《器》系列(玉不琢不成器)
作　　者：刘文
指导教师：吕凤显
所在院校：三江学院

编　　号：H
作品名称：《器》系列(君子不器)
作　　者：刘文
指导教师：吕凤显
所在院校：三江学院

编　　号：I
作品名称：《器》系列(大器晚成)
作　　者：刘文
指导教师：吕凤显
所在院校：三江学院

SAVE GREEN

WE LIKE GREEN

word
home
一个地球一个家

关注农村发展，共建和谐家园！

WEneed
FOREST
我们需要森林而不是木材

玉不琢不成器
· QIXILIE POSTER DESIGN ·

君子不器
· QIXILIE POSTER DESIGN ·

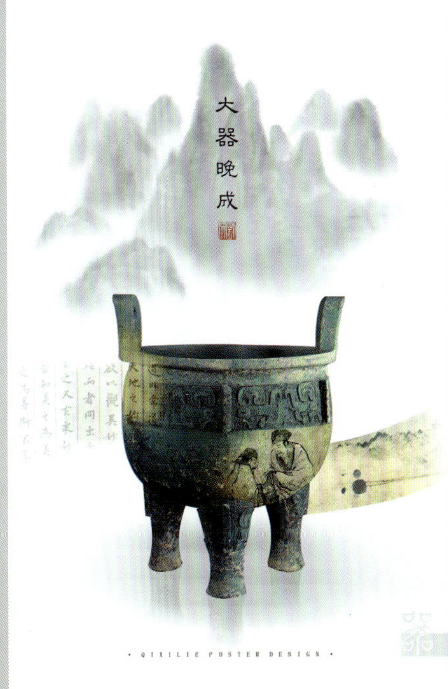
大器晚成
· QIXILIE POSTER DESIGN ·

A	B
C	D
E	F

编　　号：A
作品名称：网络生活
作　　者：徐栋智
所在院校：四川美术学院

编　　号：B
作品名称：本是同根生
作　　者：崔晓娇
指导教师：李齐飞
所在院校：东北师范大学

编　　号：C
作品名称：光头篇
作　　者：韦思
指导教师：邱永德
所在院校：广西民族大学

编　　号：D
作品名称：远离艾滋 和谐生活
作　　者：张雪华
所在院校：燕山大学

编　　号：E
作品名称：健康出口?
作　　者：王雪野
指导教师：殷石
所在院校：安徽农业大学

编　　号：F
作品名称：发现与交流
作　　者：王靖飞
指导教师：陈朝晖
所在院校：中国美术学院

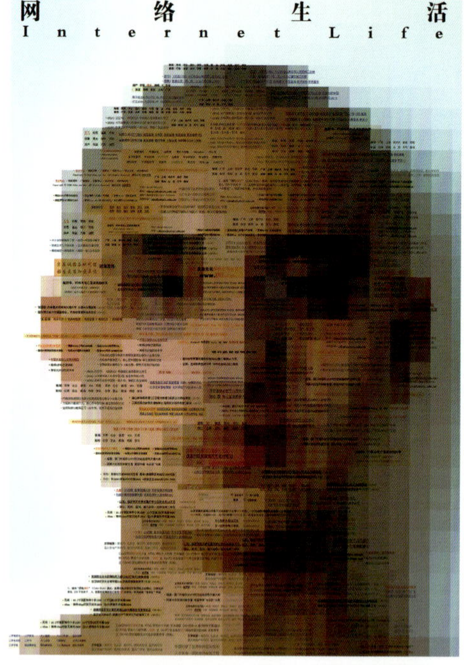

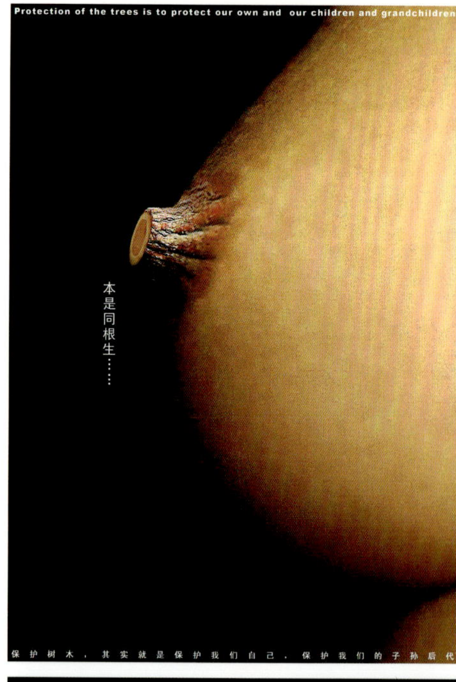

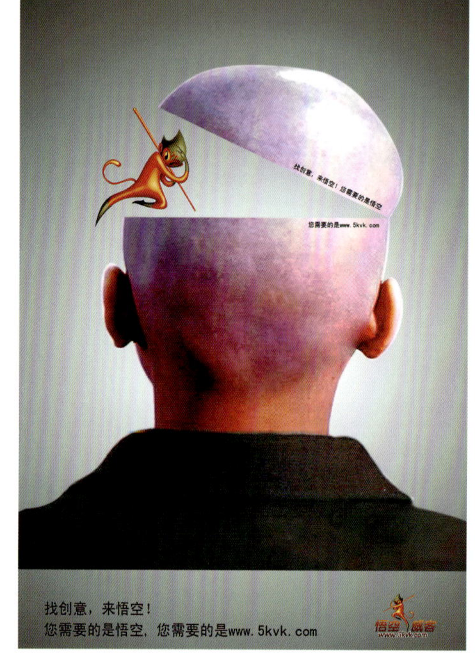

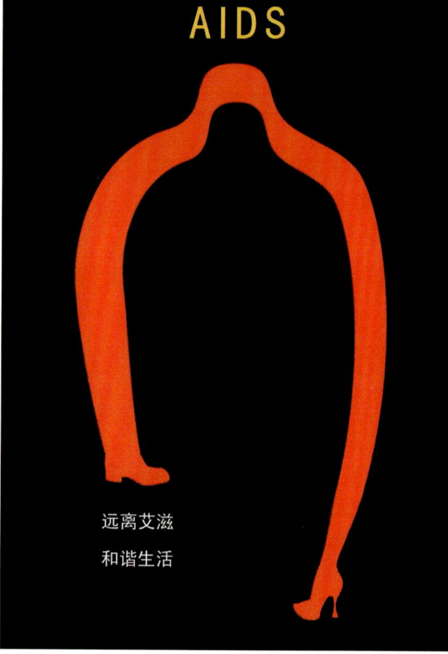

A	B	C
D	E	F
G	H	I

编　　号：A
作品名称：保护地球
作　　者：王志珍
指导教师：郭盟
所在院校：西安文理学院

编　　号：B
作品名称：雅虎搜索
作　　者：王鸿程
指导教师：张可
所在院校：四川教育学院

编　　号：C
作品名称：数字的追忆系列“3”
作　　者：邵丹
所在院校：山东艺术学院

编　　号：D
作品名称：祭奠与重生
作　　者：张文强
所在院校：广东工业大学

编　　号：E
作品名称：拒绝污染
作　　者：李阳
指导教师：张蕾
所在院校：鲁迅美术学院

编　　号：F
作品名称：徽州印象
作　　者：王雪野
指导教师：殷石
所在院校：安徽农业大学

编　　号：G
作品名称：节
作　　者：蒋世会
指导教师：刘昊林
所在院校：四川美术学院

编　　号：H
作品名称：震后心理健康公益广告(1)
作　　者：谢红军
指导教师：宋方昊
所在院校：山东大学

编　　号：I
作品名称：家园
作　　者：贾丛丛
所在院校：兰州大学

在我們還能看清的時候...
我们只有一个地球！
We only an Earth

YAHOO!

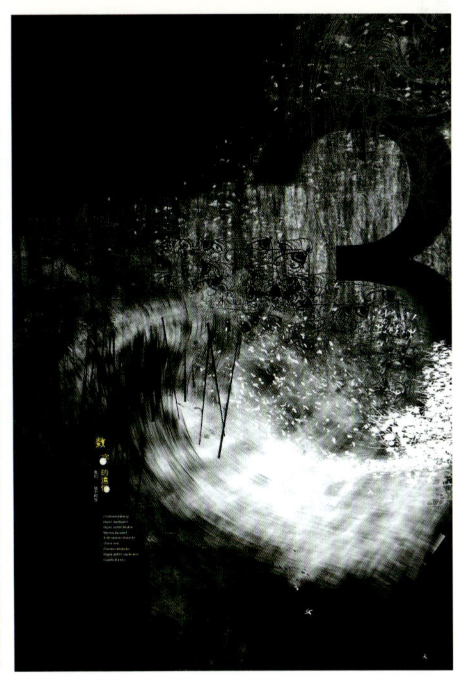

千里相助·生生不息
重生
《祭奠与重生》
5.12一周年纪念

拒绝污染
保护水资源！
拒绝污染 保护水资源！

徽州印象

节约用电，从你我做起！
第二届全国节能减排（建设节约型社会）

WE ARE TOGETHER!
关注地震灾后心理健康公益广告
苦

We ought
to how to protect
YOU
HOW DO
protect our
environment?

A	B
C	D
E	F

编　　号：A
作品名称：摩卡咖啡
作　　者：刘博
所在院校：鲁迅美术学院

编　　号：B
作品名称：面孔·中国
作　　者：周希茜
指导教师：王欣
所在院校：武汉大学

编　　号：C
作品名称：琪美真(门环篇)
作　　者：刘春田
指导教师：宋涛
所在院校：长春理工大学

编　　号：D
作品名称：保护儿童，反对暴力
作　　者：张健
指导教师：刘东风
所在院校：山东师范大学

编　　号：E
作品名称：Made in USA
作　　者：裴潇雨
指导教师：任宏伟
所在院校：四川美术学院

编　　号：F
作品名称：过度包装
作　　者：马世泰
指导教师：霍楷
所在院校：东北大学

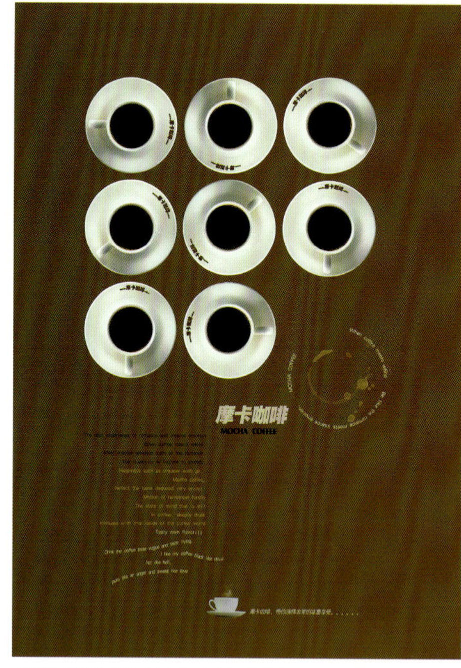

A	B
C	D
E	F
G	H

编　　号：A
作品名称：雪弗莱汽车
作　　者：李素
指导教师：万萱
所在院校：西南交通大学

编　　号：B
作品名称：可乐(2)
作　　者：高诗卉
所在院校：上海商学院

编　　号：C
作品名称：One World，One Dream
作　　者：朱麟
指导教师：廖建民
所在院校：湖南商学院

编　　号：D
作品名称：救救它们
作　　者：张纯
指导教师：柯建军
所在院校：西安美术学院

编　　号：E
作品名称：何去何从
作　　者：董正华
所在院校：江汉大学

编　　号：F
作品名称：全球变暖
作　　者：刘晓蕾
指导教师：程晓东
所在院校：黄山学院

编　　号：G
作品名称：白象面(进化2)
作　　者：陆庆
指导教师：宁培秋
所在院校：贵州师范大学

编　　号：H
作品名称：和平之歌
作　　者：卜晓娴
指导教师：朱国勤
所在院校：华东师范大学

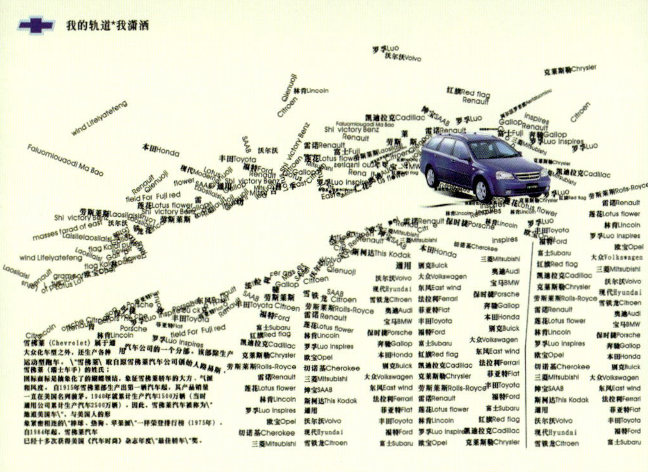
我的轨道*我潇洒

Coca-Cola
给你冰一般的凉爽感受

Beijing 2008
one world , one dream
中国银行
BANK OF CHINA

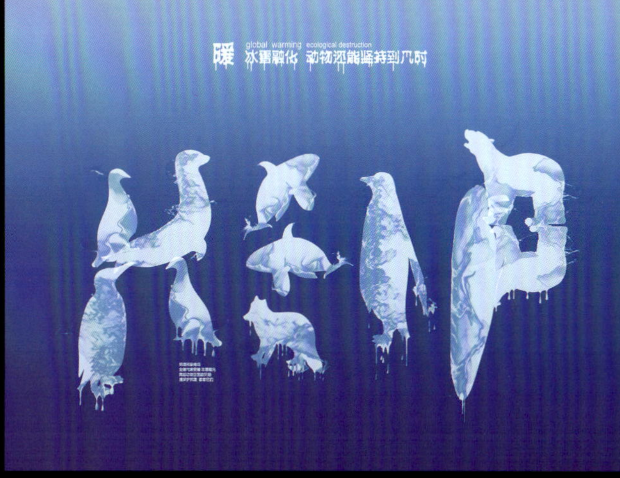
global warming ecological destruction
暖 冰雪融化 动物还能坚持到几时
HELP

何去何从...

全球变暖，人人买单

白象大骨面 补钙进化传说
因为白象大骨面
所以骨骼长得越来越好,就像又次进化传说

张开你的双手 托起明天的和平
OPEN YOUR HANDS
place are the outspread wings which flying in the colorful sky

A	B
C	D
E	F

编　　号：A、B
作品名称：西藏冰川5100矿泉水(1-2)
作　　者：王晓威
指导教师：李囡囡
所在院校：大连工业大学

编　　号：C
作品名称：与世界接轨
作　　者：陆琴
指导教师：张传涛
所在院校：山东大学

编　　号：D
作品名称：V字仇杀电影海报
作　　者：裴潇雨
指导教师：盛菲菲
所在院校：四川美术学院

编　　号：E
作品名称：生命之源
作　　者：王繁
指导教师：张永年
所在院校：湖南工业大学

编　　号：F
作品名称：北京啤酒
作　　者：胡磊
指导教师：杨帆
所在院校：滨州学院

A	B
C	D
E	F
G	H

编　　号：A
作品名称：奔驰广告
作　　者：张蕊
指导教师：张传涛
所在院校：山东大学

编　　号：B
作品名称：避暑山庄旅游
作　　者：朱梦瑶
指导教师：张晓琳
所在院校：河北旅游职业学院

编　　号：C
作品名称：节约石油(驾驶室)
作　　者：陈艾清
所在院校：赣江职业技术学院

编　　号：D
作品名称：节约石油(加油站)
作　　者：陈艾清
所在院校：赣江职业技术学院

编　　号：E
作品名称：佳洁士之固齿强根
作　　者：黎健敏
所在院校：韶关学院

编　　号：F
作品名称：非常可乐 如影随形
作　　者：曾筠毅
指导教师：喻湘龙
所在院校：广西艺术学院

编　　号：G
作品名称：自然光电视
作　　者：孙云泉
指导教师：邢义杰
所在院校：哈尔滨师范大学

编　　号：H
作品名称：汉王(兵马俑篇)
作　　者：陈方庭
指导教师：李欣
所在院校：哈尔滨理工大学

China for the Mercedes-Benz
Mercedes-Benz to bring you the most comfoffsdfanshommononrtable to enjoy
The United States has been accompanied by Biaoliruy
外表豪华 内在奢华
The appearance of luxury inherent luxury
Mercedes-Benz luxury and the Forbidden City as a beautiful temperament

品味浓茶般神韵，聆听历史的诉说
避暑山莊，
令人神往…

节约石油
时速（km\h）
油量（L）

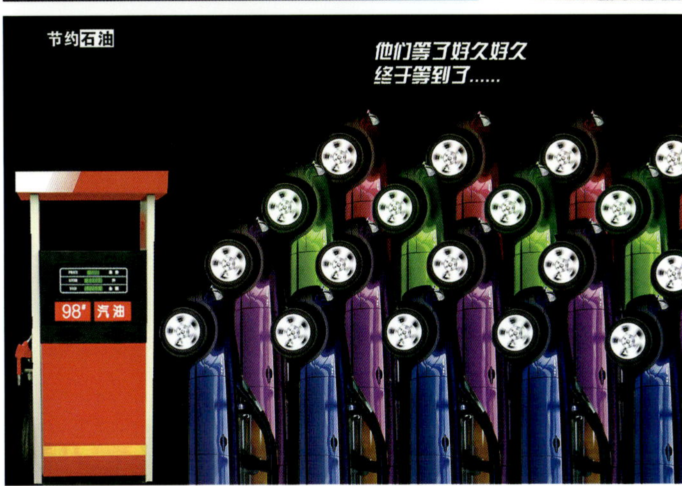
节约石油
他们等了好久好久
终于等到了……
98# 汽油

Crest

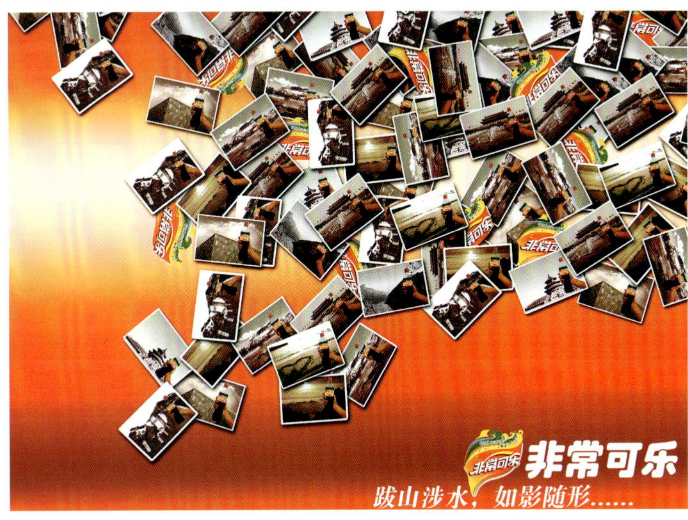
非常可乐
跋山涉水，如影随形……

DTGF
采用 FULL HD 1080P 超精细全高清，以 1920×1080P 带来的 622 万像素，
全面支持你对视听享受的非凡要求，丝丝细腻的画面表现，成就你与众不同的眼光

汉王——中国力量
HAN WANG ZHONG GUO LI LIANG

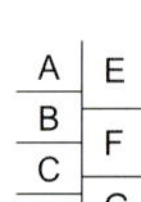

编　　号：A
作品名称：电影海报
作　　者：李婧婧
所在院校：郑州轻工业学院

编　　号：B、C、D
作品名称：时光之语(1–3)
作　　者：朱志平
指导教师：石萍
所在院校：广州美术学院

编　　号：E
作品名称：芬达招贴(取经篇)
作　　者：邵文丽
指导教师：王夫亭
所在院校：天津工业大学

编　　号：F
作品名称：内心
作　　者：贾丛丛
所在院校：兰州大学

编　　号：G
作品名称：灯泡篇
作　　者：刘少泽
指导教师：王媛
所在院校：内蒙古大学

包装

A
B
C

编　　号：A
作品名称：江南古酿白酒
作　　者：廖琪雯
所在院校：香港中文大学

编　　号：B
作品名称：笔墨纸砚
作　　者：谢建伟
所在院校：香港理工大学

编　　号：C
作品名称：紫螺袍茶叶包装
作　　者：陈晓峰
所在院校：国立台湾师范大学

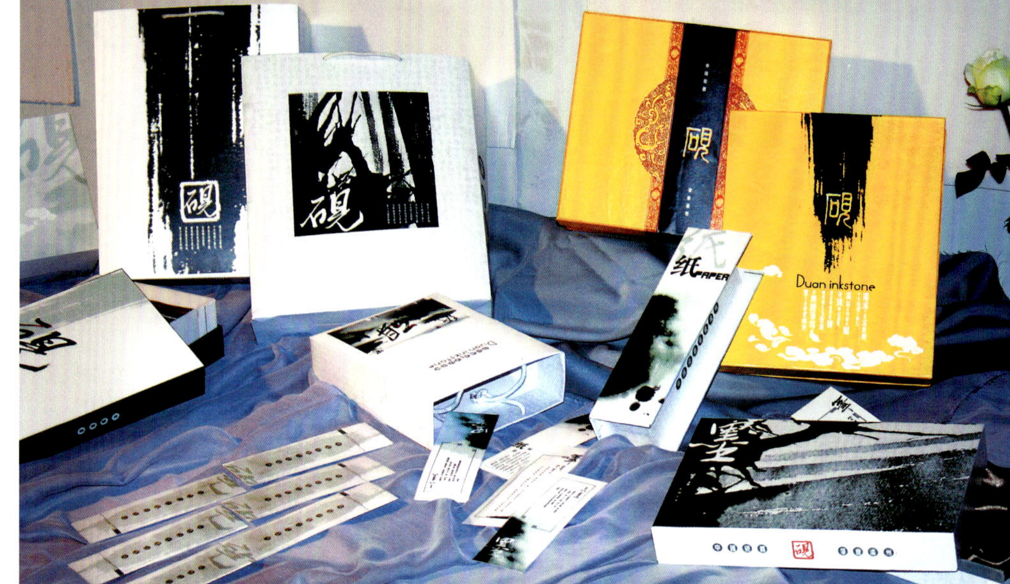

编　　号：A
作品名称：润业纸巾包装
作　　者：张辉
指导教师：刘黎立
所在院校：广西师范大学

编　　号：B
作品名称：普洱茶包装
作　　者：吴勇强
所在院校：国立台湾艺术大学

编　　号：C
作品名称：筷子外包装
作　　者：盛晓夏
指导教师：李莉
所在院校：上海商学院

编　　号：D
作品名称：飞利浦节能灯泡包装
作　　者：毛矗
指导教师：陈小林
所在院校：四川大学

编　　号：E
作品名称：普洱茶包装
作　　者：周家乐
指导教师：陈立民
所在院校：西南交通大学

编　　号：F
作品名称：爵士乐CD合包装
作　　者：黄伟
指导教师：刘黎莉
所在院校：广西师范大学

编　　号：G
作品名称：西湖龙井
作　　者：毛伟
指导教师：刘小玄
所在院校：湖南工业大学

编　　号：H
作品名称：盒·善瓷装
作　　者：高英
指导教师：王瑾
所在院校：北京林业大学

普洱茶

SUZAKU
青龙
BLUE DRAGON
白虎

PHILIPS

普洱

精选爵士乐

A
B
C
D

编　　号：A
作品名称：星奇甜品
作　　者：张宇娴
指导教师：张世卓
所在院校：鲁迅美术学院

编　　号：B
作品名称：FIRE VODKA系列酒
作　　者：何智燃
指导教师：陈秋漪
所在院校：重庆邮电大学

编　　号：C
作品名称：开花结果(喜蛋包装)
作　　者：朱智霞
指导教师：傅潇莹
所在院校：义乌工商学院

编　　号：D
作品名称：徽宝斋文房四宝
作　　者：曾祥锐、朱变丽
指导教师：周雯
所在院校：江汉大学

A	B
C	D
E	F
G	H

编　　号：A
作品名称：非叠(1)
作　　者：王承瑜
指导教师：于静
所在院校：鲁迅美术学院

编　　号：B
作品名称：玩偶包装
作　　者：李航
指导教师：王言升
所在院校：苏州大学

编　　号：C
作品名称：非叠(2)
作　　者：王承瑜
指导教师：于静
所在院校：鲁迅美术学院

编　　号：D
作品名称：宝贝牛玩具包装
作　　者：吴在家
指导教师：陈虹、詹伟峰
所在院校：莆田学院

编　　号：E
作品名称：皮糖张
作　　者：谢洲冲
指导教师：梅雪莲
所在院校：四川理工学院

编　　号：F
作品名称：太阳镜包装
作　　者：刘运烈
指导教师：方利民
所在院校：景德镇陶瓷学院

编　　号：G
作品名称：啵啵糖
作　　者：李小姣
指导教师：燕杰
所在院校：中南大学

编　　号：H
作品名称：CD包装
作　　者：石岩
指导教师：方利民
所在院校：景德镇陶瓷学院

非叠

graphic punks

非叠

ONLY YOU!

皮糖张
皮糖张

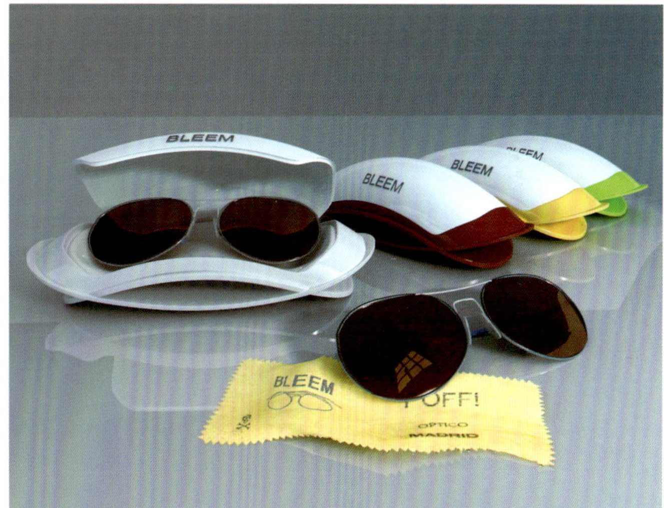
BLEEM
BLEEM
BLEEM
BLEEM
OFF!
OPTICO
MADRID

波波糖

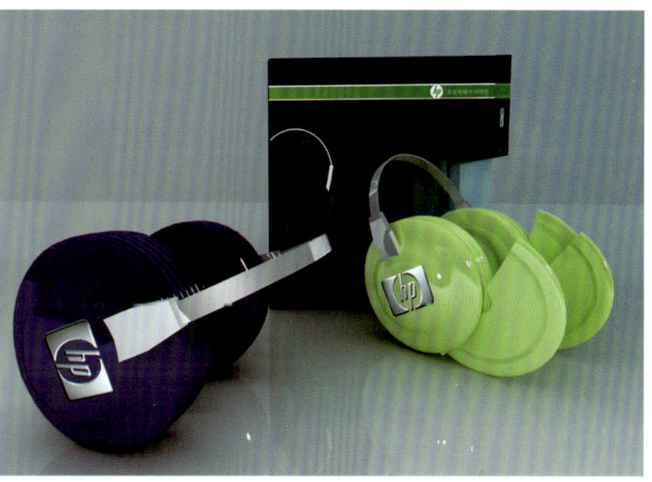

A
B
C
D

编　　号：A
作品名称：鱼文化节
作　　者：潘绍章
指导教师：王艺湘
所在院校：天津科技大学

编　　号：B
作品名称：男士化妆品
作　　者：延利新
指导教师：张娜
所在院校：沈阳化工学院

编　　号：C
作品名称：姚记普洱茶
作　　者：姚玮琼
指导教师：于静
所在院校：鲁迅美术学院

编　　号：D
作品名称：方格子玩具包装
作　　者：郭烽
指导教师：燕杰
所在院校：中南大学

A	B
C	D
E	F
G	H

编　　号：A
作品名称：食品包装
作　　者：熊美晨
指导教师：黄敏
所在院校：湖北民族学院

编　　号：B
作品名称：东汉大竹醪糟
作　　者：张光林
指导教师：陈小林
所在院校：四川大学

编　　号：C
作品名称：芝华士12年
作　　者：李飞
指导教师：余宁春
所在院校：九江学院

编　　号：D
作品名称：3D纤维力洁布包装
作　　者：黄碧棋
指导教师：董磊
所在院校：西南交通大学

编　　号：E
作品名称：双钱龟苓膏
作　　者：黎恒菱
指导教师：明兰
所在院校：南华大学

编　　号：F
作品名称：维纳斯香水
作　　者：刘旭杰
所在院校：湖南科技学院

编　　号：G
作品名称：漆器包装方案一
作　　者：杜海雪
指导教师：沈也
所在院校：福建师范大学

编　　号：H
作品名称：MOOD心情
作　　者：陈晓阳
指导教师：孙德明
所在院校：华侨大学

煌上煌

大竹
醪糟

CHIVAS REGAL
CHIVAS

30立体纤维
力洁布
棉图
COTTON SHOW
A
B
C
D

WU ZHOU
龟苓膏

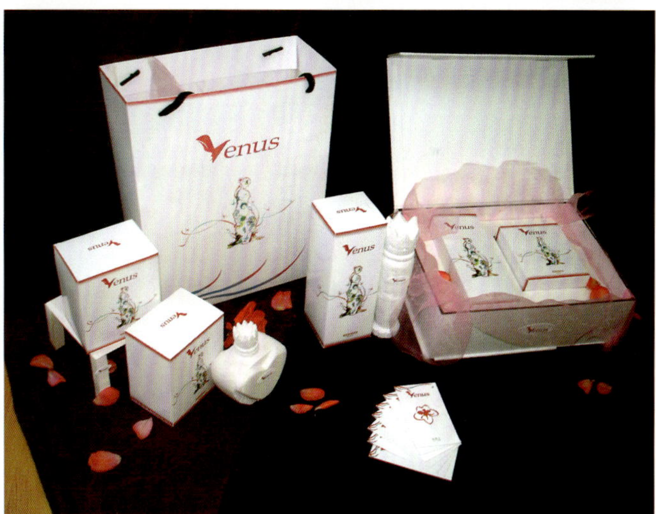
Venus

MOOD

A	B
C	D
E	F

编　　号：A
作品名称：肥牛面
作　　者：王宗果
指导教师：胡绍中
所在院校：四川大学

编　　号：B
作品名称：音乐唱片音乐包装系列
作　　者：孙琳琳
指导教师：吴晓菲
所在院校：西安培华学院

编　　号：C
作品名称：概念包装
作　　者：万蔓
指导教师：杨巍
所在院校：江汉大学

编　　号：D
作品名称：美伊娜多包装
作　　者：李志强
指导教师：余露露
所在院校：郑州大学

编　　号：E
作品名称：云南普洱茶
作　　者：卢上尉、曾珊
指导教师：杨仁敏
所在院校：四川美术学院

编　　号：F
作品名称：阿尔卑斯棒棒糖
作　　者：江如弋
指导教师：刘小玄
所在院校：湖南工业大学

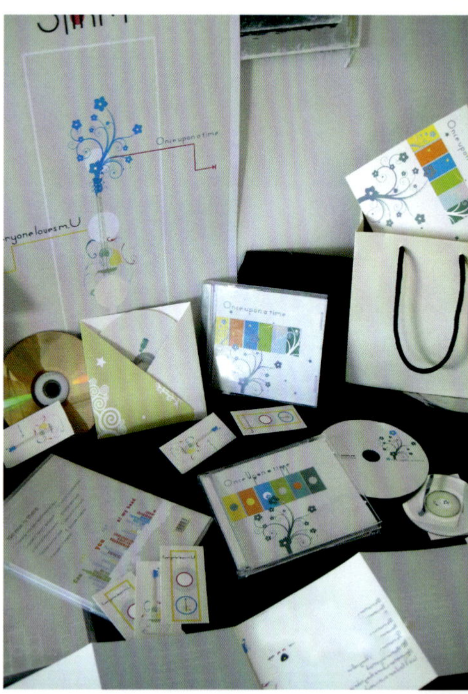

A	E
B	F
C	G
D	

编　　号：A
作品名称：伊人花嫁婚庆礼品
作　　者：徐学跞、赵寻、黄露加、燕植霞
指导教师：明兰
所在院校：南华大学

编　　号：B
作品名称：七十二变化妆品
作　　者：李建营
指导教师：方利民
所在院校：景德镇陶瓷学院

编　　号：C
作品名称：雁门关葡萄酒
作　　者：翟旭满
指导教师：明兰
所在院校：南华大学

编　　号：D
作品名称：最时尚饮料
作　　者：顾平平、钱爱玲、徐娜
指导教师：明兰
所在院校：南华大学

编　　号：E
作品名称：主潮流CD包装
作　　者：张伟标
指导教师：杨凌、刘飞
所在院校：广东华侨职业技术学院

编　　号：F
作品名称：雁门关葡萄酒
作　　者：尹良果
指导教师：明兰
所在院校：南华大学

编　　号：G
作品名称：箭牌玻璃杯包装
作　　者：胡杨
指导教师：陈立民
所在院校：华东理工大学

wedding 伊人花嫁 flower
FLOWER
WEDDING FLOWER

主潮流

七十二变
女士系列化妆品
QISHIERBIAN
NVSHIXIELIEHUAZHUANGPIN

WINE KITS
雁门关
WINE RED
1995

1992
GREAT WINE
雁门关

THE WINEST
I CHOOSE I

A	B
C	D
E	F

编　　号：A
作品名称：红酒包装
作　　者：孙琬淑
指导教师：赵晨音
所在院校：中国美术学院

编　　号：B
作品名称：一品樱花手提袋设计
作　　者：查小丽
指导教师：杨在珽
所在院校：山东大学

编　　号：C
作品名称：巧克力包装
作　　者：谢坤
指导教师：吴鑫
所在院校：厦门大学

编　　号：D
作品名称：洁力布包装
作　　者：谭宓
指导教师：董磊
所在院校：西南交通大学

编　　号：E
作品名称：贡嘎山旅游CD
作　　者：谭宓
指导教师：董磊
所在院校：西南交通大学

编　　号：F
作品名称：马勺脸谱
作　　者：郭振超
指导教师：马云
所在院校：西安工程大学

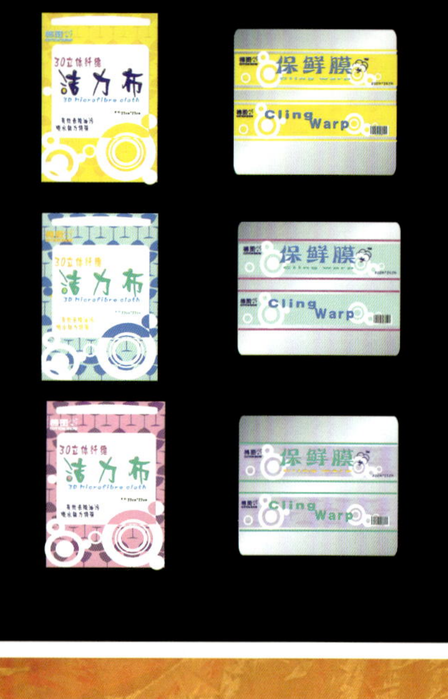

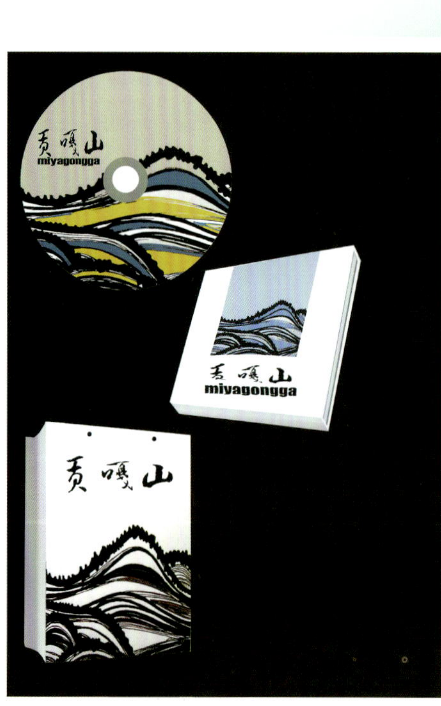

A	B
C	D
E	F
G	H

编　　号：A
作品名称：长城干红葡萄酒
作　　者：李彦云
指导教师：宋春艳
所在院校：安徽财经大学

编　　号：B
作品名称：一日三餐餐具
作　　者：于子泉、郭俊杰、郑参加、戴伟杰、王彪
指导教师：明兰
所在院校：南华大学

编　　号：C
作品名称：润业公司手提袋
作　　者：张辉
指导教师：刘黎立
所在院校：广西师范大学

编　　号：D
作品名称：诺沙纸巾包装(男款)
作　　者：刘展
指导教师：明兰
所在院校：南华大学

编　　号：E
作品名称：麦当劳中国套餐
作　　者：王靖飞
指导教师：方振华
所在院校：中国美术学院

编　　号：F
作品名称：飞啦飞啦化妆品
作　　者：刘清刚、郝远远、陶奕、惠增雷、邹剑华
指导教师：明兰
所在院校：南华大学

编　　号：G
作品名称：南昌王酒
作　　者：范海彦
指导教师：杨新忠
所在院校：南昌大学

编　　号：H
作品名称：北京果脯
作　　者：时梦楚
指导教师：王淑慧
所在院校：北京工业大学

长城干红葡萄酒
中国 · 长城葡萄酒业酿造

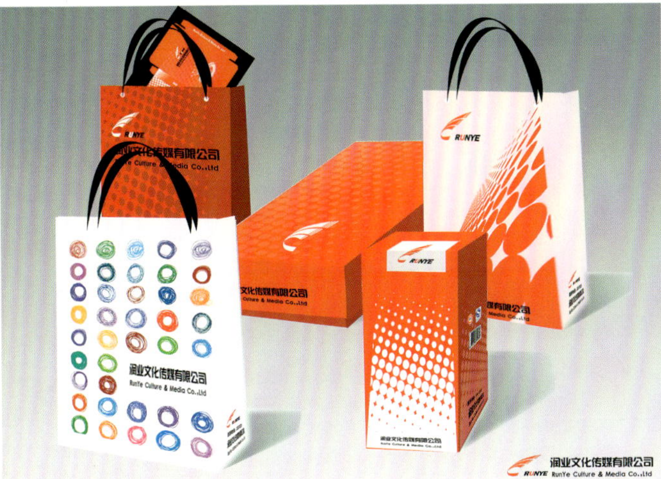
润业文化传媒有限公司
RunYe Culture & Media Co.,Ltd

NASA 诺沙

飞啦飞啦

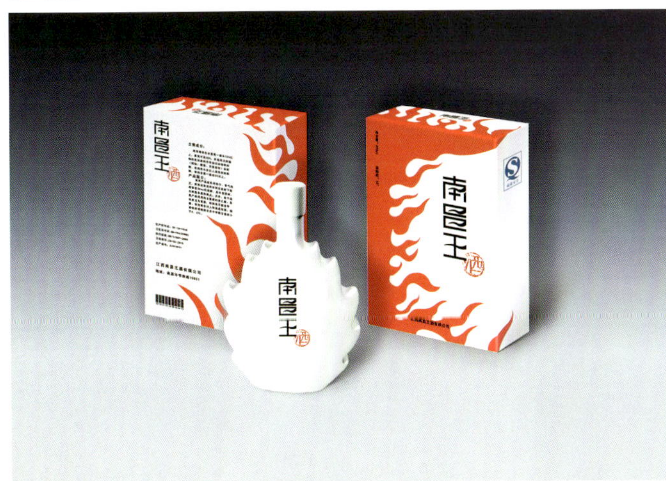
南邑王酒

A	B
C	D
E	F
G	H

编　　号：A
作品名称：洋酒包装
作　　者：陈艳
指导教师：黄敏
所在院校：湖北民族学院

编　　号：B
作品名称：“夜郎香”牛肉包装
作　　者：陆庆
指导教师：潘峰
所在院校：贵州师范大学

编　　号：C
作品名称：国尊酒包装
作　　者：刘运烈
指导教师：方利民
所在院校：景德镇陶瓷学院

编　　号：D
作品名称：“水果物语”饮料
作　　者：王梓潼
指导教师：张娜
所在院校：沈阳化工学院

编　　号：E
作品名称：徽筷包装
作　　者：陶晓丽
指导教师：杨在珽
所在院校：山东大学

编　　号：F
作品名称：小米锅巴
作　　者：毛伟
指导教师：肖禾
所在院校：湖南工业大学

编　　号：G
作品名称：中国川剧脸谱包装
作　　者：毛霧
指导教师：何宇
所在院校：四川大学

编　　号：H
作品名称：便捷早餐
作　　者：王靖飞
指导教师：郭锦涌
所在院校：中国美术学院

A	B
C	D
E	F
G	H

编　　号：A
作品名称：古茶坊茶叶包装
作　　者：严倩碧
指导教师：陈颖
所在院校：广东技术师范学院

编　　号：B
作品名称：圣诞礼品包装
作　　者：李明
指导教师：王同旭
所在院校：天津科技大学

编　　号：C
作品名称：云南普洱茶
作　　者：李华龙
所在院校：澳门理工学院

编　　号：D
作品名称：回味奥运
作　　者：廖俊钦
指导教师：郭湘黔
所在院校：广州美术学院

编　　号：E
作品名称：藏茶
作　　者：刘慧娟
指导教师：杨在珽
所在院校：山东大学

编　　号：F
作品名称：黄山毛峰茶叶
作　　者：魏静雯
指导教师：陈立民
所在院校：西南交通大学

编　　号：G
作品名称：巧克力包装
作　　者：张喆
指导教师：张娜
所在院校：沈阳化工学院

编　　号：H
作品名称：月饼包装
作　　者：李炎芳
所在院校：广西师范大学

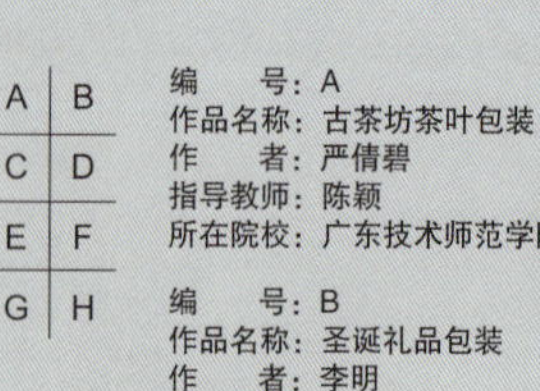

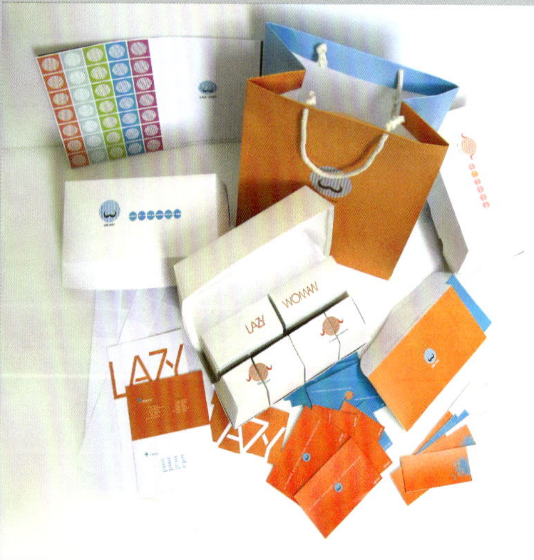

普洱茶

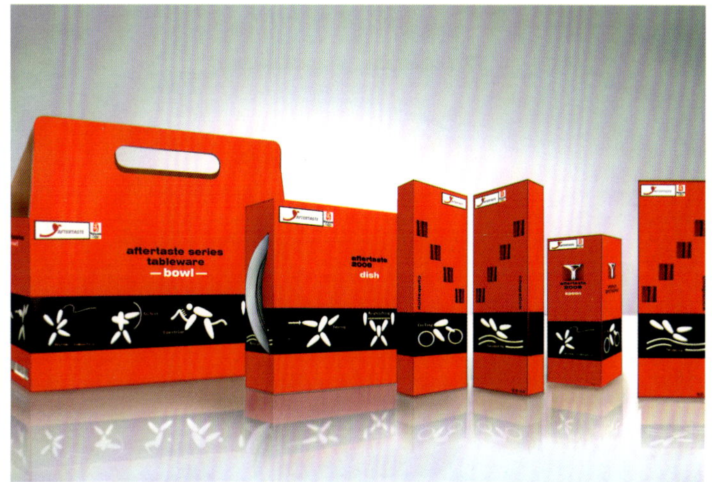
aftertaste series
tableware
— bowl —
dish

CHoCoLaT

華月

A
B
C D
E

编　　号：A
作品名称：有有苹果酒套装
作　　者：薄海
指导教师：袁恩培
所在院校：重庆大学

编　　号：B
作品名称：陶醉家酒
作　　者：宋坤伟
指导教师：李洁
所在院校：合肥学院

编　　号：C
作品名称：莫高酒业
作　　者：叶英华
指导教师：李金娟
所在院校：兰州大学

编　　号：D
作品名称：川贝枇杷糖浆
作　　者：魏静雯
指导教师：陈立民
所在院校：西南交通大学

编　　号：E
作品名称：CD包装
作　　者：庄施美
指导教师：赵永泉
所在院校：上海商学院

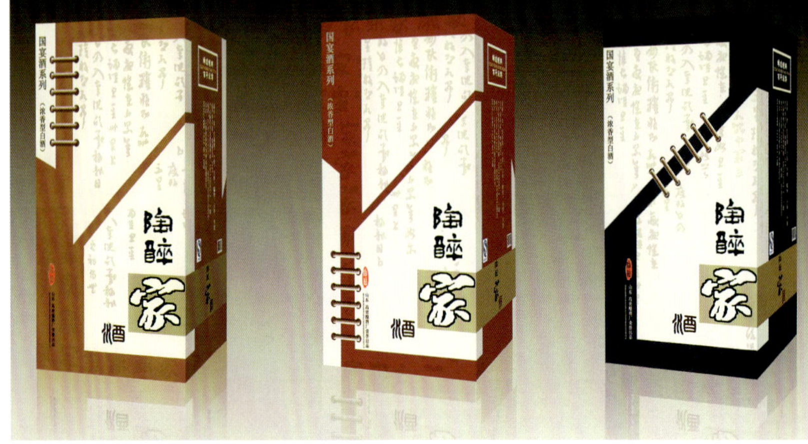

A B
C D
E F
G H

编　　号：A
作品名称：儿童鲜果饼干
作　　者：黄冲亚
指导教师：韩恩花
所在院校：九江学院

编　　号：B
作品名称：锦城茶具包装
作　　者：李素
指导教师：万萱
所在院校：西南交通大学

编　　号：C
作品名称：庐山七尖兰茶
作　　者：黄冲亚
指导教师：余宁春
所在院校：九江学院

编　　号：D
作品名称：吉祥童子
作　　者：王斐然
指导教师：方利民
所在院校：景德镇陶瓷学院

编　　号：E
作品名称：春秋绿茶
作　　者：王一飞
指导教师：王庆
所在院校：大连工业大学

编　　号：F
作品名称：CD包装
作　　者：盛晓夏
指导教师：赵永泉
所在院校：上海商学院

编　　号：G
作品名称：如意纪念品
作　　者：何才冬
所在院校：宜宾学院

编　　号：H
作品名称：心相印
作　　者：杨翠
指导教师：王恒
所在院校：河南工业大学

鲜果饼干
ALL NATURAL Fresh Fruit Cracker

茶

春秋
绿寶石

20 CHESKY
1. Allegro Scherzando
2. Allegro Energico e Passionato
3. Pick Yourself Up And Start All Over Again
4. Anos Dourados
5. My Blue Heaven
6. Recorda Me
7. Miles Away
8. Three Dances: Tango, Valse, Ragtime
9. Grandmother
10. Muerte Del Angel
11. Rewind
12. The Peanut Vendor
13. Isn't She Lovely
CHESKY

如意

心相印
手帕纸
喜歡你
悸動心情
柔软舒适好心情

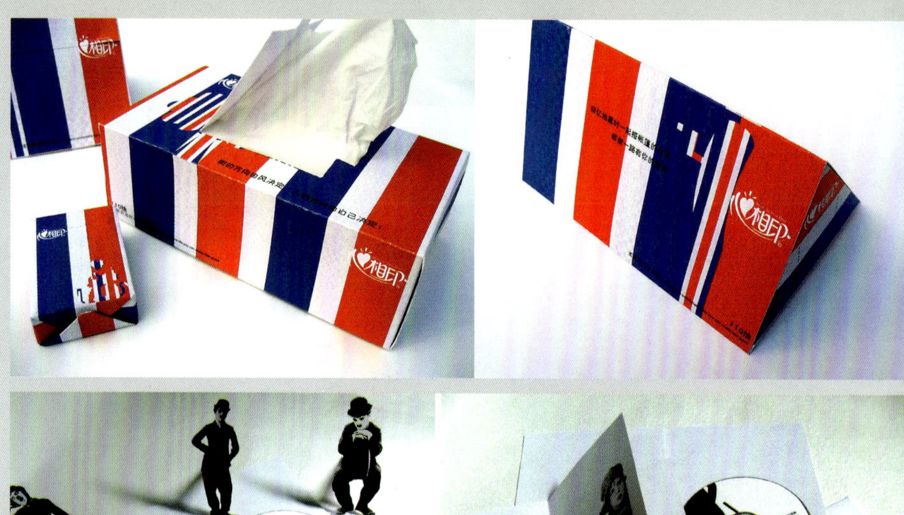

A
B
C | D
E

编　　号：A
作品名称：“心相印”地震红白蓝系列
作　　者：梁思
指导教师：郑娇
所在院校：四川师范大学

编　　号：B
作品名称：卓别林DVD包装
作　　者：彭姗姗
所在院校：四川美术学院

编　　号：C
作品名称：红酒包装
作　　者：谢坤
指导教师：吴鑫
所在院校：厦门大学

编　　号：D
作品名称：茶籽油包装
作　　者：谢坤
指导教师：吴鑫
所在院校：厦门大学

编　　号：E
作品名称：巧克力概念包装(1–3)
作　　者：林琳
指导教师：刘黎黎
所在院校：广西师范大学

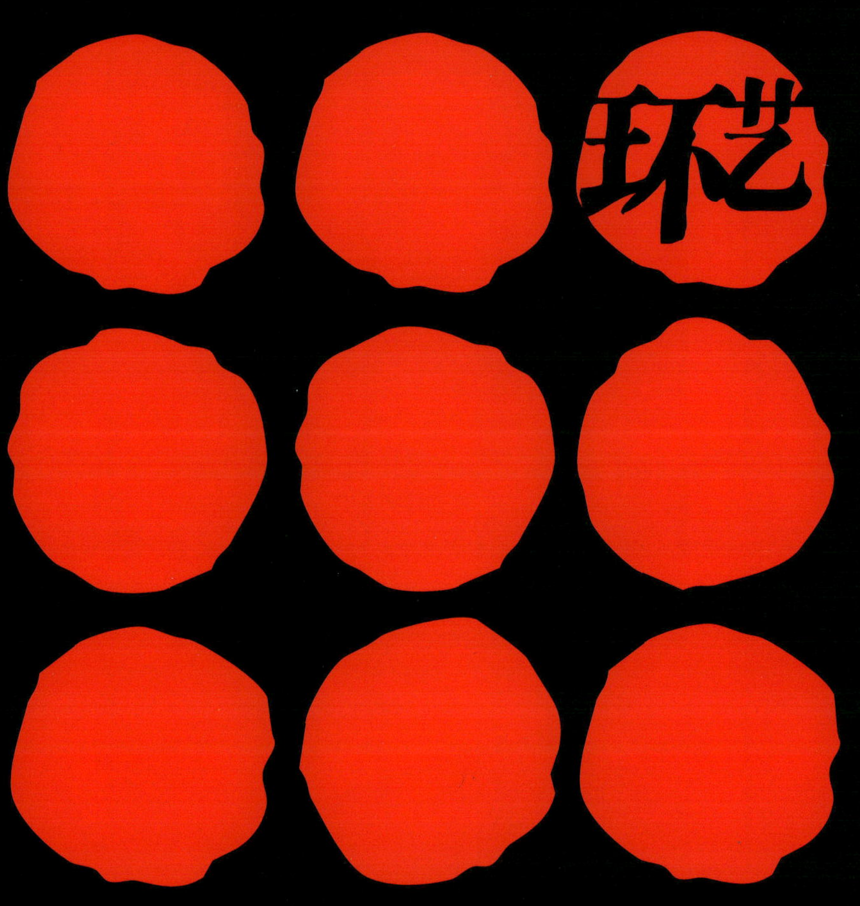
环艺

A
B | C
D

编　　号：A
作品名称：南湖半岛 卧龙欲腾
作　　者：张越、刘海梅
所在院校：中国美术学院

编　　号：B
作品名称：兰博物基尼汽车展示中心
作　　者：汤强
指导教师：童小明
所在院校：广州美术学院

编　　号：C
作品名称：钱帕住所宅模型
作　　者：李海
所在院校：西南交通大学

编　　号：D
作品名称：冰裂一刻(李宁体育公园导向标识)
作　　者：曾筠毅
指导教师：喻湘龙
所在院校：广西艺术学院

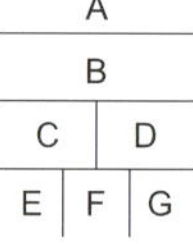

编　　号：A
作品名称：小区景观设计
作　　者：林禄盛
指导教师：黄剑兰
所在院校：西南大学

编　　号：B
作品名称：自然与纯真(吉粮康郡售楼处)
作　　者：韩百慧
指导教师：王铁军
所在院校：东北师范大学

编　　号：C
作品名称：酒店空间设计
作　　者：许树贤
指导教师：黄国琦
所在院校：广东工业大学

编　　号：D
作品名称：别墅效果图
作　　者：单宁
所在院校：成都理工大学

编　　号：E
作品名称：厨房效果图
作　　者：张瑜娇
指导教师：陈瀚
所在院校：华南师范大学

编　　号：F
作品名称：某别墅设计
作　　者：黄晓燕
所在院校：广东工业大学

编　　号：G
作品名称：三星展示设计
作　　者：张和
指导教师：薛峰
所在院校：上海出版高等专科学校

酒店空间设计

SAMSUNG
三星电子

A	B
C	D
E	F
G	H
I	J

编　　号：A
作品名称：原色·流动
作　　者：牛海涛
指导教师：王帆
所在院校：东北师范大学

编　　号：B
作品名称：快餐厅设计
作　　者：储乐
指导教师：徐邠
所在院校：扬州大学

编　　号：C
作品名称：c.o.家庭工作室
作　　者：刘运海
指导教师：许赟
所在院校：山东大学

编　　号：D
作品名称：商业空间设计
作　　者：赵丽敏
所在院校：辽宁工业大学

编　　号：E
作品名称：绿感觉
作　　者：陈浩
指导教师：宋方浩
所在院校：山东大学

编　　号：F
作品名称：花语系列
作　　者：刘志坚
指导教师：陈宇哲
所在院校：广州城市职业学院

编　　号：G
作品名称：红黑之间(1)
作　　者：黄超良
指导教师：陈宇哲
所在院校：广州城市职业学院

编　　号：H
作品名称：客厅设计效果图
作　　者：曹杰
指导教师：孙婉
所在院校：东北大学

编　　号：I
作品名称：金黄色的季节
作　　者：刘志坚
指导教师：陈宇哲
所在院校：广州城市职业学院

编　　号：J
作品名称：写意浪漫
作　　者：刘志坚
指导教师：陈宇哲
所在院校：广州城市职业学院

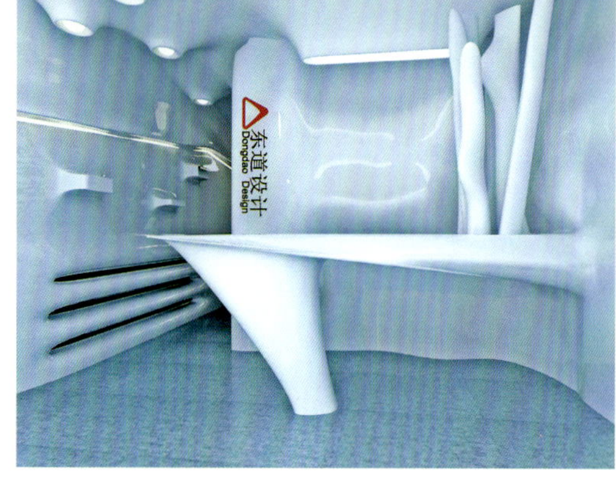

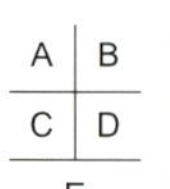

编　　号：A
作品名称：居民楼景观设计
作　　者：储乐
指导教师：徐邠
所在院校：扬州大学

编　　号：B
作品名称：欧式公建
作　　者：程龙
指导教师：黄可煜
所在院校：辽宁师范大学

编　　号：C
作品名称：景观设计
作　　者：王晓亮
指导教师：李明飞
所在院校：南昌大学

编　　号：D
作品名称：滨江小区景观鸟瞰图
作　　者：黄江
指导教师：黄艺
所在院校：重庆文理学院

编　　号：E
作品名称：“限”—冯宅
作　　者：吴广
指导教师：柒万里
所在院校：广西艺术学院

编　　号：F
作品名称：大观天下A1户型
作　　者：甘璐
所在院校：广西艺术学院

编　　号：G
作品名称：售楼中心 凤凰涅槃
作　　者：刘程程
指导教师：王东辉
所在院校：山东轻工业学院

A
B
C
D
E

编　　号：A
作品名称：天津开发区垃圾转运站方案
作　　者：黄金珠
指导教师：孟磊
所在院校：天津师范大学

编　　号：B
作品名称：生态主题馆
作　　者：单宁
指导教师：周维娜
所在院校：成都理工大学

编　　号：C
作品名称：绿野花香
作　　者：邱晓行
指导教师：黄艺
所在院校：重庆文理学院

编　　号：D
作品名称：天津开发区垃圾转运站方案
作　　者：孟磊
指导教师：鲁睿
所在院校：天津师范大学

编　　号：E
作品名称：环保汽车展示
作　　者：沈亚丹
指导教师：钱为群
所在院校：上海出版印刷高等专科学校

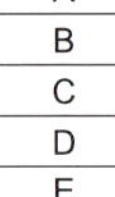

编　　号：A
作品名称：伯利恒之星咖啡馆
作　　者：何环宇、黄彬彬、苏云、李友文
指导教师：刘斌、唐壮鹏
所在院校：广西职业技术学院

编　　号：B
作品名称：“和”茶餐厅
作　　者：何环宇、黄彬彬、苏云、李友文
指导教师：刘斌、唐壮鹏
所在院校：广西职业技术学院

编　　号：C
作品名称：花下逢茶吧(1-3)
作　　者：吴文志
所在院校：南京财经大学

编　　号：D
作品名称：美式乡村酒吧
作　　者：龚良品
指导教师：谢筱冬
所在院校：湖南科技学院

编　　号：E
作品名称：设计艺术展示空间
作　　者：杨镜宇
指导教师：姜龙、杨柳
所在院校：攀枝花学院

展示空间

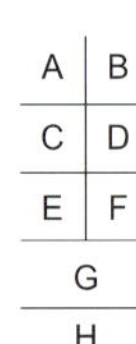

编　　号：A
作品名称：茶社
作　　者：牛海涛
指导教师：王帆
所在院校：东北师范大学

编　　号：B
作品名称：诸葛“炉”火锅店方案
作　　者：张琴
指导教师：刘永黎
所在院校：西南交通大学

编　　号：C、D、E
作品名称：食间隧道中式餐厅
作　　者：郭文萍
指导教师：王东辉
所在院校：山东轻工业学院

编　　号：F
作品名称：现代中式家居
作　　者：庄振清
所在院校：韩山师范学院

编　　号：G
作品名称：菊花石专卖店
作　　者：汤向阳
指导教师：胡剑忠
所在院校：西南交通大学

编　　号：H
作品名称：别墅设计
作　　者：覃洪波
指导教师：姜龙、宋来福
所在院校：攀枝花学院

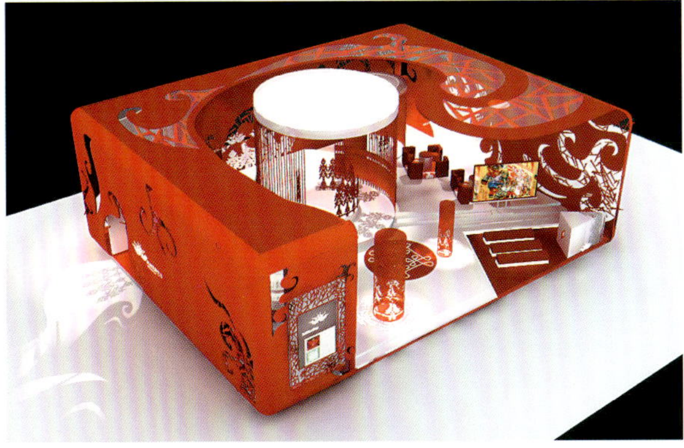

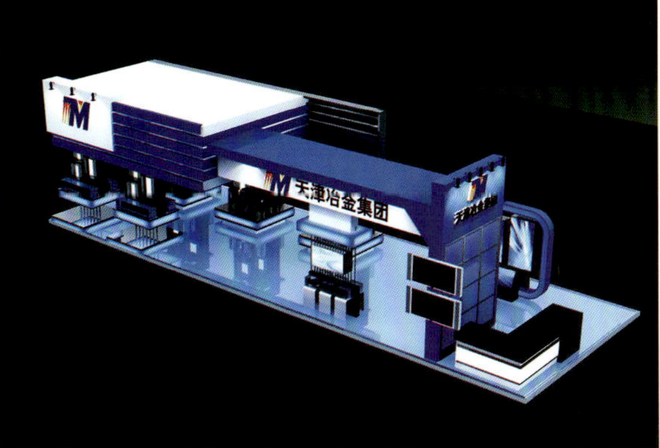

A	B
C	D
E	F
G	H
I	J

编　　号：A
作品名称：展示设计
作　　者：刘宁
所在院校：辽宁工业大学

编　　号：B
作品名称：钢铁博物馆
作　　者：张运幸
指导教师：姜龙、宋来福
所在院校：攀枝花学院

编　　号：C
作品名称：陕西民间艺术展厅
作　　者：苗玉洋
指导教师：康捷
所在院校：西安美术学院

编　　号：D
作品名称：卡地亚珠宝展示
作　　者：汤向阳
指导教师：胡剑忠
所在院校：西南交通大学

编　　号：E
作品名称：历史长河(1)
作　　者：黄超良
指导教师：陈宇哲
所在院校：广州城市职业学院

编　　号：F
作品名称：2011西安世界园艺博览会展位
作　　者：苗玉洋
所在院校：西安美术学院

编　　号：G
作品名称：三江展示设计
作　　者：张涛
指导教师：王振伟
所在院校：孝感学院

编　　号：H
作品名称：“蚕思”丝绸文化博物馆建筑设计
作　　者：罗秋媛、杨智、苏兆阳、兰竹
指导教师：白舸
所在院校：华中科技大学

编　　号：I
作品名称：天津冶金集团展示
作　　者：孟磊
指导教师：鲁睿
所在院校：天津师范大学

编　　号：J
作品名称：建筑效果图
作　　者：张文依
指导教师：王严栋
所在院校：大连大学

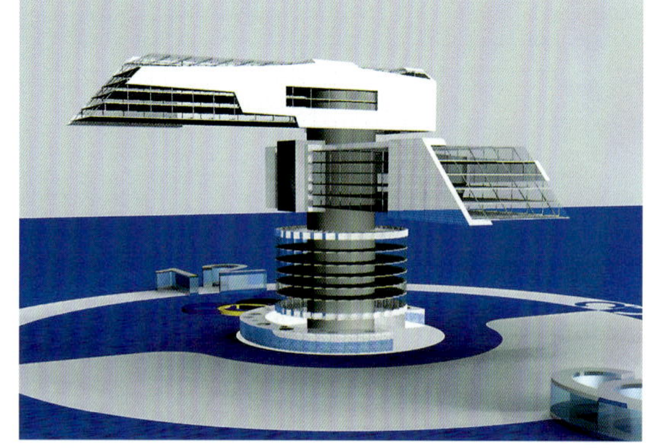

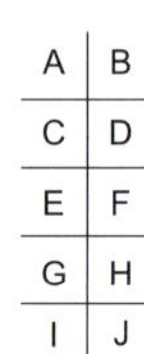

编　　号：A
作品名称：小型书吧
作　　者：王靖飞
指导教师：董奇
所在院校：中国美术学院

编　　号：B
作品名称：蜜月岛度假区景观规划
作　　者：韩延明
指导教师：郑阳
所在院校：山东大学

编　　号：C
作品名称：时间机器(奥运数码大楼)
作　　者：侯桢
指导教师：黄建生
所在院校：上海大学

编　　号：D
作品名称：大连银行房展示设计
作　　者：黄金珠
指导教师：孟磊
所在院校：天津师范大学

编　　号：E
作品名称：室内设计(1)
作　　者：王巍巍
指导教师：李翌卫
所在院校：攀枝花学院

编　　号：F
作品名称：破镇
作　　者：彭超
指导教师：刘阔
所在院校：海南大学

编　　号：G
作品名称：忆江南卫浴空间设计
作　　者：周艳婷
所在院校：辽宁工业大学

编　　号：H
作品名称：低调的奢华
作　　者：周艳婷
所在院校：辽宁工业大学

编　　号：I
作品名称：概念机械展示
作　　者：沈亚丹
指导教师：钱为群
所在院校：上海出版印刷高等专科学校

编　　号：J
作品名称：索爱手机展示
作　　者：包大明
指导教师：张淑英
所在院校：辽宁工业大学

A	B
C	D
E	F
G	H
I	

编　　号：A
作品名称：温馨卧室
作　　者：程龙
指导教师：黄可煜
所在院校：辽宁师范大学

编　　号：B
作品名称：酒店标准间设计
作　　者：马洁瑾
所在院校：西南交通大学

编　　号：C
作品名称：欧式卧室设计
作　　者：李川川
指导教师：黄可煜
所在院校：辽宁师范大学

编　　号：D
作品名称：欧式客厅设计
作　　者：李川川
指导教师：黄可煜
所在院校：辽宁师范大学

编　　号：E
作品名称：起居室空间(1)
作　　者：唐睿
指导教师：赵玉国
所在院校：黑龙江大学

编　　号：F
作品名称：卧室空间
作　　者：唐睿
指导教师：赵玉国
所在院校：黑龙江大学

编　　号：G、H
作品名称：客厅(1-2)
作　　者：陈军
所在院校：黑河学院

编　　号：I
作品名称：唯美家居
作　　者：包大明
指导教师：张淑英
所在院校：辽宁工业大学

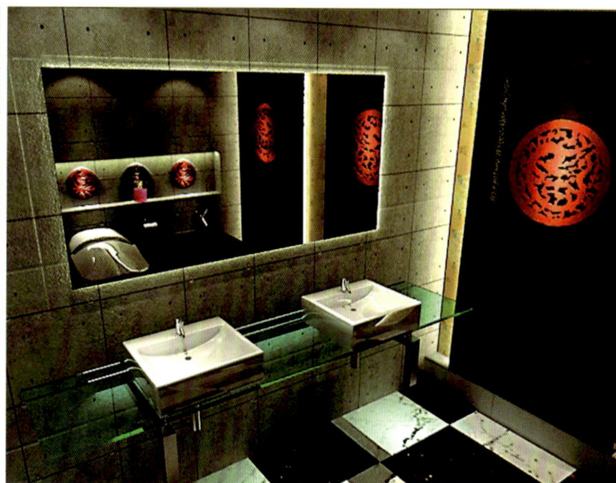

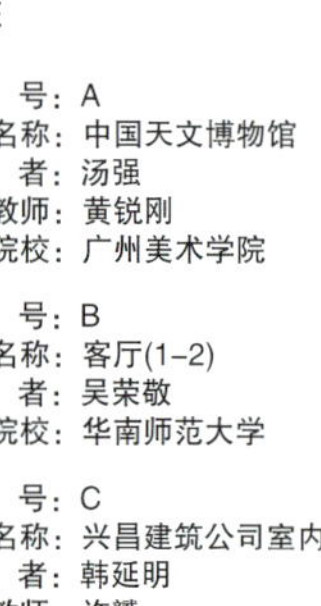

编　　号：A
作品名称：中国天文博物馆
作　　者：汤强
指导教师：黄锐刚
所在院校：广州美术学院

编　　号：B
作品名称：客厅(1–2)
作　　者：吴荣敬
所在院校：华南师范大学

编　　号：C
作品名称：兴昌建筑公司室内
作　　者：韩延明
指导教师：许赟
所在院校：山东大学

编　　号：D
作品名称：卫浴空间设计
作　　者：柏娜
指导教师：张睿峰
所在院校：辽宁工业大学

编　　号：E
作品名称：地中海风情
作　　者：柏娜
指导教师：王晖
所在院校：辽宁工业大学

A
B
C
D
E

编　　号：A
作品名称：和而不同(窑居新理念住宅)
作　　者：徐翠翠
指导教师：方增轮
所在院校：东北师范大学

编　　号：B
作品名称：主题快餐店
作　　者：闫文华
指导教师：王琼、周潮
所在院校：苏州工艺美术学院

编　　号：C
作品名称：德阳钢铁文明博物馆
作　　者：张晓姣
指导教师：姜龙、杨柳
所在院校：攀枝花学院

编　　号：D
作品名称：ICE CREAM BAR
作　　者：徐翠翠
指导教师：王铁军、方增轮、刘学文
所在院校：东北师范大学

编　　号：E
作品名称：莲域(现代佛教传播机构)
作　　者：徐翠翠
指导教师：方增轮
所在院校：东北师范大学

A	
B	
C	
D	
E	F

编　　号：A
作品名称：宿州财富广场室内
作　　者：朱其飞
所在院校：宿州学院

编　　号：B
作品名称：宿州农行小区
作　　者：朱其飞
所在院校：宿州学院

编　　号：C
作品名称：LOFT创意工作空间
作　　者：韩百慧
指导教师：王铁军
所在院校：东北师范大学

编　　号：D
作品名称：曲·方、白·红快餐店
作　　者：王彤云
指导教师：赵焕光、李晓抒
所在院校：河南师范大学

编　　号：E
作品名称：Dancing建筑设计
作　　者：柳萌
指导教师：李映彤
所在院校：湖北工业大学

编　　号：F
作品名称：ASIS家具展位设计
作　　者：甘为
指导教师：童燕康
所在院校：广州美术学院

A	
B	
C	
D	
E	F

编　　号：A
作品名称：绿色灯具专卖店方案
作　　者：赵亮宇
指导教师：王铁军、刘学文
所在院校：东北师范大学

编　　号：B
作品名称：覃家岗欧陆风情
作　　者：王璐、姜莹
指导教师：余毅
所在院校：四川美术学院

编　　号：C
作品名称：海上花
作　　者：徐策
指导教师：白舸
所在院校：华中科技大学

编　　号：D
作品名称：吉粮康郡样板间方案
作　　者：赵亮宇
指导教师：王铁军、刘学文
所在院校：东北师范大学

编　　号：E
作品名称：星座酒店(酒吧)
作　　者：韩志国
指导教师：马庆
所在院校：山东工艺美术学院

编　　号：F
作品名称：星座酒店(走廊)
作　　者：韩志国
指导教师：马庆
所在院校：山东工艺美术学院

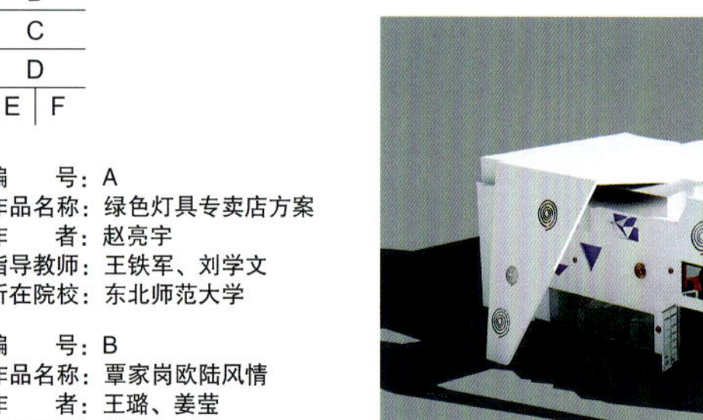

摄影
影视
动画

A	B
C	D
E	F
G	H

编　　号：A、B、C、D
作品名称：红色记忆(1–4)
作　　者：韦伟
指导教师：聂劲权
所在院校：山东师范大学

编　　号：E
作品名称：女权
作　　者：柳惠译
指导教师：胡钢峰
所在院校：太原理工大学

编　　号：F
作品名称：活色生香
作　　者：柳惠译
指导教师：胡钢峰
所在院校：太原理工大学

编　　号：G
作品名称：dior香水系列(流)
作　　者：郭悦黎
指导教师：谷久文
所在院校：北京航空航天大学

编　　号：H
作品名称：dior香水系列(恒)
作　　者：郭悦黎
指导教师：谷久文
所在院校：北京航空航天大学

A F
B G
C H
D
E

编　　号：A
作品名称：琉璃晴
作　　者：樊皓
指导教师：樊本齐
所在院校：北京邮电大学

编　　号：B
作品名称：飞扬跋扈
作　　者：毛磊秋
指导教师：防子龙
所在院校：四川大学

编　　号：C
作品名称：落霞与建筑
作　　者：邓树海
指导教师：陈珊
所在院校：广州美术学院

编　　号：D
作品名称：北京记忆
作　　者：樊皓
指导教师：樊本齐
所在院校：北京邮电大学

编　　号：E
作品名称：独·毒(1)
作　　者：刘玉亭
所在院校：广东商学院

编　　号：F
作品名称：天朝衣冠
作　　者：黄海霞
指导教师：聂劲权
所在院校：山东师范大学

编　　号：G
作品名称：鸡鸣寺一角
作　　者：徐江宁
指导教师：吕凤显
所在院校：南京艺术学院

编　　号：H
作品名称：余晖
作　　者：白阿娇
指导教师：周禹
所在院校：华中师范大学

编　　号：A
作品名称：风光
作　　者：卢宝腾
所在院校：吉利大学

编　　号：B
作品名称：守望
作　　者：黎泰伸
指导教师：李国营
所在院校：梧州学院

编　　号：C
作品名称：黄花人家
作　　者：姚磊
指导教师：罗凯
所在院校：内江师范学院

编　　号：D
作品名称：剪影
作　　者：何碧莹
指导教师：沈麟琪
所在院校：吉林大学

编　　号：E
作品名称：高原秋收
作　　者：姚磊
指导教师：罗凯
所在院校：内江师范学院

编　　号：F
作品名称：落幕
作　　者：何碧莹
指导教师：沈麟琪
所在院校：吉林大学

编　　号：G
作品名称：春
作　　者：李海
指导教师：李北柯
所在院校：西南交通大学

编　　号：H
作品名称：舞动的自然
作　　者：林伟凡
所在院校：华南师范大学

A
B
C
D

编　　号：A
作品名称：秋韵
作　　者：卢宝腾
所在院校：吉利大学

编　　号：B、C
作品名称：黄龙溪五彩池(1-2)
作　　者：裴昌龙
指导教师：蒋鑫
所在院校：四川美术学院

编　　号：D
作品名称：平静印象
作　　者：姜欣
指导教师：刘保华
所在院校：大连大学

A	B
C	D
E	F
G	H

编　　号：A
作品名称：建
作　　者：苏培想
指导教师：杨旭
所在院校：湛江师范学院

编　　号：B、D
作品名称：烟花(1-2)
作　　者：徐浩
指导教师：严昊
所在院校：南京视觉艺术学院

编　　号：C
作品名称：月沼・朗月
作　　者：吉晓苹
所在院校：重庆大学

编　　号：E
作品名称：丰收
作　　者：苏培想
指导教师：杨旭
所在院校：湛江师范学院

编　　号：F
作品名称：热情似火
作　　者：苏超
指导教师：严昊
所在院校：南京视觉艺术学院

编　　号：G
作品名称：龙脊
作　　者：周靖
指导教师：沈文胜
所在院校：湖南师范大学

编　　号：H
作品名称：乌镇
作　　者：王也
指导教师：马刚
所在院校：中央美术学院

A	B
C	D
E	F

编　　号：A
作品名称：小时候(4)
作　　者：孟彬
指导教师：严昊
所在院校：南京视觉艺术学院

编　　号：B
作品名称：无题
作　　者：王尚玲
指导教师：邓铭
所在院校：江苏技术师范学院

编　　号：C
作品名称：周杰伦
作　　者：盛少波
指导教师：严昊
所在院校：南京视觉艺术学院

编　　号：D
作品名称：僧人
作　　者：庄中德
指导教师：刘三键
所在院校：广州美术学院

编　　号：E
作品名称：祥
作　　者：代成林
指导教师：罗凯
所在院校：内江师范学院

编　　号：F
作品名称：渴望
作　　者：秦铜
指导教师：支炳山
所在院校：桂林理工大学

A	B
C	D
E	F
G	H

编　　号：A
作品名称：梦幻(1)
作　　者：孟彬
指导教师：严昊
所在院校：南京视觉艺术学院

编　　号：B
作品名称：水上屋居
作　　者：崔铮
指导教师：严昊
所在院校：南京视觉艺术学院

编　　号：C
作品名称：酒
作　　者：孟彬
指导教师：严昊
所在院校：南京视觉艺术学院

编　　号：D
作品名称：双船
作　　者：崔铮
指导教师：严昊
所在院校：南京视觉艺术学院

编　　号：E、G
作品名称：时代(1-2)
作　　者：金慧、李欣雨、刘晨童
指导教师：严昊
所在院校：南京视觉艺术学院

编　　号：F
作品名称：忆
作　　者：杨阳
指导教师：李绍杰
所在院校：北京工业大学

编　　号：H
作品名称：殒
作　　者：杨阳
指导教师：李绍杰
所在院校：北京工业大学

明月几时有把酒问青天不
上宫阙今昔是何年我欲
去又恐
玉宇
高处
胜寒起舞弄
影何似在人间
转朱阁低绮户照无
不应有恨何事长向别时
人有悲欢离合月有阴晴圆缺
此事古难全千里共婵娟

A E
B F
C G
D

编　　号：A
作品名称：落幕遗残
作　　者：李聪聪
指导教师：吴俊霆
所在院校：中南大学

编　　号：B
作品名称：窥视
作　　者：廖华
所在院校：广州美术学院

编　　号：C
作品名称：时空扭曲
作　　者：胡锦超
指导教师：杨国辛
所在院校：华南师范大学

编　　号：D
作品名称：夜
作　　者：蒋程远
所在院校：江汉大学

编　　号：E
作品名称：众生
作　　者：孙文君
指导教师：王丽君
所在院校：北京交通大学

编　　号：F
作品名称：大山深处
作　　者：潘超
所在院校：厦门大学

编　　号：G
作品名称：珍惜
作　　者：巫伟敏
指导教师：杨国辛
所在院校：华南师范大学

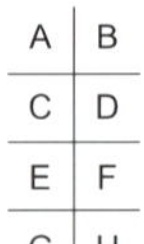

编　　号：A
作品名称：服装创意广告
作　　者：陈澍
指导教师：韩程伟
所在院校：杭州师范大学

编　　号：B
作品名称：魔术家
作　　者：刘晨童
指导教师：严昊
所在院校：南京视觉艺术学院

编　　号：C
作品名称：乐
作　　者：陈小龙
所在院校：云南艺术学院

编　　号：D
作品名称：印迹
作　　者：王慧芳
指导教师：聂劲权
所在院校：山东师范大学

编　　号：E
作品名称：魅影
作　　者：郭鹏
指导教师：徐蕾
所在院校：上海电影艺术学院

编　　号：F
作品名称：圆明园
作　　者：卢宝腾
所在院校：吉利大学

编　　号：G
作品名称：消失在黑暗的边际
作　　者：朱桓锐
指导教师：严昊
所在院校：南京视觉艺术学院

编　　号：H
作品名称：坚强的幸存者
作　　者：苏超
指导教师：严昊
所在院校：南京视觉艺术学院

dunhill

A	B
C	D
E	F

编　　号：A
作品名称：梳妆(魅)
作　　者：黄莎莎
指导教师：何如洲
所在院校：广东海洋大学

编　　号：B
作品名称：期盼
作　　者：巫伟敏
指导教师：杨国辛
所在院校：华南师范大学

编　　号：C
作品名称：倾情演出
作　　者：刘乙辰
所在院校：内江师范学院

编　　号：D
作品名称：古道
作　　者：庄中德
指导教师：肖雄
所在院校：广州美术学院

编　　号：E
作品名称：期盼
作　　者：胡锦超
指导教师：杨国辛
所在院校：华南师范大学

编　　号：F
作品名称：石头
作　　者：李亮
指导教师：司维东
所在院校：山东大学

A | D
E
B | F
C | G

编　　号：A
作品名称：守望
作　　者：刘书彤
指导教师：聂劲权
所在院校：山东师范大学

编　　号：B
作品名称：古镇乐章
作　　者：陈小龙
所在院校：云南艺术学院

编　　号：C
作品名称：晚途
作　　者：徐文超
指导教师：戴祥勇
所在院校：内江师范学院

编　　号：D
作品名称：古墙新人
作　　者：崔铮
指导教师：严昊
所在院校：南京视觉艺术学院

编　　号：E
作品名称：篱边小憩
作　　者：崔铮
指导教师：严昊
所在院校：南京视觉艺术学院

编　　号：F
作品名称：艺术人生
作　　者：陈璐璐
所在院校：浙江万里学院

编　　号：G
作品名称：人像(2)
作　　者：王晓宇
指导教师：关慧良
所在院校：辽宁师范大学

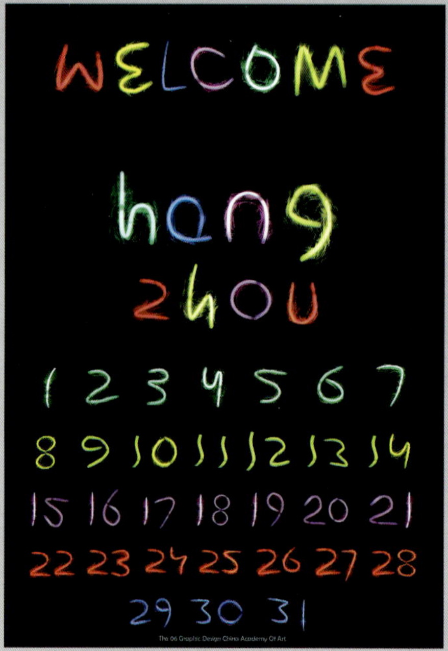

WELCOME

hang
zhou

1 2 3 4 5 6 7
8 9 10 11 12 13 14
15 16 17 18 19 20 21
22 23 24 25 26 27 28
29 30 31

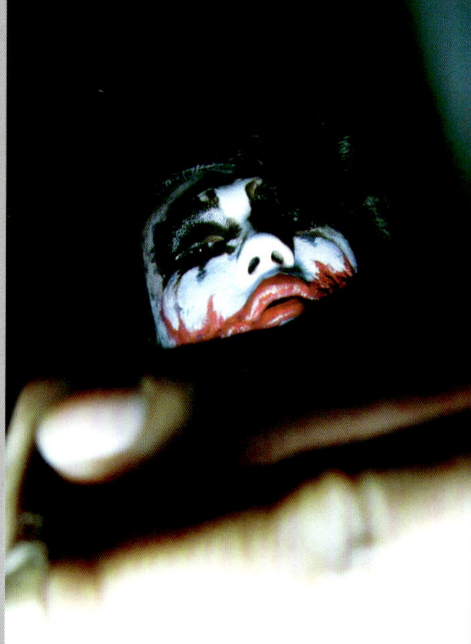

A	B
C	D
E	F

编　　号：A
作品名称：裂
作　　者：朱桓锐
指导教师：严昊
所在院校：南京视觉艺术学院

编　　号：B
作品名称：妆
作　　者：胡珊
指导教师：严昊
所在院校：南京视觉艺术学院

编　　号：C
作品名称：Everyday`hangzhou
作　　者：周斌
所在院校：中国美术学院

编　　号：D
作品名称：邪恶
作　　者：郭鹏
指导教师：徐蕾
所在院校：上海电影艺术学院

编　　号：E
作品名称：囚(1)
作　　者：杨准
所在院校：绍兴文理学院

编　　号：F
作品名称：囚(3)
作　　者：杨准
所在院校：绍兴文理学院

A	E
B	F
C	
D	G

编　　号：A
作品名称：专注
作　　者：谭勇
所在院校：西南大学

编　　号：B
作品名称：英语课
作　　者：潘迪和
指导教师：曾萍
所在院校：华南师范大学

编　　号：C
作品名称：平衡
作　　者：田园
指导教师：张朴
所在院校：华中师范大学

编　　号：D
作品名称：芭沙汉子
作　　者：李悦祯
指导教师：李辉
所在院校：惠州学院

编　　号：E
作品名称：建筑·装饰
作　　者：黎信宇
指导教师：王彬
所在院校：北京印刷学院

编　　号：F
作品名称：中国印象
作　　者：王尚玲
指导教师：邓铭
所在院校：江苏技术师范学院

编　　号：G
作品名称：人生若如杯映色(一)
作　　者：郭雄飞
指导教师：李凯文
所在院校：山西大学

A	B
C	D
E	F

编　　号：A、B
作品名称：“乐子“系列(1-2)
作　　者：王扬
指导教师：司维东
所在院校：山东大学

编　　号：C
作品名称：应试教育(2)
作　　者：徐栋智
指导教师：任宏伟
所在院校：四川美术学院

编　　号：D
作品名称：应试教育(4)
作　　者：徐栋智
指导教师：任宏伟
所在院校：四川美术学院

编　　号：E、F
作品名称：人头马XO(1-2)
作　　者：王中
指导教师：姚禹伯
所在院校：怀化学院

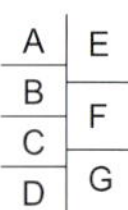

编　　号：A、B
作品名称：半按快门那一刹(1-2)
作　　者：钟浬恒
指导教师：黄锡昆
所在院校：广州美术学院

编　　号：C
作品名称：追求
作　　者：吕亮
指导教师：杨帆
所在院校：滨州学院

编　　号：D、E
作品名称：体育?(1-2)
作　　者：李博
指导教师：孙越、周常剑
所在院校：大连工业大学

编　　号：F
作品名称：飞跃
作　　者：房磊
所在院校：莆田学院

编　　号：G
作品名称：老屋记忆(1)
作　　者：刘晓洪
指导教师：雷琳
所在院校：广州大学

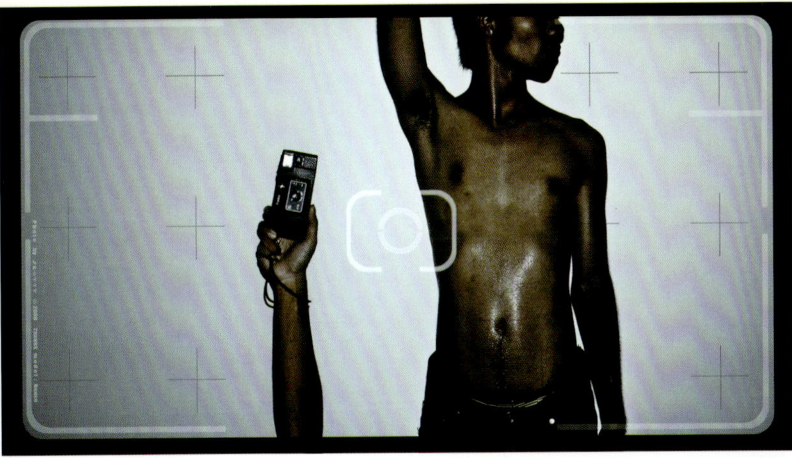

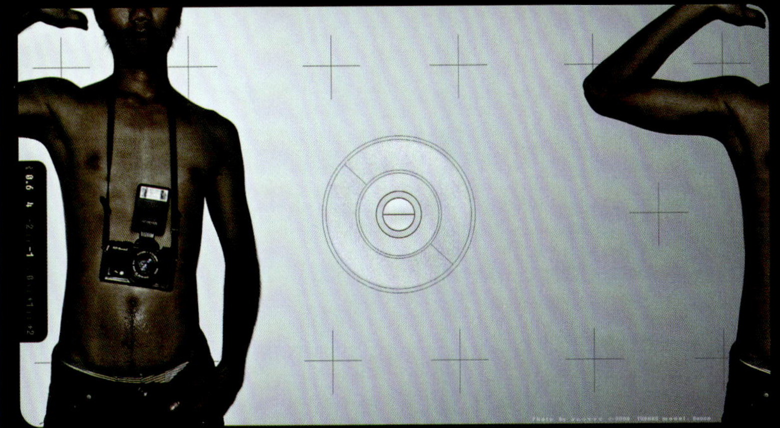

A	B
C	D
E	F

编　　号：A、B
作品名称：和谐的微笑(1-2)
作　　者：彭焱恺
指导教师：聂劲权
所在院校：山东师范大学

编　　号：C、D
作品名称：魅惑(3-4)
作　　者：宋兵环、朱金星
指导教师：严昊
所在院校：南京视觉艺术学院

编　　号：E
作品名称：真实的自己
作　　者：汪敏洁
指导教师：徐剑薇
所在院校：南京视觉艺术学院

编　　号：F
作品名称：当植物们都消失……
作　　者：郑玉凤
指导教师：徐剑薇
所在院校：南京视觉艺术学院

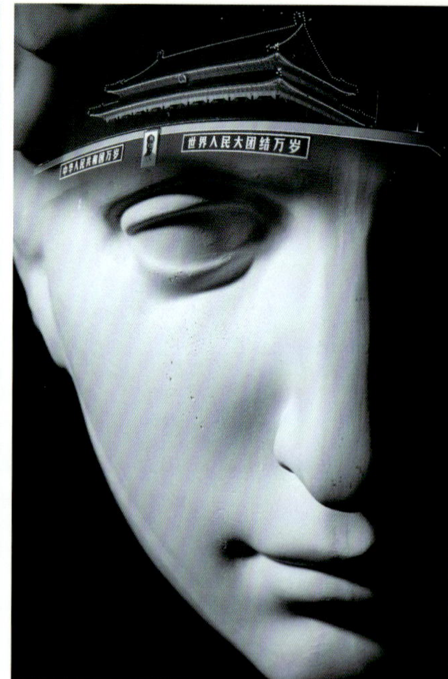

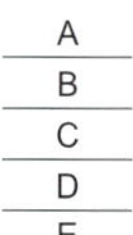

编　　号：A
作品名称：无纸境(坐忘)
作　　者：王忆冰
指导教师：杨国辛
所在院校：华南师范大学

编　　号：B
作品名称：无纸境(心斋)
作　　者：王忆冰
指导教师：杨国辛
所在院校：华南师范大学

编　　号：C
作品名称：无纸境(朝彻)
作　　者：王忆冰
指导教师：杨国辛
所在院校：华南师范大学

编　　号：D
作品名称：校园风光全景图(3)
作　　者：郭轩豪
所在院校：商丘师范学院

编　　号：E
作品名称：聚集
作　　者：王红霞
指导教师：刘雨眠
所在院校：大连外国语学院

MARKET

编　　号：A
作品名称：风调雨顺
作　　者：刘明华
指导教师：周常剑
所在院校：大连工业大学

编　　号：B
作品名称：老农
作　　者：刘明华
指导教师：周常剑
所在院校：大连工业大学

编　　号：C
作品名称：新工业时代
作　　者：胡珊
指导教师：严昊
所在院校：南京视觉艺术学院

编　　号：D、E
作品名称：走进敬老院(1–2)
作　　者：周中方
指导教师：谷永威
所在院校：山东师范大学

A	E
B	F
C	F
D	G

编　　号：A
作品名称：苗族老奶奶
作　　者：柳佳
指导教师：章新成
所在院校：九江学院

编　　号：B
作品名称：他们
作　　者：刘书彤
指导教师：聂劲权
所在院校：山东师范大学

编　　号：C
作品名称：发现美(2)
作　　者：杨晨
指导教师：潘云华
所在院校：浙江理工大学

编　　号：D
作品名称：灰色
作　　者：李月雯
所在院校：亳州师范高等专科学校

编　　号：E
作品名称：背着竹篮的老人
作　　者：林友
指导教师：单贺飞
所在院校：五邑大学

编　　号：F
作品名称：光明在前面
作　　者：柳佳
指导教师：章新成
所在院校：九江学院

编　　号：G
作品名称：锅炉工
作　　者：李亮
指导教师：司维东
所在院校：山东大学

A B C D | E F G

编　　号：A
作品名称：花为谁开(3)
作　　者：刘思琛
指导教师：严伟
所在院校：东北电力大学

编　　号：B
作品名称：纯洁
作　　者：蒋程远
所在院校：江汉大学

编　　号：C
作品名称：含苞欲放
作　　者：刘乙辰
所在院校：内江师范学院

编　　号：D
作品名称：聆听
作　　者：李方
指导教师：吴友华
所在院校：重庆大学

编　　号：E
作品名称：出淤泥而不染
作　　者：李方
指导教师：吴友华
所在院校：重庆大学

编　　号：F
作品名称：荷
作　　者：李文魁
指导教师：黄锡锟
所在院校：广州美术学院

编　　号：G
作品名称：发现美(1)
作　　者：杨晨
指导教师：潘云华
所在院校：浙江理工大学

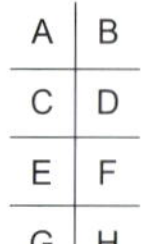

编　　号：A
作品名称：春的盎然
作　　者：孔庆宝
指导教师：周颐
所在院校：东北农业大学

编　　号：B
作品名称：夜女
作　　者：曾星
所在院校：云南师范大学

编　　号：C
作品名称：绚烂青春
作　　者：陈仁国
指导教师：高德峰
所在院校：沈阳航空工业学院

编　　号：D
作品名称：春
作　　者：易若望
所在院校：湖南科技学院

编　　号：E
作品名称：夜幕下的哈尔滨
作　　者：孔庆宝
指导教师：周颐
所在院校：东北农业大学

编　　号：F
作品名称：枯木逢春
作　　者：朱宇
所在院校：三江学院

编　　号：G
作品名称：生命的色彩
作　　者：秦铜
指导教师：支炳山
所在院校：桂林理工大学

编　　号：H
作品名称：傲视群芳
作　　者：朱宇
所在院校：三江学院

A	B
C	D
E	F

编　　号：A
作品名称：鸡鸣塔
作　　者：杨磊
所在院校：南京理工大学

编　　号：B
作品名称：雨夜心境
作　　者：杨磊
所在院校：南京理工大学

编　　号：C
作品名称：肃穆陈辉
作　　者：杨磊
所在院校：南京理工大学

编　　号：D
作品名称：等待
作　　者：黎贤慧
指导教师：罗秋凡
所在院校：肇庆学院

编　　号：E
作品名称：旧城新事
作　　者：李聪聪
指导教师：吴俊霆
所在院校：中南大学

编　　号：F
作品名称：凋
作　　者：黎贤慧
指导教师：罗秋凡
所在院校：肇庆学院

A	B
C	D
E	F
G	H

编　　号：A
作品名称：画影
作　　者：王志明
指导教师：李辉
所在院校：惠州学院

编　　号：B
作品名称：渔
作　　者：严娜
指导教师：吴坚
所在院校：四川师范大学

编　　号：C
作品名称：零下十六度结晶(冰河断裂)
作　　者：刘子维
所在院校：曲阜师范大学

编　　号：D
作品名称：暴瀑
作　　者：姜欣
指导教师：刘保华
所在院校：大连大学

编　　号：E
作品名称：无题
作　　者：储浩
所在院校：安徽农业大学

编　　号：F
作品名称：力度
作　　者：易若望
所在院校：湖南科技学院

编　　号：G
作品名称：结
作　　者：周红燕
指导教师：汤力
所在院校：辽宁师范大学

编　　号：H
作品名称：优美国画
作　　者：胡传泽、邓韵
指导教师：赵永伟
所在院校：孝感学院

A	B
C	D
E	F

编　　号：A
作品名称：沙漠之舟
作　　者：赵丹萍
所在院校：绍兴文理学院

编　　号：B
作品名称：小岛加大岛
作　　者：董萃萃
指导教师：司维东
所在院校：山东大学

编　　号：C
作品名称：夕阳西下
作　　者：梁英珠
所在院校：江门职业技术学院

编　　号：D
作品名称：黄昏
作　　者：储浩
所在院校：安徽农业大学

编　　号：E
作品名称：璃影
作　　者：田园
指导教师：张朴
所在院校：华中师范大学

编　　号：F
作品名称：沉默中孕育激情
作　　者：柳赫朋
指导教师：张伟东
所在院校：辽宁科技学院

A	B
C	D
E	F
G	H

编　　号：A、B
作品名称：重复的躁动(1-2)
作　　者：彭焱恺
指导教师：聂劲权
所在院校：山东师范大学

编　　号：C
作品名称：忆
作　　者：王志明
指导教师：李辉
所在院校：惠州学院

编　　号：D
作品名称：岁月痕迹(2)
作　　者：冯雪飞
指导教师：李欣
所在院校：江门职业技术学院

编　　号：E
作品名称：光
作　　者：洪婉玲
所在院校：厦门大学

编　　号：F
作品名称：节日的孤独
作　　者：潘超
所在院校：厦门大学

编　　号：G
作品名称：宁静
作　　者：刘海鹏
指导教师：曹江
所在院校：吉林大学

编　　号：H
作品名称：龙脊·龙腾
作　　者：周靖
指导教师：沈文胜
所在院校：湖南师范大学

MOTION
正旺

A	B
C	D
E	F

编　　号：A
作品名称：文物
作　　者：王慧芳
指导教师：聂劲权
所在院校：山东师范大学

编　　号：B
作品名称：车厢一瞥
作　　者：廖华
所在院校：广州美术学院

编　　号：C
作品名称：零下十六度结晶(冰花)
作　　者：刘子维
所在院校：曲阜师范大学

编　　号：D
作品名称：城中城
作　　者：徐文超
指导教师：罗凯
所在院校：内江师范学院

编　　号：E
作品名称：独
作　　者：游小琴
指导教师：戴祥勇
所在院校：内江师范学院

编　　号：F
作品名称：古楼
作　　者：李志强
指导教师：卢昂
所在院校：郑州大学

A	B
C	D
E	F
G	H

编　　号：A
作品名称：山水意境
作　　者：游小琴
指导教师：罗凯
所在院校：内江师范学院

编　　号：B
作品名称：天路
作　　者：李月雯
所在院校：亳州师范高等专科学校

编　　号：C
作品名称：仙境
作　　者：李杰彬
指导教师：金昌浩
所在院校：玉林师范学院

编　　号：D
作品名称：高原之秋
作　　者：姚磊
指导教师：唐剑辉
所在院校：内江师范学院

编　　号：E
作品名称：假日海滩
作　　者：邓树海
指导教师：陈珊
所在院校：广州美术学院

编　　号：F
作品名称：安宁的水
作　　者：盛少波
指导教师：严昊
所在院校：南京视觉艺术学院

编　　号：G
作品名称：绿野仙踪
作　　者：陈澍
指导教师：韩程伟
所在院校：杭州师范大学

编　　号：H
作品名称：沉重的母爱
作　　者：陈璐璐
所在院校：浙江万里学院

A E
B F
C G
D

编　　号：A
作品名称：黄昏
作　　者：白阿娇
指导教师：周禹
所在院校：华中师范大学

编　　号：B
作品名称：夕阳双舟
作　　者：杨春艳
指导教师：乌日图
所在院校：赤峰学院

编　　号：C
作品名称：海
作　　者：刘蓉榕
指导教师：郝建英
所在院校：湖南工业大学

编　　号：D
作品名称：乔家大院
作　　者：刘云全
指导教师：冉玉杰
所在院校：四川大学

编　　号：E
作品名称：自由面具
作　　者：杨钧龙
所在院校：成都大学

编　　号：F
作品名称：顶天立地
作　　者：曾星
所在院校：云南师范大学

编　　号：G
作品名称：遗迹
作　　者：郑霜
指导教师：杨柯
所在院校：绍兴文理学院

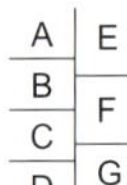

编　　号：A
作品名称：城市之音
作　　者：赵醒
指导教师：严昊
所在院校：南京视觉艺术学院

编　　号：B
作品名称：城外
作　　者：赵醒
指导教师：严昊
所在院校：南京视觉艺术学院

编　　号：C
作品名称：融合
作　　者：方明松
所在院校：南华大学

编　　号：D
作品名称：傲视
作　　者：易若望
所在院校：湖南科技学院

编　　号：E
作品名称：梯田·蓝色的梦
作　　者：陈澍
指导教师：韩程伟
所在院校：杭州师范大学

编　　号：F
作品名称：生香
作　　者：徐靖惠
指导教师：刘虹
所在院校：大连外国语学院

编　　号：G
作品名称：激流勇进
作　　者：江如弋
指导教师：郝建英
所在院校：湖南工业大学

A
B
C
D | E

编　　号：A
作品名称：覆盖
作　　者：方明松
所在院校：南华大学

编　　号：B
作品名称：傍晚
作　　者：王红霞
指导教师：刘雨眠
所在院校：大连外国语学院

编　　号：C
作品名称：归
作　　者：叶荣华
指导教师：王斌
所在院校：徐州师范大学

编　　号：D
作品名称：待明天
作　　者：杨阳
指导教师：李绍杰
所在院校：北京工业大学

编　　号：E
作品名称：残风
作　　者：侯虹旭
指导教师：司维东
所在院校：山东大学

A | B | C
D | E | F
G | H
I
J

编　　号：A
作品名称：无处安放的睡眠(1)
作　　者：黄静
指导教师：徐剑薇
所在院校：南京视觉艺术学院

编　　号：B
作品名称：无处安放的睡眠(4)
作　　者：黄静
指导教师：徐剑薇
所在院校：南京视觉艺术学院

编　　号：C
作品名称：光荣的旅行
作　　者：柳惠译
指导教师：胡钢峰
所在院校：太原理工大学

编　　号：D
作品名称：迎接朝阳
作　　者：柳惠译
指导教师：胡钢峰
所在院校：太原理工大学

编　　号：E
作品名称：束缚(4)
作　　者：马建永
指导教师：孙越
所在院校：大连工业大学

编　　号：F
作品名称：束缚(6)
作　　者：马建永
指导教师：孙越
所在院校：大连工业大学

编　　号：G
作品名称：束缚(1)
作　　者：马建永
指导教师：孙越
所在院校：大连工业大学

编　　号：H
作品名称：秒穿梭系列(3)
作　　者：罗鼎明
指导教师：吴晓
所在院校：广州大学

编　　号：I
作品名称：木鱼的预言
作　　者：王旭妮、周香香、赵杰
指导教师：姜军、蔡劲松
所在院校：山东工艺美术学院

编　　号：J
作品名称：摇滚路
作　　者：苏莱曼·穆海
所在院校：北方民族大学

A
B
C

编　　号：A
作品名称：卡通乐园设计
作　　者：陈光辉
指导教师：郑兴
所在院校：厦门大学

编　　号：B
作品名称：丑小鸭
作　　者：王旭妮、周香香、赵杰
指导教师：姜军、蔡劲松
所在院校：山东工艺美术学院

编　　号：C
作品名称：水城
作　　者：彭超
指导教师：刘阔
所在院校：海南大学

A
B
C
D

编　　号：A
作品名称：人生的梯子
作　　者：刘子琦
指导教师：于卓
所在院校：中国防卫科技学院

编　　号：B
作品名称：夸父逐日
作　　者：余文砚
指导教师：黄菁
所在院校：广西艺术学院

编　　号：C
作品名称：寻
作　　者：李佳瑶
指导教师：陈锋
所在院校：中国美术学院

编　　号：D
作品名称：兔子＆稻草人
作　　者：谢璐佳
指导教师：郑兴
所在院校：厦门大学

A
B
C
D

编　　号：A
作品名称：TREE
作　　者：王也
指导教师：马刚、卢悦
所在院校：中央美术学院

编　　号：B
作品名称：云信
作　　者：余英祺
指导教师：何建华
所在院校：韶关学院

编　　号：C
作品名称：视觉音乐(黑白)
作　　者：张印
指导教师：张蕾
所在院校：鲁迅美术学院

编　　号：D
作品名称：青花瓷
作　　者：王璇
指导教师：彭国华
所在院校：陕西科技大学

A
B
C
D

编　　号：A
作品名称：穿着皮草 残忍
作　　者：张燕
指导教师：王东辉
所在院校：山东轻工业学院

编　　号：B
作品名称：π
作　　者：刘子琦
指导教师：于卓
所在院校：中国防卫科技学院

编　　号：C
作品名称：狗熊大白的日记
作　　者：富缨淇
指导教师：刘麟君
所在院校：长沙理工大学

编　　号：D
作品名称：墙角世界
作　　者：余文砚
指导教师：黄菁
所在院校：广西艺术学院

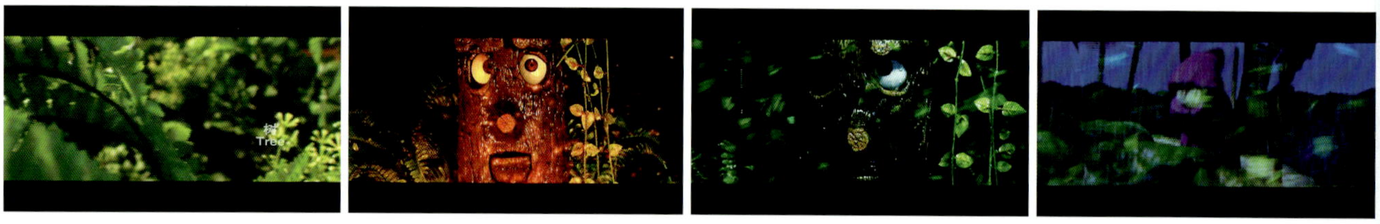

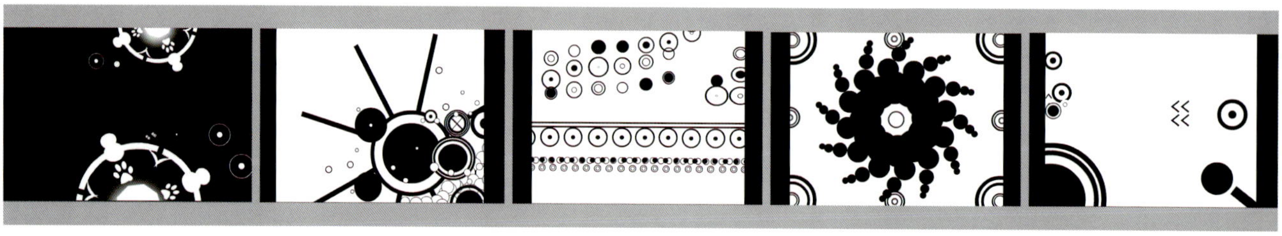

妈妈...
啊？！
穿着皮草 残忍
WEAR FUR CRUEL
墙角世界

电脑
插画

	A	
	B │ C	
	D	

编　　号：A
作品名称：圣诞笛音
作　　者：高亢
指导教师：蒋维刚
所在院校：四川大学

编　　号：B
作品名称：美味中国
作　　者：高亢
指导教师：靳泰然
所在院校：四川大学

编　　号：C
作品名称：中国茶
作　　者：高亢
指导教师：蒋维刚、王蓓
所在院校：四川大学

编　　号：D
作品名称：谁动了我的盆景
作　　者：李正冬
指导教师：萧康亮
所在院校：赣南师范学院

A
B
C
D

编　　号：A
作品名称：麦田
作　　者：林溪
所在院校：东南大学

编　　号：B
作品名称：雪龙
作　　者：邬敏
所在院校：武汉理工大学

编　　号：C
作品名称：暮色
作　　者：郝滋林
指导教师：阿山
所在院校：安徽大学

编　　号：D
作品名称：铁桶先生
作　　者：刘畅
所在院校：湖南信息科学职业学院

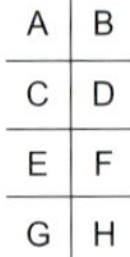

A	B
C	D
E	F
G	H

编　　号：A
作品名称：城市战场
作　　者：李远聪
所在院校：广州美术学院

编　　号：B
作品名称：潜艇爱人
作　　者：邬敏
所在院校：武汉理工大学

编　　号：C
作品名称：曙光
作　　者：张凯炼
指导教师：邓辉途
所在院校：广州航海高等专科学校

编　　号：D
作品名称：精灵之歌
作　　者：马思宁
所在院校：天津财经大学

编　　号：E
作品名称：变形金刚概念插画
作　　者：姜宣凭
所在院校：西南大学

编　　号：F
作品名称：追·逐
作　　者：罗敏
指导教师：刘茂俊
所在院校：怀化学院

编　　号：G
作品名称：出征
作　　者：骆洛
指导教师：孙嘉徽
所在院校：湖北美术学院

编　　号：H
作品名称：神秘雪山
作　　者：邬敏
所在院校：武汉理工大学

TRANSFORMERS

A	B
C	D
E	F

编　　号：A
作品名称：法瑞斯丛林守护者
作　　者：马思宁
所在院校：天津财经大学

编　　号：B
作品名称：龙女
作　　者：简海山
指导教师：董青竹
所在院校：黄河科技学院

编　　号：C
作品名称：生灵
作　　者：程辉
所在院校：北京城市学院

编　　号：D
作品名称：女剑客
作　　者：简海山
指导教师：董青竹
所在院校：黄河科技学院

编　　号：E
作品名称：机械战警
作　　者：刘阳
所在院校：山西大学

编　　号：F
作品名称：惑
作　　者：吴秋弟
所在院校：天津美术学院

A	B
C	D
E	F
G	H

编　　号：A
作品名称：愤怒的精灵
作　　者：骆文龙
所在院校：东北农业大学

编　　号：B
作品名称：拯救
作　　者：谢露
所在院校：景德镇陶瓷学院

编　　号：C
作品名称：钢铁战士
作　　者：陈川川
指导教师：陈晓军
所在院校：四川音乐学院

编　　号：D
作品名称：战争法则
作　　者：骆文龙
所在院校：东北农业大学

编　　号：E
作品名称：惊诧
作　　者：黄斯萌
指导教师：李晓华
所在院校：电子科技大学

编　　号：F
作品名称：夜幕下的神灵
作　　者：陈川川
指导教师：姚子杰
所在院校：四川音乐学院

编　　号：G
作品名称：女孩
作　　者：林超兰
所在院校：中山大学

编　　号：H
作品名称：辉煌
作　　者：贺传荣
指导教师：朱国勤
所在院校：华东师范大学

A	B
C	D
E	F

编　　号：A
作品名称：丛林小子
作　　者：贺超
指导教师：周霞
所在院校：武汉生物工程学院

编　　号：B
作品名称：万圣节餐会
作　　者：高亢
指导教师：蒋维刚
所在院校：四川大学

编　　号：C
作品名称：插画设计(1)
作　　者：顾晓坦
指导教师：肖文津
所在院校：山东工艺美术学院

编　　号：D
作品名称：音乐
作　　者：谢凌君
指导教师：王巍
所在院校：北京航空航天大学

编　　号：E
作品名称：失去氧气的教室
作　　者：张圣逸
所在院校：上海出版高等专科学校

编　　号：F
作品名称：龙
作　　者：刘家旺
所在院校：云南大学

A	B
C	D
E	F
G	H

编　　号：A
作品名称：误会
作　　者：延新月
指导教师：郑立波
所在院校：中国地质大学

编　　号：B
作品名称：流彩
作　　者：杨寅
指导教师：徐蕾
所在院校：上海电影艺术学院

编　　号：C
作品名称：传说
作　　者：刘畅
所在院校：湖南信息科学职业学院

编　　号：D
作品名称：5·12年祭
作　　者：苏萍萍
指导教师：章松铃
所在院校：大连东软信息学院

编　　号：E
作品名称：闪电模式
作　　者：柳赫朋
指导教师：任丽华
所在院校：辽宁科技学院

编　　号：F
作品名称：士多
作　　者：汤嘉俊
指导教师：杨博
所在院校：西安美术学院

编　　号：G
作品名称：飘
作　　者：王瑞
指导教师：徐蕾
所在院校：上海电影艺术学院

编　　号：H
作品名称：上古七星
作　　者：柳赫朋
指导教师：于福阳
所在院校：辽宁科技学院

By:suppping

STAR
WARS
The futu
believe

A	B
C	D
E	F

编　　号：A
作品名称：苏格拉底世界
作　　者：曾波
指导教师：詹文瑶
所在院校：四川美术学院

编　　号：B
作品名称：秋殿
作　　者：谢露
所在院校：景德镇陶瓷学院

编　　号：C
作品名称：绝望的黎明
作　　者：申迁
所在院校：四川外语学院

编　　号：D
作品名称：公主诀
作　　者：林超兰
所在院校：中山大学

编　　号：E
作品名称：可爱怪物
作　　者：林荣凯
所在院校：广州美术学院

编　　号：F
作品名称：五虎之横扫千军
作　　者：黄洋信
指导教师：丁焕
所在院校：吉林大学

A	B	C
D	E	F
G	H	I

编　　号：A
作品名称：坠落的天使
作　　者：罗敏
指导教师：刘茂俊
所在院校：怀化学院

编　　号：B
作品名称：牧羊女
作　　者：申迁
所在院校：四川外语学院

编　　号：C
作品名称：飞天
作　　者：罗敏
指导教师：刘茂俊
所在院校：怀化学院

编　　号：D
作品名称：骨城少女
作　　者：魏榕
指导教师：毓鑫
所在院校：沈阳航空工业学院

编　　号：E
作品名称：月夜
作　　者：郝滋林
指导教师：阿山
所在院校：安徽大学

编　　号：F
作品名称：守望
作　　者：吴秋弟
所在院校：天津美术学院

编　　号：G
作品名称：甜蜜
作　　者：王颖
指导教师：许浩
所在院校：沈阳师范大学

编　　号：H
作品名称：记忆三十年
作　　者：魏榕
指导教师：毓鑫
所在院校：沈阳航空工业学院

编　　号：I
作品名称：和平
作　　者：王瑞
指导教师：徐蕾
所在院校：上海电影艺术学院

A	B
C	D
E	F

编　　号：A
作品名称：Sangdaike黑暗将军
作　　者：李虹江
所在院校：武汉大学

编　　号：B
作品名称：红
作　　者：潘艺晶
所在院校：上海理工大学

编　　号：C
作品名称：非卖品
作　　者：李虹江
所在院校：武汉大学

编　　号：D
作品名称：插画临摹
作　　者：王佳
指导教师：苗荣晖
所在院校：大连大学

编　　号：E
作品名称：战神
作　　者：延新月
指导教师：郑立波
所在院校：中国地质大学

编　　号：F
作品名称：兽人战士
作　　者：马超
指导教师：高原
所在院校：吉林动画学院

A	B	C
D	E	F
G	H	I

编　　号：A
作品名称：新年
作　　者：蔺鹏飞
所在院校：吉林动画学院

编　　号：B
作品名称：八部众(龙众)
作　　者：肖颖瑜
所在院校：广州美术学院

编　　号：C
作品名称：PETER PAN封面
作　　者：谢凌君
指导教师：王巍
所在院校：北京航空航天大学

编　　号：D
作品名称：独眼猎人
作　　者：陈涛
指导教师：熊炜
所在院校：江西科技师范学院

编　　号：E
作品名称：祈祷
作　　者：潘艺晶
所在院校：上海理工大学

编　　号：F
作品名称：湘西舞女
作　　者：权燕
指导教师：张玲
所在院校：中国传媒大学

编　　号：G
作品名称：探索
作　　者：钟川
所在院校：重庆邮电大学

编　　号：H
作品名称：女娲聚妖
作　　者：肖颖瑜
所在院校：广州美术学院

编　　号：I
作品名称：奋战(2)
作　　者：林媛
指导教师：刘钟
所在院校：中国地质大学

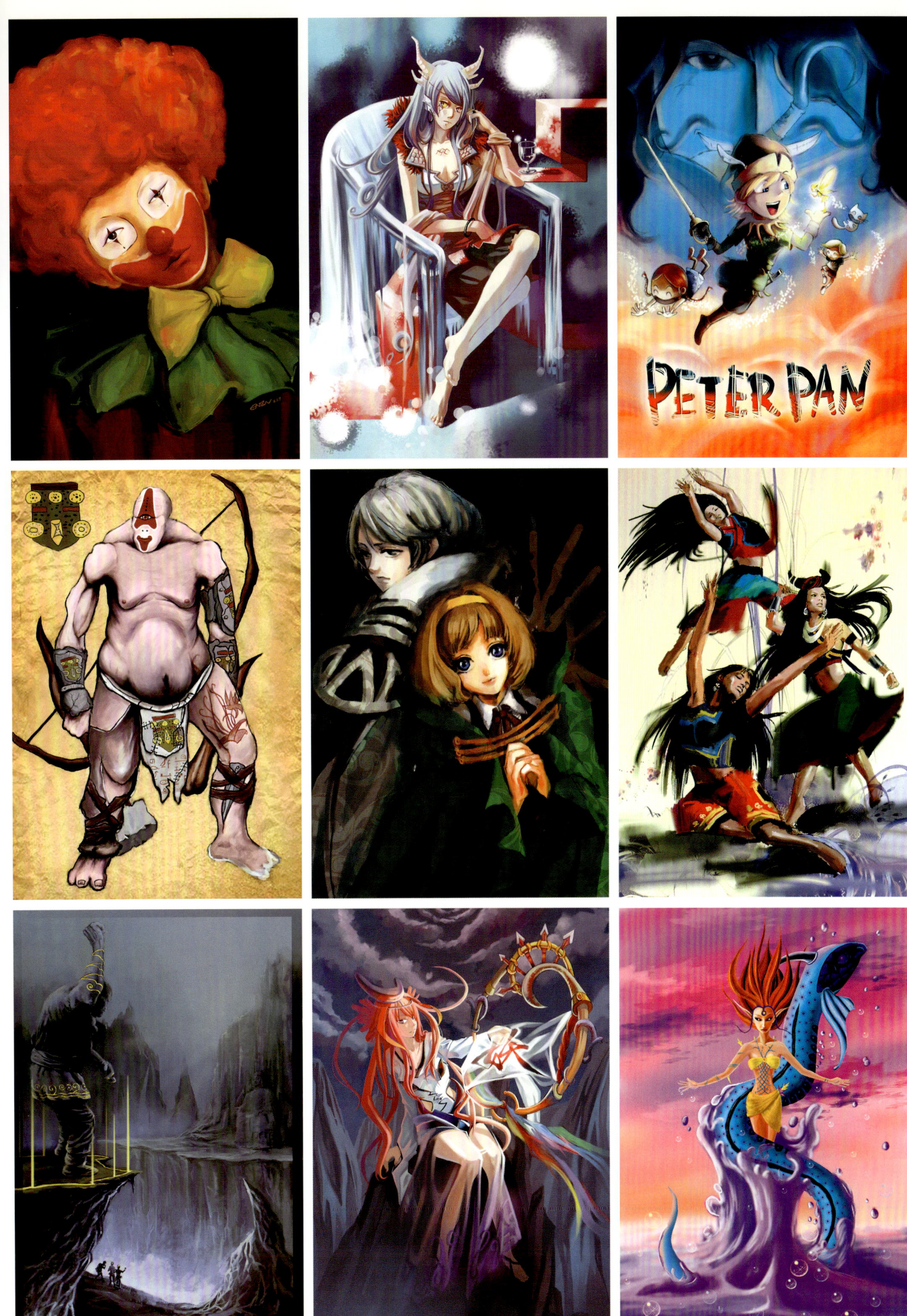
PETER PAN

A B
C D
E F

编　　号：A
作品名称：夜光杯
作　　者：张莉苹
指导教师：李赵名
所在院校：四川美术学院

编　　号：B
作品名称：夜街
作　　者：李远聪
所在院校：广州美术学院

编　　号：C
作品名称：心中的宁静
作　　者：刘少龙
指导教师：林煜
所在院校：湖北美术学院

编　　号：D
作品名称：毅力
作　　者：钟川
所在院校：重庆邮电大学

编　　号：E
作品名称：雪枪红袍
作　　者：马超
指导教师：高原
所在院校：吉林动画学院

编　　号：F
作品名称：天空
作　　者：骆文龙
所在院校：东北农业大学

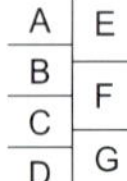

编　　号：A
作品名称：SHE
作　　者：申迁
所在院校：四川外语学院

编　　号：B
作品名称：虹
作　　者：张晓蕾
指导教师：王芳
所在院校：华南师范大学

编　　号：C
作品名称：风
作　　者：张晓蕾
指导教师：王芳
所在院校：华南师范大学

编　　号：D
作品名称：电脑插画(1)
作　　者：李虎
所在院校：北京服装学院

编　　号：E
作品名称：时间播报员
作　　者：张印
所在院校：鲁迅美术学院

编　　号：F
作品名称：火神
作　　者：张凯炼
指导教师：邓辉途
所在院校：广州航海高等专科学校

编　　号：G
作品名称：祭台
作　　者：骆洛
指导教师：孙嘉微
所在院校：湖北美术学院

A	B
C	D
E	F

编　　号：A
作品名称：八部众(天神帝释天)
作　　者：廖金城
所在院校：广州美术学院

编　　号：B
作品名称：八部众(龙神白龙敖闰)
作　　者：廖金城
所在院校：广州美术学院

编　　号：C
作品名称：黑夜苍蝇
作　　者：林荣凯
所在院校：广州美术学院

编　　号：D
作品名称：疯狂的游戏
作　　者：李虹江
所在院校：武汉大学

编　　号：E
作品名称：杨戬
作　　者：王媛
指导教师：刘欢
所在院校：北大方正软件技术学院

编　　号：F
作品名称：决胜千里
作　　者：刘阳
所在院校：山西大学

A	B	C
D	E	F
G	H	I

编　　号：A
作品名称：唐韵
作　　者：权燕
指导教师：张玲
所在院校：中国传媒大学

编　　号：B
作品名称：舞女
作　　者：王媛
指导教师：刘欢
所在院校：北大方正软件技术学院

编　　号：C
作品名称：Lily的后现代生活
作　　者：程浩然
指导教师：陈苗
所在院校：武汉科技学院

编　　号：D
作品名称：花之物语–伤
作　　者：周瑶
所在院校：信阳师范学院

编　　号：E
作品名称：春之寄语
作　　者：谭淯文
所在院校：广西民族大学

编　　号：F
作品名称：树女人
作　　者：姚征
所在院校：武汉理工大学

编　　号：G
作品名称：FashionStyle
作　　者：张嘉心
指导教师：栾海龙
所在院校：大连工业大学

编　　号：H
作品名称：女孩
作　　者：毕子豪
所在院校：青岛科技大学

编　　号：I
作品名称：我
作　　者：王晓威
所在院校：大连工业大学

About
The Blood
VENETIAN

JANEYAO-姚征

COMPUTER Arts
No.1 March 03/2009
The Edition
Humanistic Fashion
The Extraordinary Fashion
Elixir
Of Fashion
Havana,Romantic No More
ISSN 1987 03-10
No.1
9 871019234 00550

A	B
C	D
E	F
G	H

编　　号：A
作品名称：姬发(武王斩将)
作　　者：郑雪辰
指导教师：冯斌、吴永杭
所在院校：浙江理工大学

编　　号：B
作品名称：杨戬(真君开眼)
作　　者：郑雪辰
指导教师：冯斌、吴永杭
所在院校：浙江理工大学

编　　号：C
作品名称：雷震子(雷神打闪)
作　　者：郑雪辰
指导教师：冯斌、吴永杭
所在院校：浙江理工大学

编　　号：D
作品名称：哪吒(神童闹海)
作　　者：郑雪辰
指导教师：冯斌、吴永杭
所在院校：浙江理工大学

编　　号：E
作品名称：暖紫光
作　　者：周凯
所在院校：咸宁学院

编　　号：F
作品名称：丛林里的女孩
作　　者：林荣凯
所在院校：广州美术学院

编　　号：G
作品名称：四大皆空(2)
作　　者：周波
指导教师：李欢欢
所在院校：重庆邮电大学

编　　号：H
作品名称：树中的男子
作　　者：徐菲菲
指导教师：小野
所在院校：浙江林学院

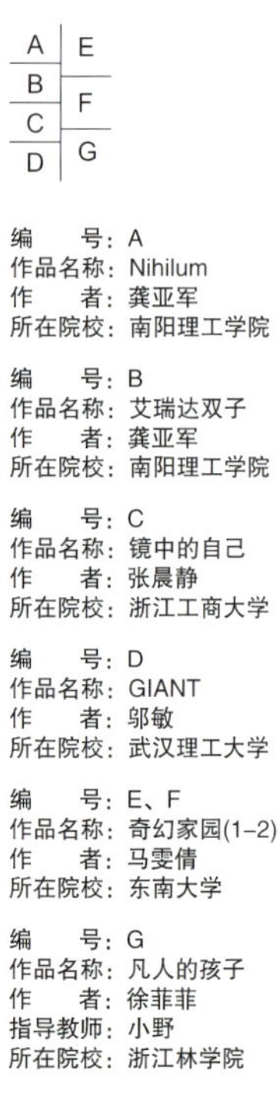

A	E
B	F
C	
D	G

编　　号：A
作品名称：Nihilum
作　　者：龚亚军
所在院校：南阳理工学院

编　　号：B
作品名称：艾瑞达双子
作　　者：龚亚军
所在院校：南阳理工学院

编　　号：C
作品名称：镜中的自己
作　　者：张晨静
所在院校：浙江工商大学

编　　号：D
作品名称：GIANT
作　　者：邬敏
所在院校：武汉理工大学

编　　号：E、F
作品名称：奇幻家园(1-2)
作　　者：马雯倩
所在院校：东南大学

编　　号：G
作品名称：凡人的孩子
作　　者：徐菲菲
指导教师：小野
所在院校：浙江林学院

NIHILUM²
BATTLE GROUP 16 , AROGOS KANKE

-=EREDAR TWINS=-
艾瑞达双子
痛楚 背叛 迷惑 憎恨 猜忌 混乱
这是一切的基石 这是一切的支柱

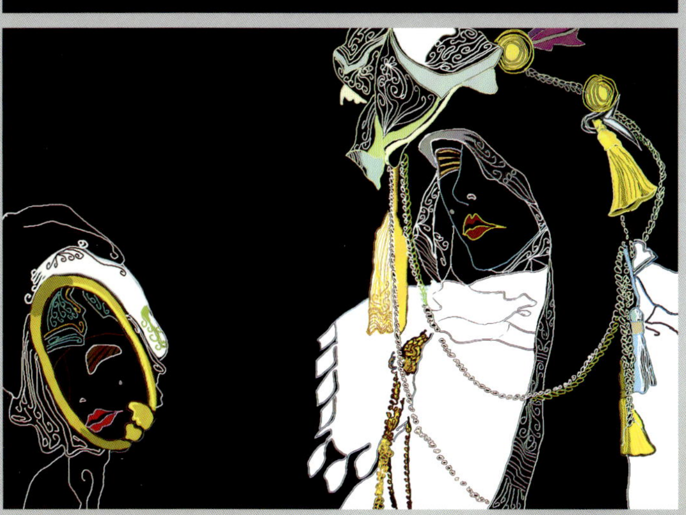

GIANT

A	B
C	D
E	F

编　　号：A
作品名称：战国将帅系列(光弼)
作　　者：陈朝郭
指导教师：周怡
所在院校：浙江工业大学

编　　号：B
作品名称：战国将帅系列(擒虎)
作　　者：陈朝郭
指导教师：周怡
所在院校：浙江工业大学

编　　号：C
作品名称：战国将帅系列(仙芝)
作　　者：陈朝郭
指导教师：周怡
所在院校：浙江工业大学

编　　号：D
作品名称：雷神
作　　者：陶依妮
指导教师：倪镔
所在院校：中国美术学院

编　　号：E
作品名称：天壤劫火
作　　者：肖天宇
所在院校：中央美术学院

编　　号：F
作品名称：零
作　　者：肖天宇
所在院校：中央美术学院

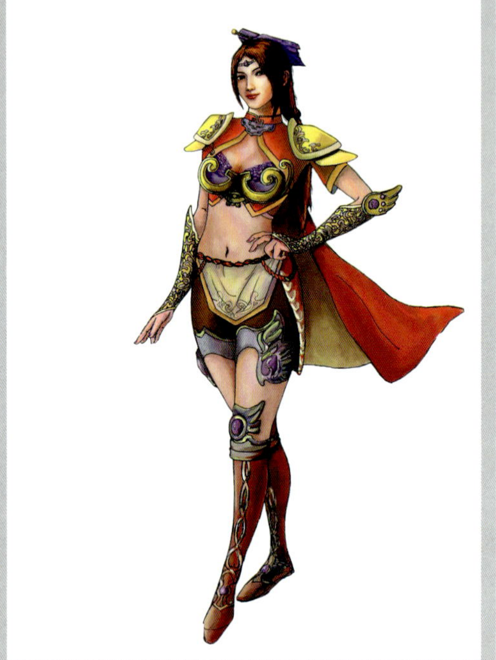

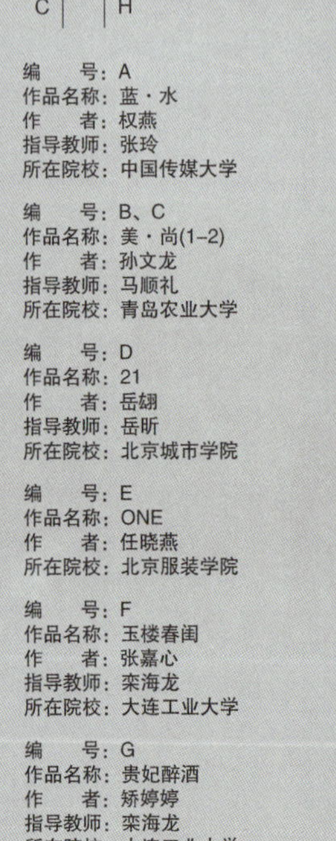

A D F
B G
C E H

编　　号：A
作品名称：蓝·水
作　　者：权燕
指导教师：张玲
所在院校：中国传媒大学

编　　号：B、C
作品名称：美·尚(1-2)
作　　者：孙文龙
指导教师：马顺礼
所在院校：青岛农业大学

编　　号：D
作品名称：21
作　　者：岳翃
指导教师：岳昕
所在院校：北京城市学院

编　　号：E
作品名称：ONE
作　　者：任晓燕
所在院校：北京服装学院

编　　号：F
作品名称：玉楼春闺
作　　者：张嘉心
指导教师：栾海龙
所在院校：大连工业大学

编　　号：G
作品名称：贵妃醉酒
作　　者：矫婷婷
指导教师：栾海龙
所在院校：大连工业大学

编　　号：H
作品名称：舞别
作　　者：矫婷婷
指导教师：栾海龙
所在院校：大连工业大学

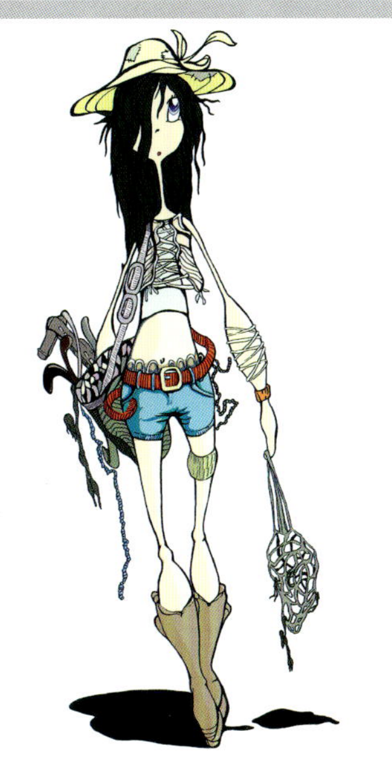

21
Ecore
21
So What
Love

ONE PIECE

贵妃醉酒

A	B
C	D
E	F

编　　号：A
作品名称：叉角羚女
作　　者：何兴利
所在院校：四川美术学院

编　　号：B
作品名称：梳妆
作　　者：黄斯萌
指导教师：李晓华
所在院校：电子科技大学

编　　号：C
作品名称：雪樱的款待
作　　者：马瑶华
指导教师：周霞
所在院校：武汉生物工程学院

编　　号：D
作品名称：生命女神
作　　者：陈世景
指导教师：邓辉途
所在院校：广州航海高等专科学校

编　　号：E
作品名称：初春的光阴
作　　者：程浩然
所在院校：武汉科技学院

编　　号：F
作品名称：魔幻蓝宝石
作　　者：马思宁
所在院校：天津财经大学

A	B
C	D
E	F
G	H

编　　号：A
作品名称：斑斓的背面
作　　者：焦钼茸
指导教师：方立民
所在院校：景德镇陶瓷学院

编　　号：B
作品名称：六五四三二一
作　　者：林松
所在院校：南阳理工学院

编　　号：C
作品名称：愤怒的赤月精灵王
作　　者：柳赫朋
指导教师：王瑜
所在院校：辽宁科技学院

编　　号：D
作品名称：开小差
作　　者：汤嘉俊
指导教师：杨博
所在院校：西安美术学院

编　　号：E
作品名称：我的快乐我做主
作　　者：陶滔滔
所在院校：徐州师范大学

编　　号：F
作品名称：阳光下的狗
作　　者：张程成
所在院校：安徽工程科技学院

编　　号：G
作品名称：T-bag
作　　者：陶滔滔
所在院校：徐州师范大学

编　　号：H
作品名称：清明节的下雨天
作　　者：林松
所在院校：南阳理工学院

I am happy I am the master
"T bag"
Robert Knepper

A	B
C	D
E	F
G	H

编　　号：A
作品名称：心情城市(重庆)
作　　者：蒲辉杰
所在院校：四川美术学院

编　　号：B
作品名称：心情城市(北京)
作　　者：蒲辉杰
所在院校：四川美术学院

编　　号：C
作品名称：心情城市(成都)
作　　者：蒲辉杰
所在院校：四川美术学院

编　　号：D
作品名称：心情城市(上海)
作　　者：蒲辉杰
所在院校：四川美术学院

编　　号：E
作品名称：电脑插画(1)
作　　者：李佳临
指导教师：艾胜英
所在院校：中国传媒大学

编　　号：F
作品名称：电脑插画(2)
作　　者：李佳临
指导教师：艾胜英
所在院校：中国传媒大学

编　　号：G
作品名称：场景插画
作　　者：陈朝郭、胡艳
指导教师：周怡
所在院校：浙江工业大学

编　　号：H
作品名称：山海间
作　　者：姚征
所在院校：武汉理工大学

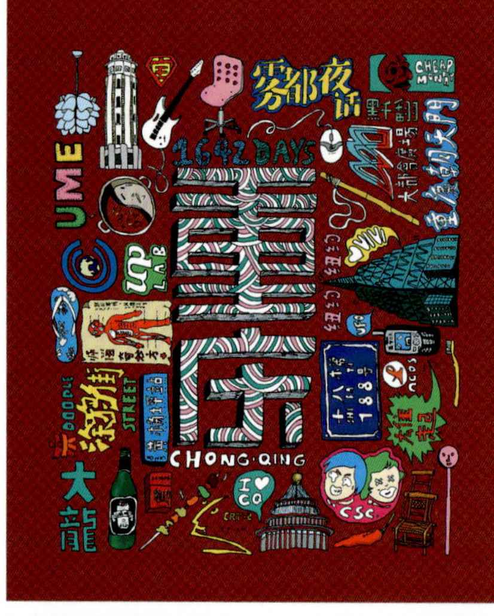

A	B
C	D
E	F
G	H

编　　号：A
作品名称：我很丑，但不妨碍做厨师
作　　者：李正冬
指导教师：萧康亮
所在院校：赣南师范学院

编　　号：B
作品名称：鱼儿的城市
作　　者：田慧
所在院校：景德镇陶瓷学院

编　　号：C
作品名称：记忆2008
作　　者：刘少龙
指导教师：林煜
所在院校：湖北美术学院

编　　号：D
作品名称：旅途
作　　者：张涵雯
指导教师：肖文津
所在院校：山东工艺美术学院

编　　号：E
作品名称：幻想
作　　者：孔健霞
所在院校：华南农业大学

编　　号：F
作品名称：数字生活
作　　者：高清云
所在院校：天津科技大学

编　　号：G
作品名称：漫画全景图
作　　者：李佳临
指导教师：艾胜英
所在院校：中国传媒大学

编　　号：H
作品名称：无题
作　　者：刁驰
所在院校：四川美术学院

liushaolong..<<记忆2008>>...2009.02.24
FAN JINGMIN

A	B
C	D
E	F

编　　号：A、B
作品名称：叛逆的小妞(1–2)
作　　者：贺泓洋
指导教师：王隽
所在院校：厦门演艺学院

编　　号：C
作品名称：表情·愤怒
作　　者：计倩
所在院校：江南大学

编　　号：D
作品名称：Summer has come 11
作　　者：向桦
指导教师：罗力
所在院校：四川美术学院

编　　号：E
作品名称：Summer has come 08
作　　者：向桦
指导教师：罗力
所在院校：四川美术学院

编　　号：F
作品名称：Summer has come 10
作　　者：向桦
指导教师：罗力
所在院校：四川美术学院

编　　号：A
作品名称：神女
作　　者：张超
指导教师：陈岚
所在院校：四川音乐学院

编　　号：B
作品名称：神奇的魔法师
作　　者：王颖
指导教师：许浩
所在院校：沈阳师范大学

编　　号：C
作品名称：HERE
作　　者：任晓燕
所在院校：北京服装学院

编　　号：D、E、F
作品名称：裸色系列(1–3)
作　　者：米姗姗
所在院校：鲁迅美术学院

编　　号：G
作品名称：树上的朝鲜族女孩
作　　者：杨帆
所在院校：南阳师范学院

编　　号：H
作品名称：怪女孩
作　　者：马玉
指导教师：李由
所在院校：中南民族大学

编　　号：I
作品名称：烟囱发生的故事
作　　者：李瑶婷
所在院校：大连外国语学院

I very mysterious
SLANG

A	B
C	D
E	F

编　　号：A
作品名称：金鱼缸里的鸭嘴兽
作　　者：曹庆斌
所在院校：鲁迅美术学院

编　　号：B
作品名称：表情·女孩
作　　者：计倩
所在院校：江南大学

编　　号：C
作品名称：失落的圣经
作　　者：杨森
指导教师：陈昆
所在院校：天津美术学院

编　　号：D
作品名称：天使城市
作　　者：陶依妮
指导教师：倪镔
所在院校：中国美术学院

编　　号：E
作品名称：蛙人
作　　者：蔺鹏飞
所在院校：吉林动画学院

编　　号：F
作品名称：Family
作　　者：许梦阳
指导教师：沈斌
所在院校：南京艺术学院

A	B
C	D
E	F
G	H

编　　号：A
作品名称：海马
指导教师：李晨
所在院校：武汉工程大学

编　　号：B
作品名称：鱼
指导教师：李晨
所在院校：武汉工程大学

编　　号：C
作品名称：劫路
作　　者：李瑶婷
所在院校：大连外国语学院

编　　号：D
作品名称：乐者
作　　者：于淼
指导教师：徐来
所在院校：辽宁工业大学

编　　号：E
作品名称：工业玩偶
作　　者：杨寅
指导教师：徐蕾
所在院校：上海电影艺术学院

编　　号：F
作品名称：ENMITY GIRL(2)
作　　者：龚亚军
所在院校：南阳理工学院

编　　号：G
作品名称：好想认识你
作　　者：雷蕾
所在院校：中国美术学院

编　　号：H
作品名称：打开冰箱，你在里面
作　　者：雷蕾
所在院校：中国美术学院

PLAY PIANO

A	B
C	D
E	F

编　　号：A
作品名称：一二三四五六
作　　者：林松
所在院校：南阳理工学院

编　　号：B
作品名称：New life
作　　者：许梦阳
指导教师：沈斌
所在院校：南京艺术学院

编　　号：C
作品名称：水晶女孩
作　　者：马玉
指导教师：李由
所在院校：中南民族大学

编　　号：D
作品名称：水鹿
作　　者：张超
指导教师：陈岚
所在院校：四川音乐学院

编　　号：E
作品名称：彩魇
作　　者：陈睿
所在院校：四川美术学院

编　　号：F
作品名称：魔方
作　　者：于淼
指导教师：徐来
所在院校：辽宁工业大学

A	B	C
D	E	F
G	H	I

编　　号：A
作品名称：魅力成都(人间仙境篇)
作　　者：王上
指导教师：魏东
所在院校：中国传媒大学

编　　号：B
作品名称：魅力成都(蓉城似锦篇)
作　　者：王上
指导教师：魏东
所在院校：中国传媒大学

编　　号：C
作品名称：魅力成都(如“吃”如醉篇)
作　　者：王上
指导教师：魏东
所在院校：中国传媒大学

编　　号：D
作品名称：金字塔
作　　者：泽让桑周
指导教师：罗时宝
所在院校：华新现代职业学院

编　　号：E
作品名称：新进化
作　　者：许梦阳
指导教师：沈斌
所在院校：南京艺术学院

编　　号：F
作品名称：圣诞来了
作　　者：张志欣
指导教师：杨群
所在院校：安徽农业大学

编　　号：G
作品名称：佛塔
作　　者：泽让桑周
指导教师：罗时宝
所在院校：华新现代职业学院

编　　号：H
作品名称：熊球儿(2)
作　　者：李宜成
所在院校：贵州大学

编　　号：I
作品名称：我的梦
作　　者：延新月
指导教师：郑立波
所在院校：中国地质大学

PARTY

christmas is coming
圣诞来了

熊球儿
XIONG QIU

A	B
C	D
E	F

编　　号：A
作品名称：逝踵
作　　者：陈睿
所在院校：四川美术学院

编　　号：B
作品名称：游戏角色(魔)
作　　者：陈世景
指导教师：邓辉途
所在院校：广州航海高等专科学校

编　　号：C
作品名称：标新立异的90
作　　者：焦銆茸
指导教师：方立民
所在院校：景德镇陶瓷学院

编　　号：D
作品名称：四大皆空(1)
作　　者：周波
指导教师：李欢欢
所在院校：重庆邮电大学

编　　号：E
作品名称：电脑插画(1)
作　　者：王巍巍
指导教师：杨军
所在院校：攀枝花学院

编　　号：F
作品名称：人生旅程
作　　者：鄂德想
所在院校：湖北经济学院

A	B	C
D	E	F
G	H	I

编　　号：A
作品名称：脸部文身的女孩
作　　者：黄斯萌
指导教师：李晓华
所在院校：电子科技大学

编　　号：B
作品名称：寂寞都市
作　　者：黄立纲
所在院校：广州大学

编　　号：C
作品名称：奋战(4)
作　　者：林媛
指导教师：刘钟
所在院校：中国地质大学

编　　号：D、G
作品名称：青春系列(2–3)
作　　者：孙欢
所在院校：北京城市学院

编　　号：E
作品名称：都市新视角
作　　者：刘子维
所在院校：曲阜师范大学

编　　号：F
作品名称：思念
作　　者：延新月
指导教师：郑立波
所在院校：中国地质大学

编　　号：H
作品名称：小蜜蜂
作　　者：吴恙
指导教师：刘欢
所在院校：北大方正软件技术学院

编　　号：I
作品名称：咖啡馆的冥想
作　　者：黄立纲
所在院校：广州大学

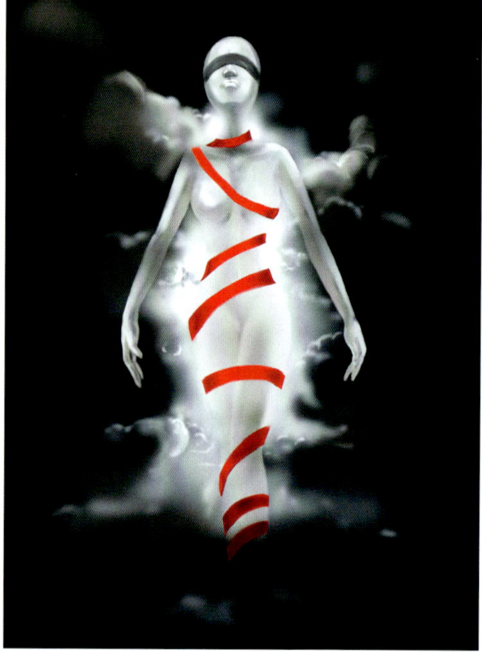

CAFE

A	B
C	D
E	F

编　　号：A
作品名称：河边的精灵
作　　者：谢凌君
指导教师：王巍
所在院校：北京航空航天大学

编　　号：B
作品名称：糖果女孩
作　　者：张晨静
所在院校：浙江工商大学

编　　号：C
作品名称：驾御
作　　者：陈睿
所在院校：四川美术学院

编　　号：D
作品名称：士兵
作　　者：李远聪
所在院校：广州美术学院

编　　号：E
作品名称：独自
作　　者：曹庆斌
所在院校：鲁迅美术学院

编　　号：F
作品名称：回忆
作　　者：叶慧
所在院校：四川大学

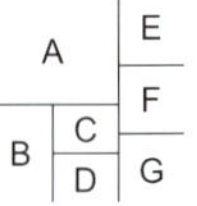

编　　号：A
作品名称：今天你“非”了吗？
作　　者：郭悦黎
指导教师：叶强
所在院校：北京航空航天大学

编　　号：B
作品名称：JUST US 插画
作　　者：周欢、黄河赞
所在院校：三峡大学

编　　号：C
作品名称：电脑插画(3)
作　　者：李佳临
指导教师：艾胜英
所在院校：中国传媒大学

编　　号：D
作品名称：面具
作　　者：周凯
所在院校：咸宁学院

编　　号：E
作品名称：矩阵革命
作　　者：李瑶婷
所在院校：大连外国语学院

编　　号：F
作品名称：挣
作　　者：田慧
所在院校：景德镇陶瓷学院

编　　号：G
作品名称：插画设计(4)
作　　者：顾晓坦
指导教师：肖文津
所在院校：山东工艺美术学院

综合
其他

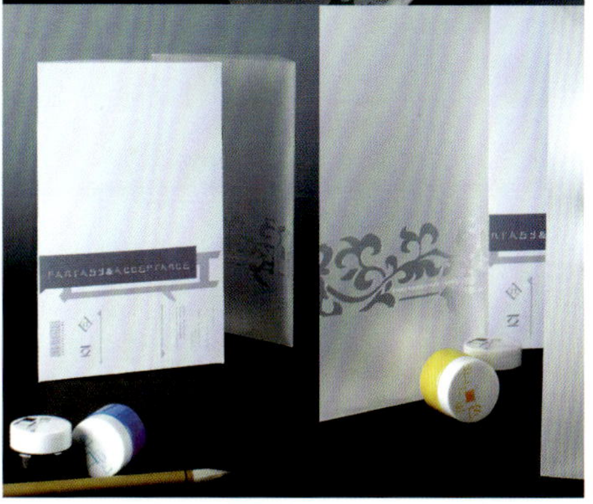

A	B
C	D
E	F

编　　号：A
作品名称：《企鹅们》
作　　者：朱晏杰
指导教师：朱爱军
所在院校：山东工艺美术学院

编　　号：B
作品名称：中国印
作　　者：侯桢
指导教师：黄建生
所在院校：上海大学

编　　号：C
作品名称：《昆虫们》
作　　者：朱晏杰
指导教师：朱爱军
所在院校：山东工艺美术学院

编　　号：D
作品名称：自绘环保面具
作　　者：周斌
所在院校：中国美术学院

编　　号：E
作品名称：《不朽》
作　　者：曾筠毅
指导教师：喻湘龙
所在院校：广西艺术学院

编　　号：F
作品名称：逝去的时光
作　　者：李彩红
指导教师：杜凤宝
所在院校：鲁迅美术学院

A E
B F
C
D G

编　　号：A
作品名称：大爱无言
作　　者：罗羿、邹杰、栾绍伟
指导教师：耿兆辉
所在院校：四川师范大学

编　　号：B
作品名称：灯笼记
作　　者：陈皎
指导教师：曹晓俊
所在院校：湖南师范大学

编　　号：C
作品名称：《史记》
作　　者：高洪雷
指导教师：王小丽
所在院校：辽宁工业大学

编　　号：D
作品名称：WWF文化推广设计物
作　　者：胡杨
指导教师：陈立民
所在院校：华东理工大学

编　　号：E
作品名称：请帖
作　　者：孙莉
所在院校：武汉理工大学

编　　号：F
作品名称：爷爷门前一棵玫瑰树
作　　者：任葛
所在院校：菏泽学院

编　　号：G
作品名称：书籍装帧
作　　者：任葛
所在院校：菏泽学院

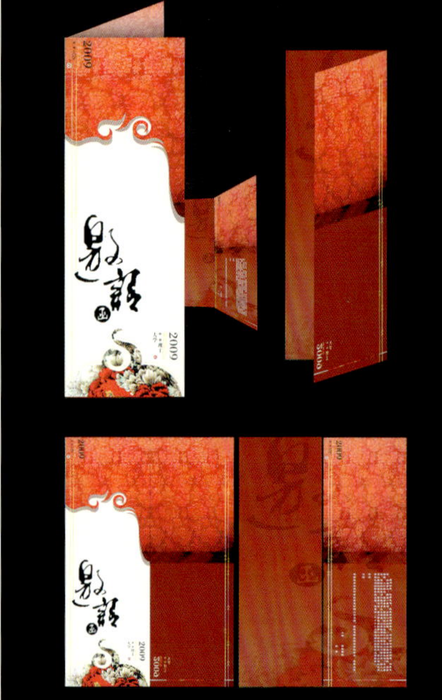

编　　号：A
作品名称：《红楼梦》
作　　者：谢洲冲
指导教师：梅雪莲
所在院校：四川理工学院

编　　号：B
作品名称：吉林艺术学院09年贺卡
作　　者：赵璇
指导教师：徐欣
所在院校：吉林艺术学院

编　　号：C
作品名称：回族产品型录
作　　者：朱嘉昕
所在院校：上海商学院

编　　号：D
作品名称：《民间工艺》
作　　者：郑莎莎
指导教师：李妍
所在院校：山东科技大学

编　　号：E
作品名称：宁静
作　　者：乔月民
指导教师：梁艳
所在院校：兰州交通大学

编　　号：F
作品名称：《围城》
作　　者：程慧业
指导教师：李妍
所在院校：山东科技大学

编　　号：G
作品名称：鼎食汇时代餐厅VIP
作　　者：刘莹
指导教师：向鹏飞
所在院校：湖北民族学院

编　　号：H
作品名称：2009中国长春钢琴艺术节宣传册
作　　者：赵璇
指导教师：吴轶博
所在院校：吉林艺术学院

红楼夢
生活之本曾何
HAPPY NEW YEAR 2009
吉林艺术学院
宁夏回乡宝
回乡宝
清真
土特产有限公司
民間工藝
民間剪紙
鼎食汇·时代餐厅
VIP
NO:888888
STATEMENT BY PRESIDENT
Jean Lobe
2009

A B
D C
E
F

编　　号：A
作品名称：《小王子》
作　　者：马芯蕊
指导教师：张红风
所在院校：黑龙江大学

编　　号：B
作品名称：《木偶奇遇记》
作　　者：马芯蕊
指导教师：张红风
所在院校：黑龙江大学

编　　号：C
作品名称：From Liuyi
作　　者：刘毅
所在院校：中央美术学院

编　　号：D
作品名称：书籍封面(1)
作　　者：何伟
所在院校：南昌大学

编　　号：E
作品名称：创意环保袋
作　　者：刘佳佳
指导教师：王辉
所在院校：南京理工大学

编　　号：F
作品名称：《智慧启示录》
作　　者：王金萍
指导教师：孙建锋
所在院校：黄冈师范学院

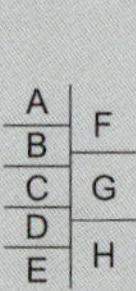

编　　号：A、B、C
作品名称：《再见传统》封面(1–3)
作　　者：刘松娟
指导教师：彭婷
所在院校：北方民族大学

编　　号：D
作品名称：CD封套
作　　者：朱嘉昕
所在院校：上海商学院

编　　号：E
作品名称：我的世界
作　　者：李裕
指导教师：安娜
所在院校：鲁迅美术学院

编　　号：F
作品名称：80后杂志封面
作　　者：张再强
指导教师：杨珍
所在院校：西安文理学院

编　　号：G
作品名称：瓶子的艺术(生命篇)
作　　者：王成
指导教师：吴东
所在院校：辽宁师范大学

编　　号：H
作品名称：人生若只如初见
作　　者：王志珍
指导教师：杨珍
所在院校：西安文理学院

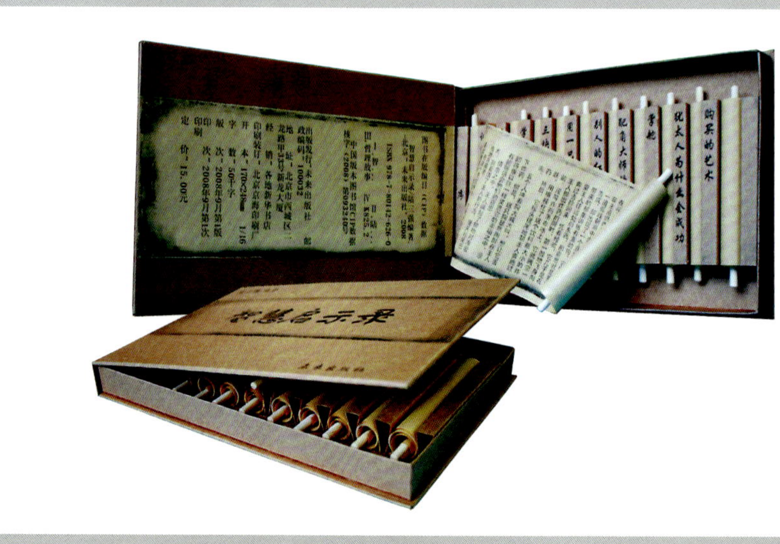

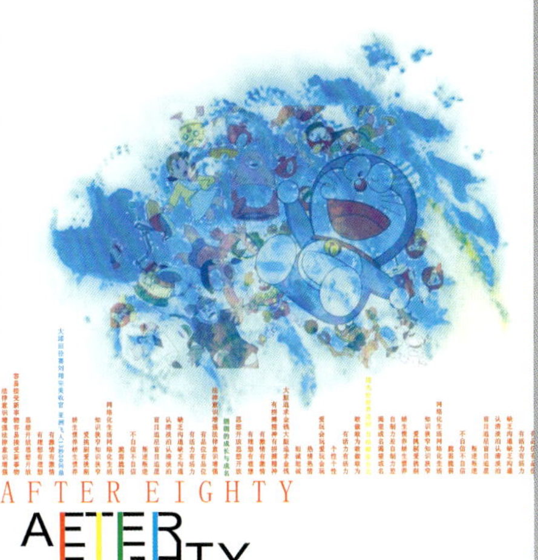

THE ART OF BOTTLES/

瓶子的艺术

——生命篇

世界艺术出版社

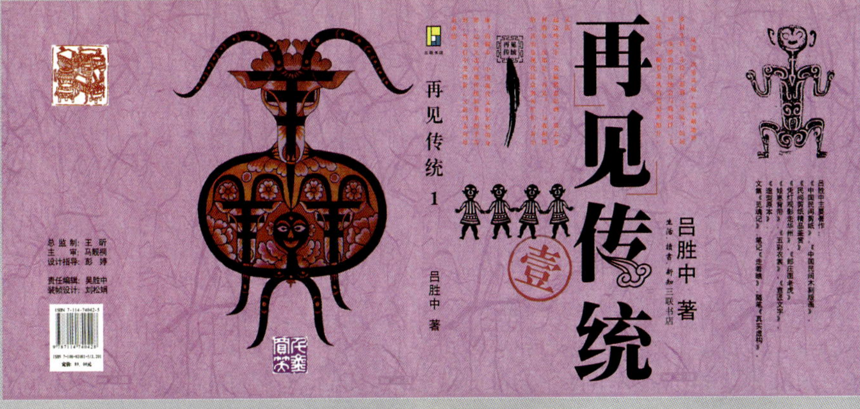

A	D
	E
B	F
	G
C	H

编　　号：A
作品名称：牛套
作　　者：林梓荣
指导教师：熊瑛子
所在院校：华南师范大学

编　　号：B
作品名称：TYPE
作　　者：李瀚
指导教师：时振晓
所在院校：厦门大学

编　　号：C
作品名称：书籍封面
作　　者：周广玉
所在院校：青岛大学

编　　号：D
作品名称：《两极》封面
作　　者：夏坤
指导教师：张晓晶
所在院校：吉林大学

编　　号：E
作品名称：花开·黄晓宇作品集
作　　者：刘毅
所在院校：中央美术学院

编　　号：F
作品名称：百味家
作　　者：宁艳琴
指导教师：彭馨弘
所在院校：桂林电子科技大学

编　　号：G
作品名称：字体设计(1)
作　　者：徐熙来
指导教师：黄丹
所在院校：湖南工业大学

编　　号：H
作品名称：字体设计
作　　者：李育彬
指导教师：邢益波
所在院校：山东师范大学

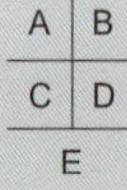

编　　号：A
作品名称：安顺地戏(盘面与CD包装)
作　　者：司伟
指导教师：翁安华
所在院校：西安文理学院

编　　号：B
作品名称：个人宣传册
作　　者：张和
指导教师：谢琪琳
所在院校：上海出版高等专科学校

编　　号：C
作品名称：荷花书签
作　　者：梁锦坚
指导教师：王峦
所在院校：广州美术学院

编　　号：D
作品名称：LOGO DESIGN
作　　者：韩青赫
所在院校：大连理工大学

编　　号：E
作品名称：《城市、欲望、灭火器》
作　　者：刘宝
指导教师：宋谢伟、曹群
所在院校：中央美术学院

和

和

读书破万卷，下笔如有神——杜甫

广州购书中心

不读书的人，思想就会停止——狄德罗
广州购书中心

书是人类进步的阶梯——高尔基
广州购书中心

LOGO
DESIGN

城市
欲望
灭火器
城市记忆

A	B
C	D
E	F

编　　号：A
作品名称：《中国传世山水画》
作　　者：孙培成
所在院校：安徽工程科技学院

编　　号：B
作品名称：《三生石》
作　　者：刘云全
指导教师：张苏
所在院校：四川大学

编　　号：C
作品名称：《武汉印象》
作　　者：覃强华
所在院校：湖北经济学院

编　　号：D
作品名称：旅游
作　　者：郑涛
所在院校：吉林农业大学

编　　号：E
作品名称：不当总统就当推销员
作　　者：韩维国
所在院校：河北大学

编　　号：F
作品名称：视觉
作　　者：郑涛
所在院校：吉林农业大学

A	B	C
D	E	F
G	H	I

编　　号：A
作品名称：望
作　　者：于力鹏、徐凯
所在院校：华东师范大学

编　　号：B
作品名称：寻
作　　者：于力鹏、徐凯
所在院校：华东师范大学

编　　号：C
作品名称：思
作　　者：于力鹏、徐凯
所在院校：华东师范大学

编　　号：D
作品名称：自由想象
作　　者：宋当阳
指导教师：邵连顺
所在院校：大连民族学院

编　　号：E
作品名称：书中自有黄金屋
作　　者：陈青凤
指导教师：曾舒凡
所在院校：厦门大学

编　　号：F
作品名称：下午
作　　者：丁顺江
指导教师：顾晓兰
所在院校：苏州工艺美术职业技术学院

编　　号：G
作品名称：我的自画像
作　　者：钟婕
指导教师：金百洋
所在院校：天津工业大学

编　　号：H
作品名称：产品型录
作　　者：高诗卉
所在院校：上海商学院

编　　号：I
作品名称：达芬奇篇
作　　者：王勇
指导教师：白冰洋
所在院校：辽宁科技学院

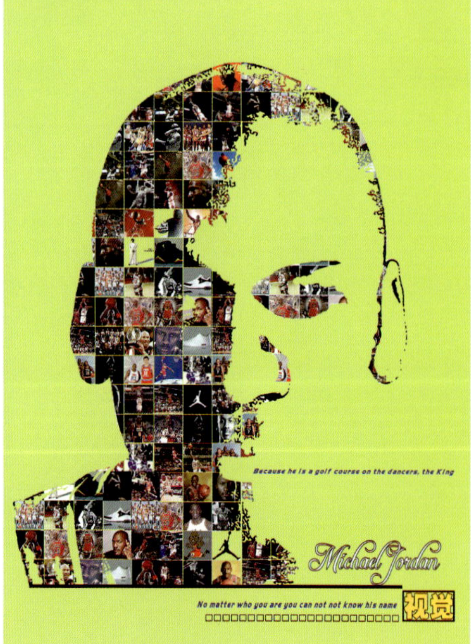

畢業後路在何方

毕业=失业?
路在何方?

創業？
就業？
考研？
如何選擇？

free thought

PM

HAPPY?
OK!

大师无处不在

A	B
C	D
E	F
G	H

编　　号：A、B、C
作品名称：植物园VI应用系统(1–3)
作　　者：程鹏飞
指导教师：翁安华
所在院校：西安文理学院

编　　号：D
作品名称：香格里拉藏式拉丁字母
作　　者：张西雷
指导教师：翁安华
所在院校：西安文理学院

编　　号：E
作品名称：Adidas house party
作　　者：齐术杰
所在院校：中国传媒大学

编　　号：F
作品名称：逸
作　　者：安洋
指导教师：白鑫
所在院校：沈阳大学

编　　号：G
作品名称：Travel乐队T恤(4)
作　　者：郑宇
指导教师：邵建波
所在院校：宿州学院

编　　号：H
作品名称：Travel乐队T恤(6)
作　　者：郑宇
指导教师：邵建波
所在院校：宿州学院

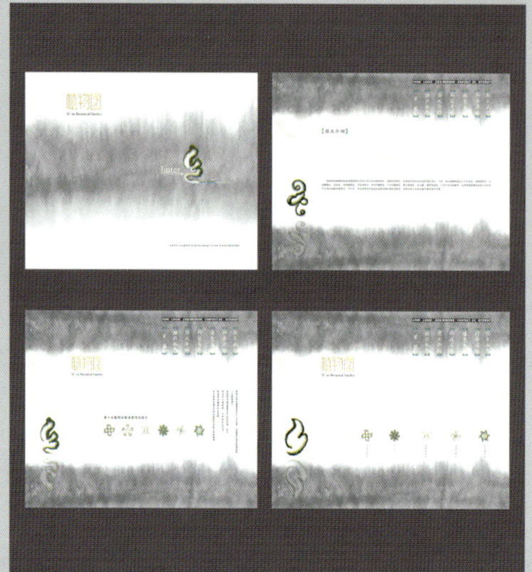

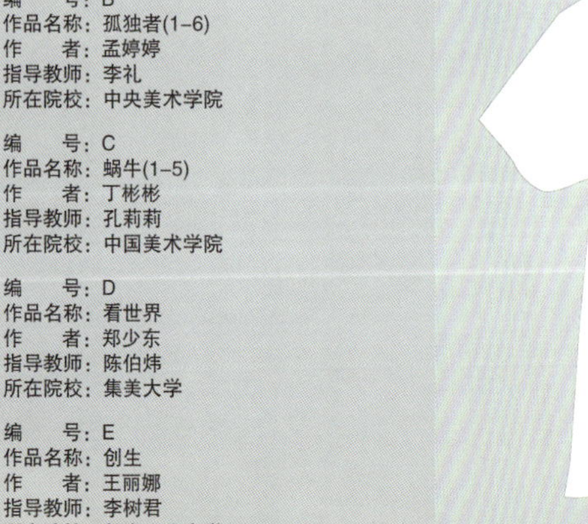

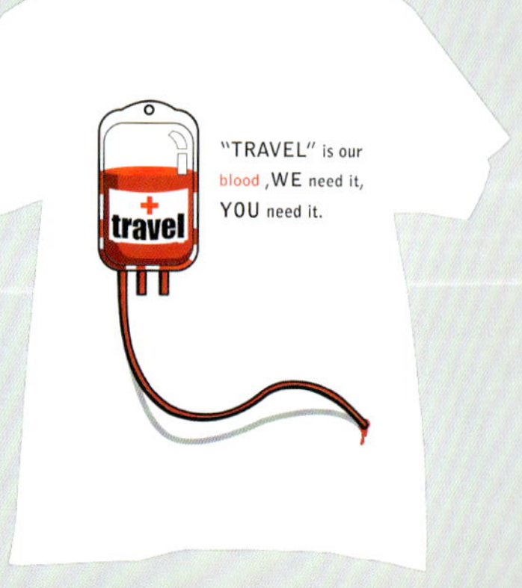

A
B
C
D | E

编　　号：A
作品名称：我有一个秘密
作　　者：王钰
指导教师：陈鸫贤
所在院校：厦门大学

编　　号：B
作品名称：孤独者(1–6)
作　　者：孟婷婷
指导教师：李礼
所在院校：中央美术学院

编　　号：C
作品名称：蜗牛(1–5)
作　　者：丁彬彬
指导教师：孔莉莉
所在院校：中国美术学院

编　　号：D
作品名称：看世界
作　　者：郑少东
指导教师：陈伯炜
所在院校：集美大学

编　　号：E
作品名称：创生
作　　者：王丽娜
指导教师：李树君
所在院校：长春工业大学

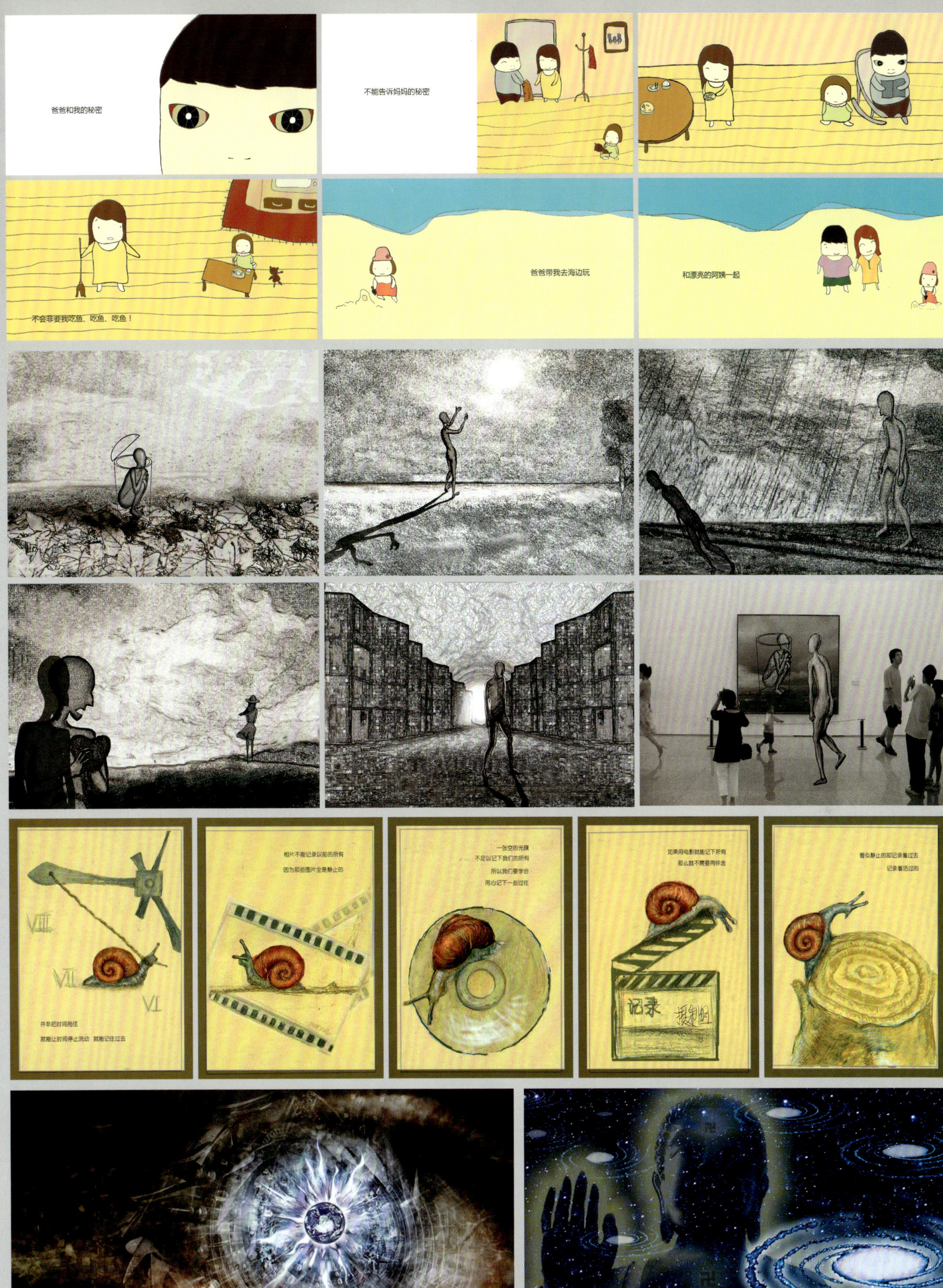

爸爸和我的秘密
不能告诉妈妈的秘密
不会非要我吃鱼、吃鱼、吃鱼！
爸爸带我去海边玩
和漂亮的阿姨一起
并非把时间拖住
就能让时间停止流动 就能记住过去
相片不能记录以前的所有
因为那些图片全是静止的
一张空的光碟
不足以记下我们的所有
所以我们要学会
用心记下一些过往
如果用电影就能记下所有
那么就不需要再怀念
记录
看似静止的却记录着过去
记录着活过的

A | D
B |
C |
E

编　　号：A
作品名称：伏特加酒瓶灯
作　　者：陈伟强
指导教师：林蓝
所在院校：广州美术学院

编　　号：B
作品名称：中秋节
作　　者：宁艳琴
指导教师：彭馨弘
所在院校：桂林电子科技大学

编　　号：C
作品名称：书籍设计
作　　者：朱蕾
所在院校：山东工艺美术学院

编　　号：D
作品名称：Adobe标志联想
作　　者：龚辰
指导教师：周济安
所在院校：四川美术学院

编　　号：E
作品名称：PKTOWN游戏对战平台
作　　者：王婷婷
指导教师：周斌
所在院校：中国地质大学

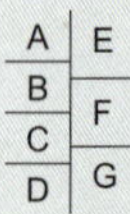

编　　号：A、B
作品名称：蒙昧时代(1-2)
作　　者：王丹
指导教师：陆红阳、黄宗湖
所在院校：广西艺术学院

编　　号：C
作品名称：游戏开始了
作　　者：王丹
指导教师：陆红阳、黄宗湖
所在院校：广西艺术学院

编　　号：D
作品名称：灾难
作　　者：徐佳伟
指导教师：叶崎
所在院校：琼台师范高等专科学校

编　　号：E
作品名称：书籍装帧
作　　者：谢坤
指导教师：张文化
所在院校：厦门大学

编　　号：F
作品名称：燃烧生命
作　　者：郑少东
指导教师：陈伯炜
所在院校：集美大学

编　　号：G
作品名称：天使的呻吟
作　　者：林静雯
指导教师：吴小山
所在院校：北京师范大学

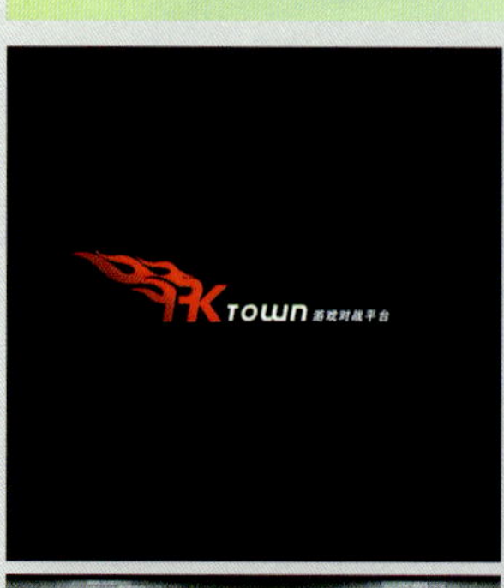

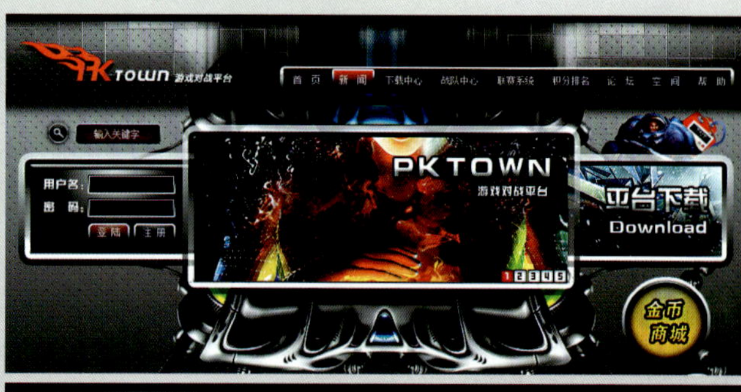

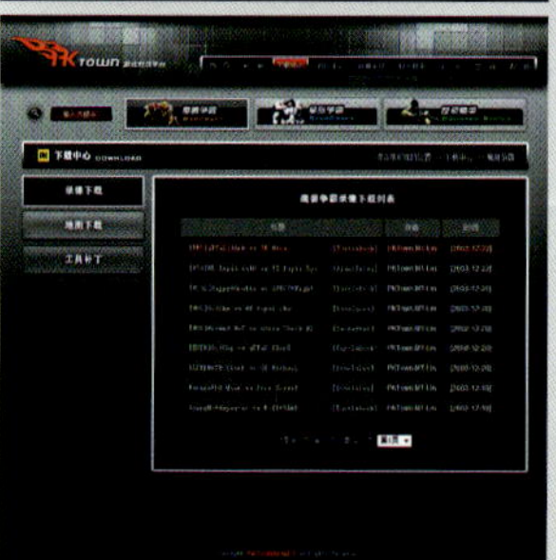

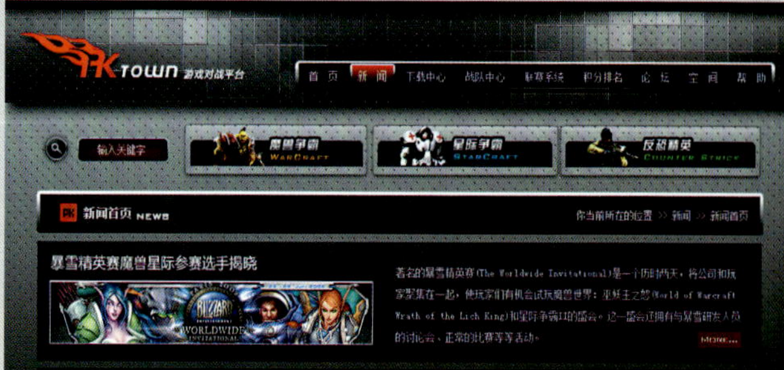

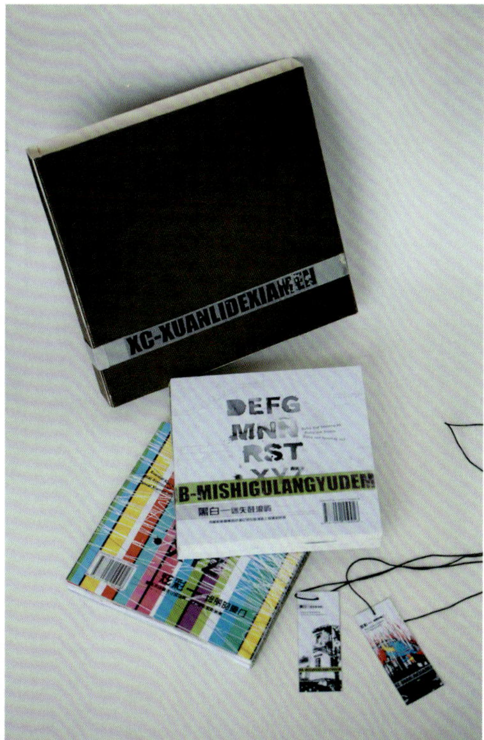
DEFG
RST
B-MISHIGULANGYUDEM

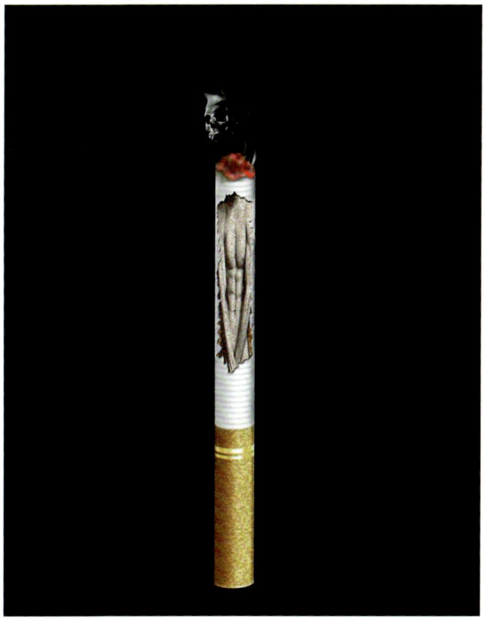

Angle has it's annoyance
but who knows?

A	E
B	F
C	G
D	

编　　号：A
作品名称：夏天的礼物
作　　者：张涵雯
指导教师：肖文津
所在院校：山东工艺美术学院

编　　号：B
作品名称："爱家"超市手提袋
作　　者：郝梦轲
指导教师：翁安华
所在院校：西安文理学院

编　　号：C
作品名称："xie"救生圈
作　　者：刘光玉
指导教师：林丰
所在院校：武汉大学

编　　号：D
作品名称：罪
作　　者：林静雯
指导教师：吴小山
所在院校：北京师范大学

编　　号：E
作品名称：手绘
作　　者：刘汨
指导教师：叶德辉
所在院校：桂林电子科技大学

编　　号：F
作品名称：生命·轮回
作　　者：梁朋飞、董燕妮、金晓霞、刘辉、石晓飞、邢会敏、贺普妹、畅咪
指导教师：蒋莉
所在院校：山西大学

编　　号：G
作品名称：我的自画像
作　　者：侯丹枫
指导教师：单宁
所在院校：成都理工大学

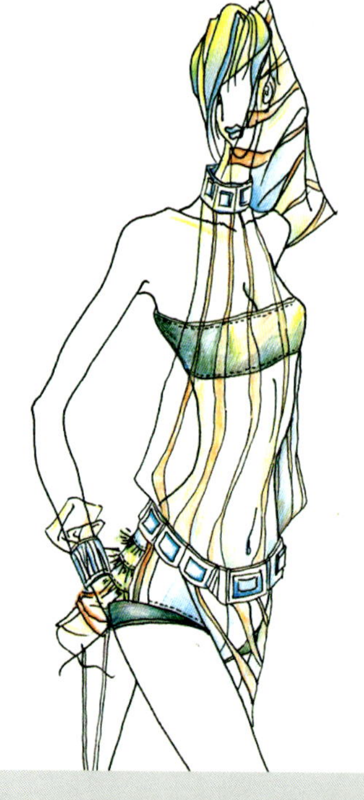

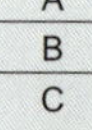

A
B
C

编　　号：A
作品名称：四川美术学院漫游
作　　者：陈卿、陈鹏飞、杜镜愚、韩瑛、黄健、黄云娇、蒋婧超、王跃、周刚、李岸汶、张永华
指导教师：张剑、郭晓寒
所在院校：四川美术学院

编　　号：B
作品名称：武汉印象
作　　者：涂理平
所在院校：武汉科技学院

编　　号：C
作品名称：木丹园宣传标签
作　　者：周听
指导教师：罗小燕
所在院校：广东海洋大学

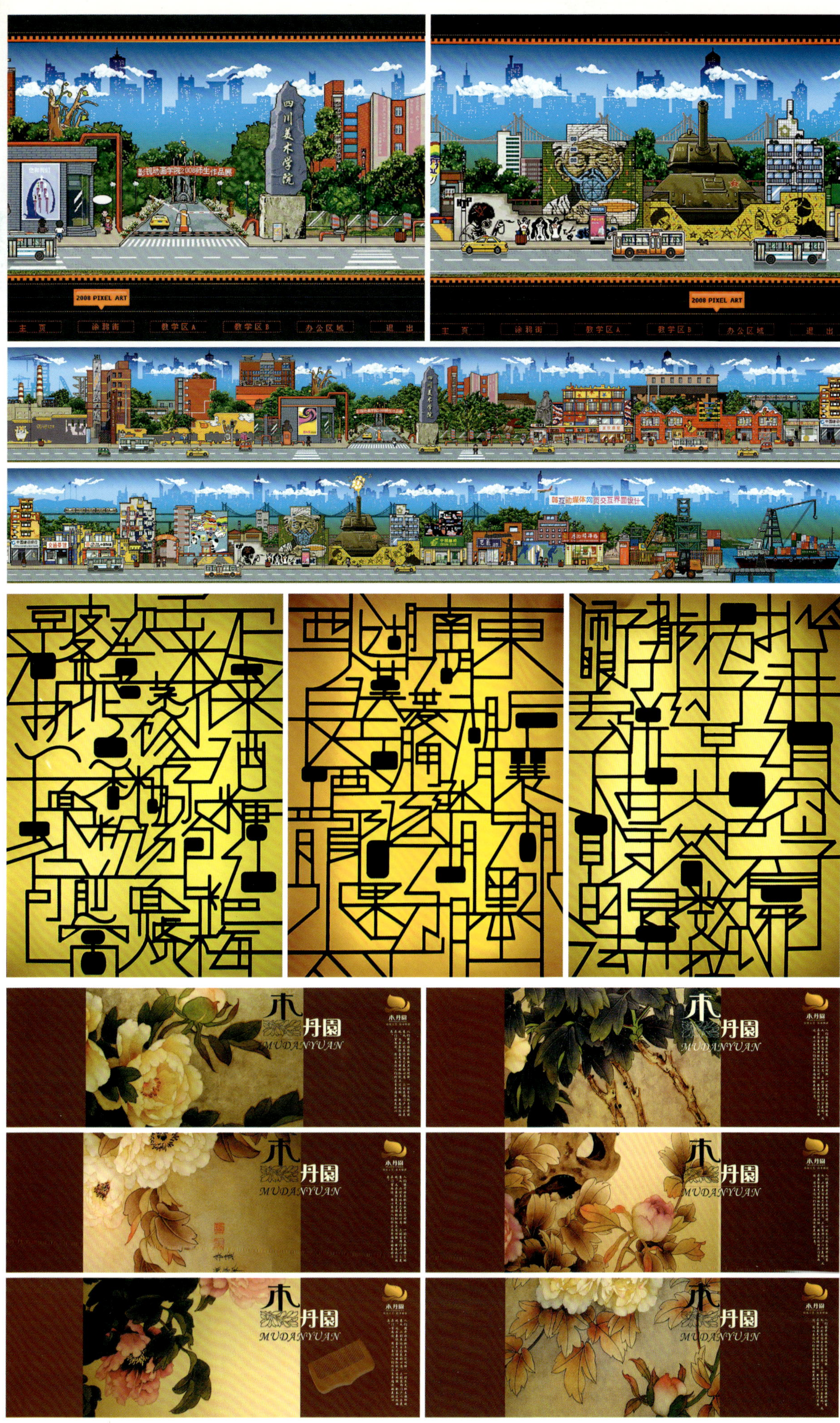
四川美术学院
2008 PIXEL ART
主 页
涂鸦街
教学区A
教学区B
办公区域
退 出
2008 PIXEL ART
主 页
涂鸦街
教学区A
教学区B
办公区域
退 出
木丹園
MUDANYUAN

A	B
C	D
E	F

编　　号：A
作品名称：《儒林外史》
作　　者：李涛
指导教师：王宇
所在院校：安徽工程科技学院

编　　号：B
作品名称：木板年画
作　　者：范海彦
所在院校：南昌大学

编　　号：C
作品名称：书籍装帧
作　　者：陈艳
指导教师：黄敏
所在院校：湖北民族学院

编　　号：D
作品名称：《童年》
作　　者：熊美晨
指导教师：黄敏
所在院校：湖北民族学院

编　　号：E
作品名称：《绝症的女人》封面
作　　者：夏坤
指导教师：张晓晶
所在院校：吉林大学

编　　号：F
作品名称：收藏时间
作　　者：王倩
指导教师：曹林
所在院校：江汉大学

A	B	C	D
E	F	G	H
	I	J	K
	L	M	
	N	O	

编　　号：A
作品名称：齐鲁晚报春节特刊吉祥物
作　　者：林孝辉
指导教师：杜靓
所在院校：孝感学院

编　　号：B、C
作品名称：形象设计(1–2)
作　　者：刁驰
所在院校：四川美术学院

编　　号：D
作品名称：成都马友俱乐部吉祥物
作　　者：李阳
所在院校：西南交通大学

编　　号：E
作品名称：吉祥物雷克
作　　者：孙静
所在院校：吉林艺术学院

编　　号：F
作品名称：新华学院第三届春运会吉祥物
作　　者：张军
所在院校：安徽新华学院

编　　号：G、H
作品名称：温州14届运动会吉祥物(1–2)
作　　者：林孝辉、王聪
所在院校：孝感学院

编　　号：I
作品名称：花篮
作　　者：钟娅娅
指导教师：金萍
所在院校：义乌工商职业技术学院

编　　号：J
作品名称：吉祥物“标标”
作　　者：秦术
指导教师：向鹏飞
所在院校：湖北民族学院

编　　号：K
作品名称：四方盒子中式点心坊吉祥物
作　　者：孙静
所在院校：吉林艺术学院

编　　号：L
作品名称：我怀念的
作　　者：邵艳青、徐俊杰
指导教师：金萍
所在院校：义乌工商学院

编　　号：M
作品名称：小牛
作　　者：曹静
指导教师：金萍
所在院校：义乌工商学院

编　　号：N
作品名称：花非花
作　　者：董亮
指导教师：王爱军
所在院校：石河子大学

编　　号：O
作品名称：图书馆系列图标
作　　者：谭非晓
指导教师：张振波
所在院校：常熟理工学院

齐鲁晚報
福牛：庆庆

CHENGDU
成都马友俱乐部

雷克
LEIKE

祥宝
XIANGBAO

和和

FX

四方盒子
中式点心坊
Sifanghezi
Zhongshidianxinfang

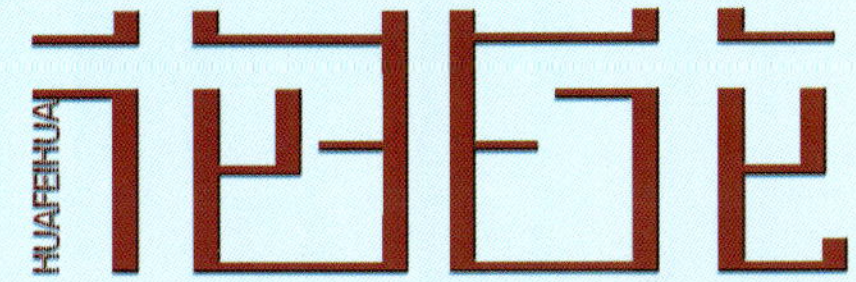
HUAFEIHUA

(一)
请将您的脚轻拿轻放

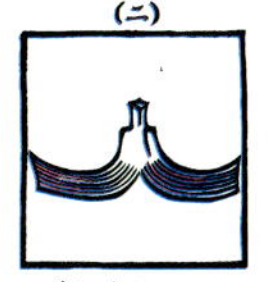
(二)
请保持馆内卫生

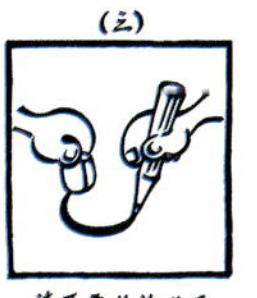
(三)
请不要乱涂乱画

(四)
请您保持安静

(五)
请不要占座位

A
B
C
D

编　　号：A
作品名称：绿野骑士
作　　者：孟晓
所在院校：广西艺术学院

编　　号：B
作品名称：瑶衣蓝衫
作　　者：孟晓
指导教师：柒万里
所在院校：广西艺术学院

编　　号：C
作品名称：京韵
作　　者：冯志学
指导教师：侯玲玲
所在院校：大连工业大学

编　　号：D
作品名称：炫乐主义
作　　者：冯志学
指导教师：侯玲玲
所在院校：大连工业大学

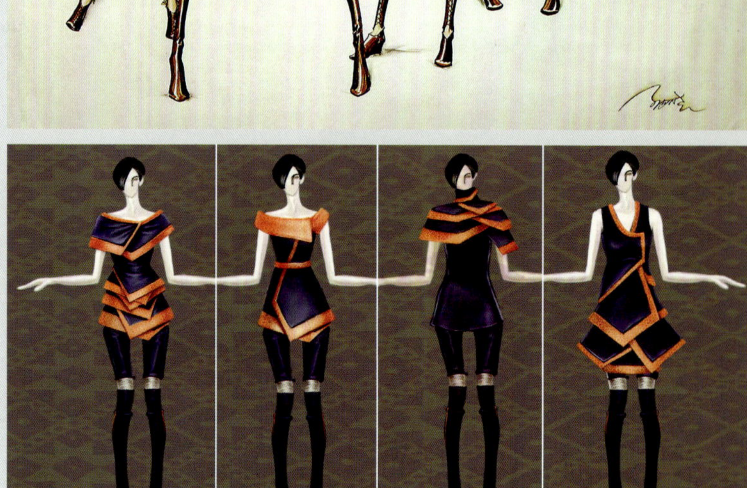

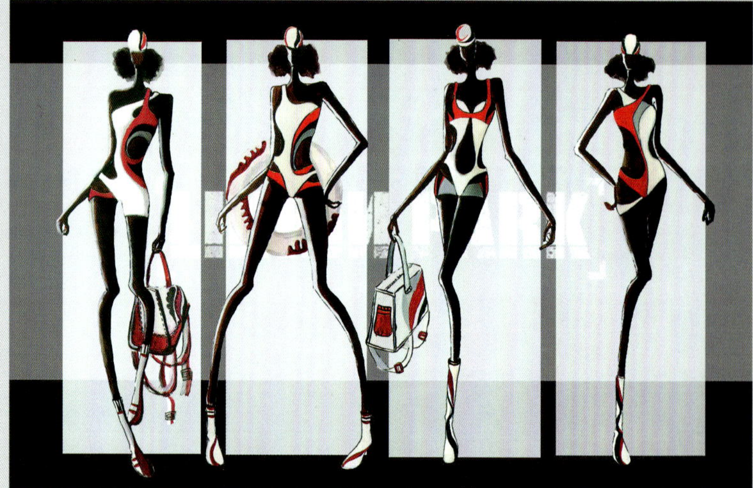

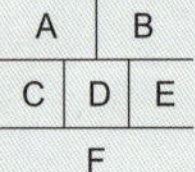

编　　号：A
作品名称：超越梦想
作　　者：蒋卓君
指导教师：惠淑琴
所在院校：鲁迅美术学院

编　　号：B
作品名称：蝶·彩
作　　者：贺云
指导教师：黄嘉
所在院校：四川美术学院

编　　号：C、D、E
作品名称：幻彩迷城(1-3)
作　　者：朱迪生
所在院校：广州美术学院

编　　号：F
作品名称：轻舞云端
作　　者：蒋卓君
指导教师：惠淑琴
所在院校：鲁迅美术学院

A	B
C	D
E	F
G	H

编　　号：A
作品名称：生存手电
作　　者：李志强
指导教师：王一工
所在院校：郑州大学

编　　号：B
作品名称：便携式DVD播放器
作　　者：杜伟伟
指导教师：王洪阁
所在院校：天津科技大学

编　　号：C
作品名称：书架·波纹情怀
作　　者：罗羽
指导教师：蒋雯
所在院校：广东工业大学

编　　号：D
作品名称：可移动DVD播放器
作　　者：杜伟伟
指导教师：王洪阁
所在院校：天津科技大学

编　　号：E
作品名称：箭鼎赛车奖杯
作　　者：曾颖睿
指导教师：于敏洁
所在院校：华南师范大学

编　　号：F
作品名称：钢笔MP3
作　　者：占超群
指导教师：陈翔宇
所在院校：海南大学

编　　号：G
作品名称：NOKIA_OVLKEYS
作　　者：娄轲
指导教师：王强
所在院校：大连交通大学

编　　号：H
作品名称：Combination 户外休闲椅
作　　者：刘光玉
指导教师：林丰
所在院校：武汉大学

A	B
C	D
E	F
G	H

编　　号：A
作品名称：头盔设计
作　　者：缪珂、张楠
指导教师：罗挽澜
所在院校：西南交通大学

编　　号：B
作品名称：旗袍椅
作　　者：刘娇
指导教师：赵阳
所在院校：华侨大学

编　　号：C
作品名称：新“架”值
作　　者：缪珂、张楠
指导教师：罗挽澜
所在院校：西南交通大学

编　　号：D
作品名称：盲人伴侣
作　　者：耿日辉
指导教师：李万军
所在院校：武汉科技学院

编　　号：E
作品名称：Double Z
作　　者：刘汨
指导教师：叶德辉
所在院校：桂林电子科技大学

编　　号：F
作品名称：时间飞轮
作　　者：曾颖睿
指导教师：康丽娟
所在院校：华南师范大学

编　　号：G
作品名称：韵
作　　者：赵先飞
指导教师：郑伯森
所在院校：四川音乐学院

编　　号：H
作品名称：木质花瓶
作　　者：岳永涛
指导教师：皮永生
所在院校：重庆工商大学

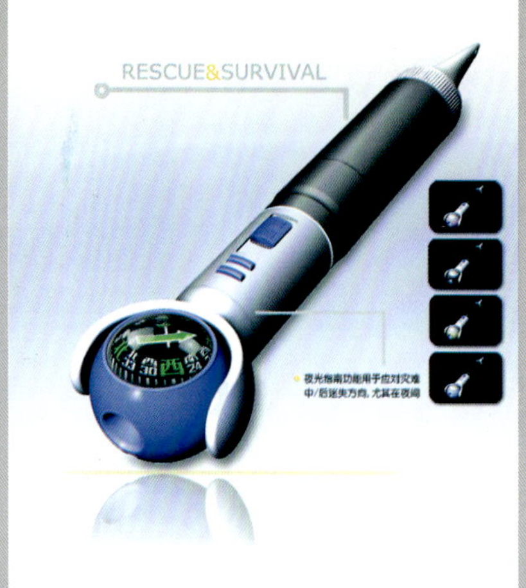

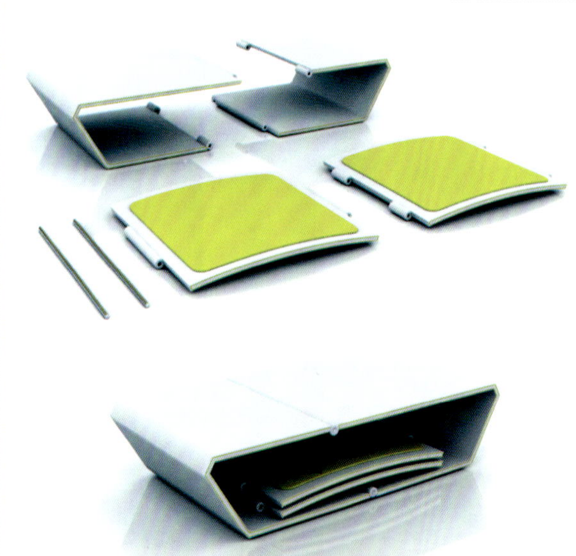

A
B
C
D

编　　号：A
作品名称：俄罗斯方块
作　　者：焦灿
指导教师：龙舟君
所在院校：湖北师范学院

编　　号：B
作品名称：TRIANGLE
作　　者：焦灿
指导教师：朱华
所在院校：湖北师范学院

编　　号：C
作品名称：音箱
作　　者：王晓亮
指导教师：刘永安
所在院校：南昌大学

编　　号：D
作品名称：辽师T恤
作　　者：王莹莹
指导教师：关慧良
所在院校：辽宁师范大学

A	B
C	D
E	F
G	H

编　　号：A
作品名称：概念车
作　　者：张莉
指导教师：李科平
所在院校：西南交通大学

编　　号：B
作品名称：PEUGEOT_OXO
作　　者：娄轲
指导教师：王强
所在院校：大连交通大学

编　　号：C
作品名称：货车
作　　者：张莉
指导教师：李科平
所在院校：西南交通大学

编　　号：D
作品名称：奥迪RSQ汽车机箱
作　　者：黄小棵
所在院校：广州美术学院

编　　号：E
作品名称：磁带的魅力
作　　者：金煜庭
指导教师：张建中
所在院校：中国美术学院

编　　号：F
作品名称：拼合
作　　者：马昕
指导教师：付静
所在院校：江汉大学

编　　号：G
作品名称：夜色童话
作　　者：顾琰
指导教师：潘尔慧
所在院校：山东艺术学院

编　　号：H
作品名称：泡泡小精灵
作　　者：廖俊钦
指导教师：陈江、汤复兴
所在院校：广州美术学院

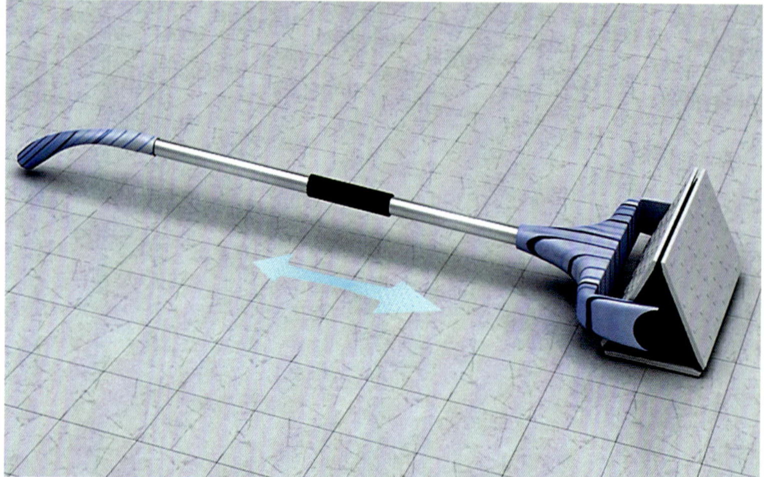

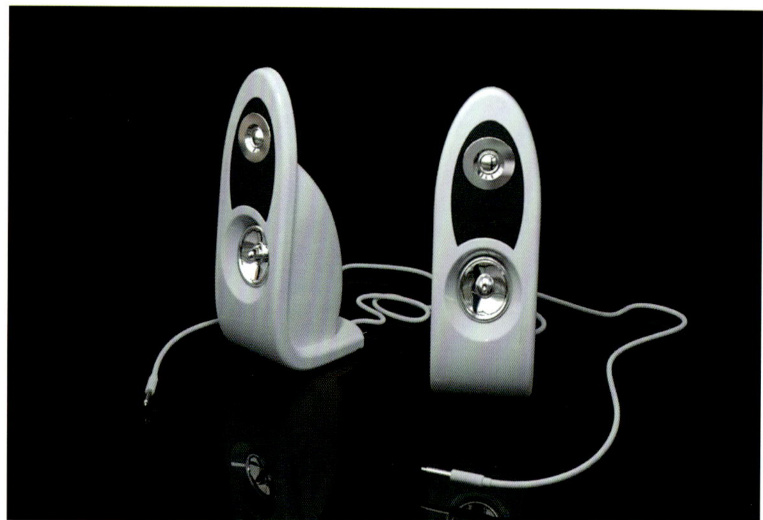

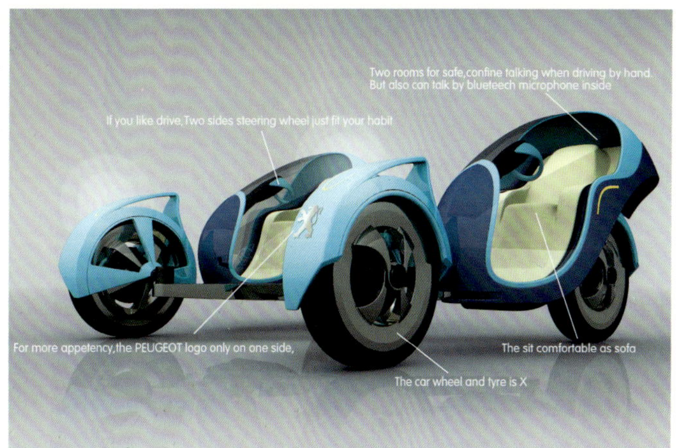
Two rooms for safe,confine talking when driving by hand.
But also can talk by blueteech microphone inside
If you like drive,Two sides steering wheel just fit your habit
For more appetency,the PEUGEOT logo only on one side,
The sit comfortable as sofa
The car wheel and tyre is X

泡泡小精灵

A	B
C	D
E	F
G	H

编　　号：A、B、C、D、E、F
作品名称：无题系列(1-6)
作　　者：刘芳
所在院校：复旦大学

编　　号：G
作品名称：穿越时空
作　　者：李超兰
指导教师：马岚
所在院校：湖北经济学院

编　　号：H
作品名称：时间
作　　者：李超兰
指导教师：马岚
所在院校：湖北经济学院

中国创意在线
WWW.52DESIGN.COM
1
文化创意产业
第1先锋媒体
WWW.52DESIGN.COM
创意在线 联系方式
网址：http://www.52design.com QQ:843378
信箱：52design_yibo@163.com 电话 / 传真 :0551-3952020